Thema

Hier geht es um unterschiedliche **Sachverhalte** und darum, wie uns die Mathematik bei der Beantwortung entsprechender Fragen helfen kann.

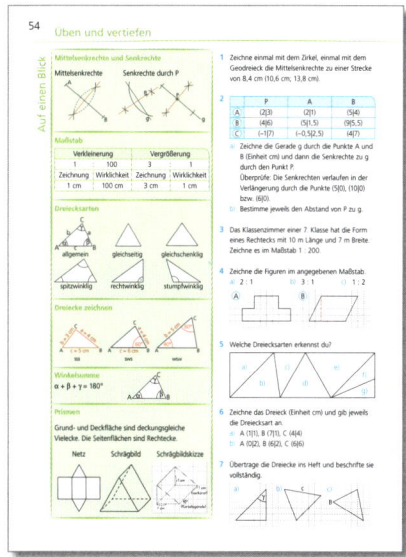

Auf einen Blick – Üben und vertiefen

Hier findest du zunächst das komplette **Grundwissen** des Kapitels. In **unterschiedlichen Anforderungsstufen** kannst du dein Wissen und Können noch einmal **üben und vertiefen**. Zur Kontrolle findest du die **Lösungen** ab Seite 176.

Kreuz und Quer

Kapitel bearbeitet, abgehakt – und vergessen? Damit das nicht passiert, werden auf den Seiten **„Kreuz und Quer"** frühere Inhalte aufgegriffen.

„Zur Leistungsorientierung"

Am Ende des Buches kannst du dein im Laufe des Schuljahres erworbenes Wissen und Können nochmals testen.

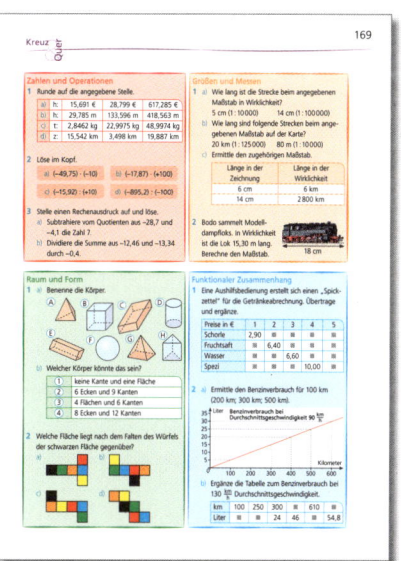

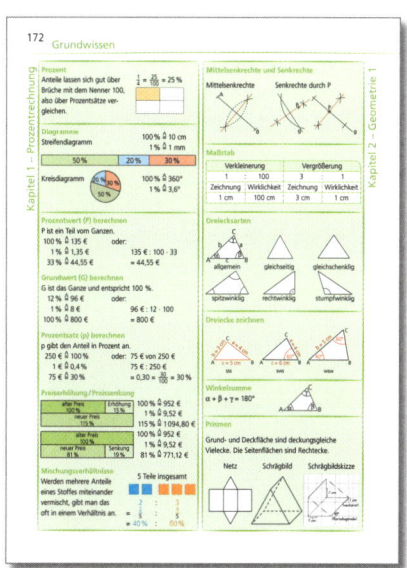

Grundwissen

Im **Grundwissen** ab Seite 172 ist das komplette Merkwissen der Jahrgangsstufe zusammengetragen.

Karl Haubner • Engelbert Vollath

FORMEL PLUS 7
R

Mathematik für Mittelschulen
Bayern

Bearbeitet von Jan Brucker, Sonja Götz, Karl Haubner,
Manfred Hilmer, Sebastian Hirn, Wolfgang Höchbauer,
Silke Schmid und Engelbert Vollath

C.C. BUCHNER
KLETT

Impressum

Formel PLUS
Mathematik für Mittelschulen
Herausgegeben von Karl Haubner und Engelbert Vollath

Formel PLUS R7
Bearbeitet von Jan Brucker, Sonja Götz, Karl Haubner, Manfred Hilmer, Sebastian Hirn, Wolfgang Höchbauer, Silke Schmid und Engelbert Vollath

> Zu diesem Lehrwerk ist erhältlich:
> Digitales Lehrermaterial **click & teach** Einzellizenz, WEB-Bestell-Nr. 600271
> Weitere Lizenzformen (Einzellizenz flex, Kollegiumslizenz) und Materialien unter www.ccbuchner.de.

Dieser Titel ist auch als digitale Ausgabe **click & study** unter www.ccbuchner.de erhältlich.

Die enthaltenen Links verweisen auf digitale Inhalte, die der Verlag in eigener Verantwortung zur Verfügung stellt. Links auf Angebote Dritter wurden nach den gleichen Qualitätskriterien wie die verlagsseitigen Angebote ausgewählt und bei Erstellung des Lernmittels sorgfältig geprüft. Für spätere Änderungen der verknüpften Inhalte kann keine Verantwortung übernommen werden.

An keiner Stelle im Schülerbuch dürfen Eintragungen vorgenommen werden.

1. Auflage, 5. Druck 2024
Alle Drucke dieser Auflage sind, weil untereinander unverändert, nebeneinander benutzbar.

Dieses Werk folgt der reformierten Rechtschreibung und Zeichensetzung. Ausnahmen bilden Texte, bei denen künstlerische und lizenzrechtliche Gründe einer Änderung entgegenstehen.

© 2019, C.C.Buchner Verlag, Bamberg und Ernst Klett Verlag GmbH, Stuttgart

Das Werk und seine Teile sind urheberrechtlich geschützt. Jede Nutzung in anderen als den gesetzlich zugelassenen Fällen bedarf der vorherigen schriftlichen Einwilligung des Verlags. Hinweis zu §§ 60 a, 60 b UrhG: Weder das Werk noch seine Teile dürfen ohne eine solche Einwilligung eingescannt und/oder in ein Netzwerk eingestellt werden. Dies gilt auch für Intranets von Schulen und sonstigen Bildungseinrichtungen. Fotomechanische, digitale oder andere Wiedergabeverfahren sowie jede öffentliche Vorführung, Sendung oder sonstige gewerbliche Nutzung oder deren Duldung sowie Vervielfältigung (z.B. Kopie, Download oder Streaming), Verleih und Vermietung nur mit ausdrücklicher Genehmigung des Verlags.

Redaktion: Sonja Krause
Grafische Gestaltung: ARTBOX Grafik und Satz GmbH, Bremen
Illustrationen: Nils Sprenger, Bremen
Druck- und Bindearbeiten: mgo360 GmbH & Co. KG, Bamberg

www.ccbuchner.de
www.klett.de

Buchner ISBN 978-3-661-**60007**-9
Klett ISBN 978-3-12-**747575**-3

Inhaltsverzeichnis

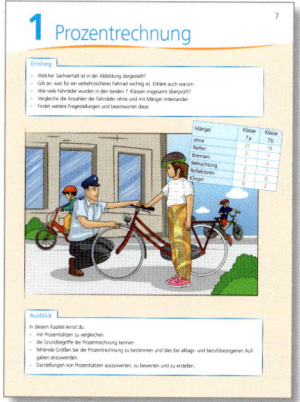

1 Prozentrechnung
Aufwärmrunde 6
Einstieg 7
Mit Prozentsätzen vergleichen 8
Prozentangaben darstellen 10
Grundbegriffe der Prozentrechnung kennen 12
Prozentwert berechnen 13
Grundwert berechnen 14
Prozentsatz berechnen 15
Grundaufgaben lösen 16
Mehrwertsteuer berechnen 17
Preiserhöhung und Preissenkung berechnen 18
Mischungsverhältnisse berechnen 20
Zwischenrunde 22
Auf einen Blick - Üben und vertiefen 24
Abschlussrunde 26
Kreuz und quer 27

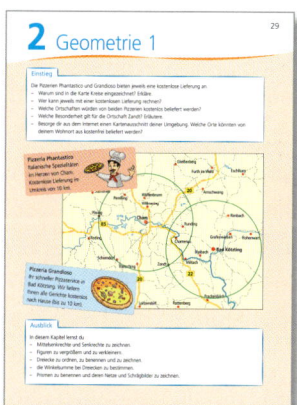

2 Geometrie 1
Aufwärmrunde 28
Einstieg 29
Mittelsenkrechte und Senkrechte zeichnen 30
Im Maßstab zeichnen und rechnen 32
Thema: Pläne und Karten 34
Dreiecke untersuchen 36
Dreiecke beschriften 38
Dreiecke aus drei Seiten zeichnen 39
Dreiecke aus Seiten und Winkeln zeichnen 40
Thema: Geometrie im Gelände 42
Winkelsumme bei Dreiecken bestimmen 44
Prismen erkennen und beschreiben 46
Netze von Prismen erkennen und zeichnen 48
Schrägbilder von Prismen zeichnen 50
Zwischenrunde 52
Auf einen Blick - Üben und vertiefen 54
Abschlussrunde 56
Kreuz und quer 57

 Die Mediencodes enthalten passende Zusatzmaterialien unter www.ccbuchner.de/medien.

Inhaltsverzeichnis

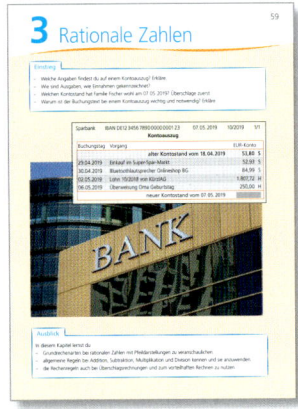

3 Rationale Zahlen

- Aufwärmrunde 58
- Einstieg 59
- Grundaufgaben anschaulich darstellen und lösen 60
- Rationale Zahlen addieren 62
- Rationale Zahlen subtrahieren 63
- Rationale Zahlen addieren und subtrahieren 64
- Rationale Zahlen multiplizieren 66
- Rationale Zahlen dividieren 67
- Rationale Zahlen multiplizieren und dividieren 68
- Mit dem Taschenrechner rechnen 69
- Thema: Entdeckungen am Taschenrechner 70
- Zwischenrunde 72
- Auf einen Blick - Üben und vertiefen 74
- Abschlussrunde 76
- Kreuz und quer 77

4 Geometrie 2

- Aufwärmrunde 78
- Einstieg 79
- Flächeninhalte vergleichen und bestimmen 80
- Flächeninhalt von Parallelogrammen berechnen 82
- Flächeninhalt von Dreiecken berechnen 84
- Flächeninhalt von Vielecken berechnen 86
- Umfang und Flächeninhalt berechnen 88
- Thema: Lenas Zimmer wird renoviert. 90
- Oberflächeninhalt von Prismen berechnen 92
- Volumen von Prismen berechnen 94
- Oberflächeninhalt und Volumen von Prismen berechnen . 96
- Zwischenrunde 98
- Auf einen Blick - Üben und vertiefen 100
- Abschlussrunde 102
- Kreuz und quer 103

5 Gleichungen

- Aufwärmrunde 104
- Einstieg 105
- Terme bilden 106
- Rechengesetze kennen und anwenden 108
- Terme aufstellen und berechnen 110
- Terme aufstellen und vereinfachen 112
- Gleichungen verschiedenartig lösen 114
- Thema: Köpfe und Beine 116
- Wertgleiche Umformungen entwickeln 117
- Gleichungen wertgleich umformen und lösen 118

Gleichungen aufstellen und lösen 120
Sachaufgaben mit Gleichungen lösen 122
Geometrieaufgaben mit Gleichungen lösen 124
Zwischenrunde 126
Auf einen Blick - Üben und vertiefen 128
Abschlussrunde 130
Kreuz und quer 131

6 Proportionalität

Aufwärmrunde 132
Einstieg 133
Zuordnungen untersuchen...................... 134
Zuordnungen im Koordinatensystem darstellen 136
Proportionale Zuordnungen erkennen 138
Proportionale Zuordnungen grafisch darstellen 140
Proportionale Zuordnungen berechnen 142
Zuordnungen in der Prozentrechnung erkennen....... 144
Thema: Aktivitäten in der Jugendherberge 145
Zwischenrunde 146
Auf einen Blick - Üben und vertiefen 148
Abschlussrunde 150
Kreuz und quer 151

7 Diagramme und statistische Kennwerte

Aufwärmrunde 152
Einstieg 153
Darstellungen entwerfen und vergleichen 154
Darstellungen kritisch betrachten.................. 156
Aussagekraft von Datenerhebungen beurteilen 158
Spannweite berechnen 160
Mittelwerte berechnen 162
Zwischenrunde 164
Auf einen Blick - Üben und vertiefen 166
Abschlussrunde 168
Kreuz und quer 169

Zur Leistungsorientierung 170
Grundwissen 172
Lösungen..................................... 176
Stichwortverzeichnis
Bildnachweis

Aufwärmrunde

So schätze ich meine Leistung ein.

1 Brüche darstellen

a) Benenne die farbigen Bruchteile.

 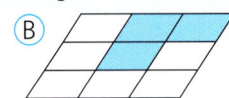 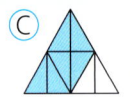

b) Benenne die farbigen Bruchteile.

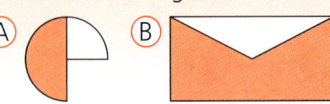

2 Bruchteile bestimmen

a) Berechne.
Ⓐ $\frac{1}{3}$ von 60 kg Ⓑ $\frac{1}{10}$ von 48 m

b) Berechne.
Ⓐ $\frac{5}{8}$ von 64 m Ⓑ $\frac{3}{4}$ von 140 €

3 Brüche erweitern und kürzen

a) Ⓐ Erweitere mit 5: $\frac{1}{4}$ $\frac{3}{8}$

Ⓑ Kürze mit 8: $\frac{16}{24}$ $\frac{40}{72}$

b) Bestimme den fehlenden Zähler bzw. Nenner.
Ⓐ $\frac{2}{3} = \frac{\blacksquare}{18}$ Ⓑ $\frac{5}{7} = \frac{45}{\blacksquare}$
Ⓒ $\frac{\blacksquare}{9} = \frac{20}{45}$ Ⓓ $\frac{7}{\blacksquare} = \frac{63}{72}$

4 Bruchzahlen umwandeln

a) Notiere als Dezimalbruch.

$\frac{7}{10}$ $\frac{29}{100}$ $\frac{1}{2}$ $\frac{1}{4}$

b) Notiere als Dezimalbruch, indem du erweiterst oder kürzt.

$\frac{29}{50}$ $\frac{11}{20}$ $\frac{12}{40}$ $\frac{35}{500}$

5 Bruchteile benennen

a) Jeweils vier Angaben sind gleich. Ordne diese einander zu.

$\frac{1}{4}$ $\frac{4}{100}$ $\frac{1}{25}$ 0,25 0,4 4 %

$\frac{2}{5}$ $\frac{25}{100}$ $\frac{40}{100}$ 0,04 40 % 25 %

b) Ⓐ Schreibe die Prozentsätze als Dezimalbrüche.
Ⓑ Schreibe die Prozentsätze als Brüche. Kürze soweit wie möglich.

70 % 15 % 8 % 60 %

6 Sachaufgaben lösen

a) Von den Kindern der 7. Klassen haben 39 % ein Haustier, 22 % zwei, 11 % drei und 4 % vier und mehr Haustiere. Wie viel Prozent haben kein Haustier?

b) In den 7. Klassen haben die Hälfte der Kinder ein Geschwister, ein Viertel zwei und 10 % drei und mehr Geschwister. Wie viel Prozent haben kein Geschwister?

1 Prozentrechnung

Einstieg

- Welcher Sachverhalt ist in der Abbildung dargestellt?
- Gib an, was für ein verkehrssicheres Fahrrad wichtig ist. Erkläre auch warum.
- Wie viele Fahrräder wurden in den beiden 7. Klassen insgesamt überprüft?
- Vergleiche die Anzahlen der Fahrräder ohne und mit Mängel miteinander.
- Findet weitere Fragestellungen und beantwortet diese.

Mängel	Klasse 7a	Klasse 7b
ohne	21	18
Reifen	2	1
Bremsen	1	2
Beleuchtung	2	1
Reflektoren	2	0
Klingel	0	2

Ausblick

In diesem Kapitel lernst du
- mit Prozentsätzen zu vergleichen.
- die Grundbegriffe der Prozentrechnung kennen.
- fehlende Größen bei der Prozentrechnung zu bestimmen und dies bei alltags- und berufsbezogenen Aufgaben anzuwenden.
- Darstellungen von Prozentsätzen auszuwerten, zu bewerten und zu erstellen.

Mit Prozentsätzen vergleichen

In deiner Klasse haben 7 Räder Mängel, in meiner nur 6. Also sind wir besser.

Selina 7b

Bei meinem Vergleich ergibt sich ein anderes Ergebnis.

Meike 7a

7a:
$$\frac{7}{28} = \frac{1}{4} = \frac{25}{100} = 25\,\%$$

7b:
$$\frac{6}{24} = \frac{1}{4} = \frac{25}{100} = 25\,\%$$

1 a) Erkläre die unterschiedlichen Vergleiche.
b) Warum ist Meikes Art zu vergleichen meist sinnvoller?

2 Vergleiche die folgenden Ergebnisse vom Aktionstag ebenso wie Meike.

Klasse	M 7	8 a	8 b
ohne Mängel	16	17	14
mit Mängel	4	8	6

Prozentsatz
Prozent (%)

Anteile lassen sich gut über Brüche mit dem Nenner 100, also über Prozentsätze vergleichen.

$$\frac{7}{28} = \frac{1}{4} = \frac{25}{100} = 25\,\%$$
$$\frac{6}{24} = \frac{1}{4} = \frac{25}{100} = 25\,\%$$

Lösungen zu 3b:

20	28	5
175	80	100
90	150	25
250	55	30
75	98	125
100		

3 Schreibe in Prozent.

$\frac{12}{100} = 12\,\%$

$\frac{1}{2} = \frac{50}{100} = 50\,\%$

a) $\frac{15}{100}$; $\frac{27}{100}$; $\frac{50}{100}$; $\frac{89}{100}$; $\frac{100}{100}$; $\frac{114}{100}$; $\frac{175}{100}$; $\frac{200}{100}$; $1\frac{17}{100}$; $1\frac{96}{100}$; $2\frac{4}{100}$

b) $\frac{1}{4}$; $\frac{3}{4}$; $\frac{1}{5}$; $\frac{4}{5}$; $\frac{3}{10}$; $\frac{9}{10}$; $\frac{1}{20}$; $\frac{11}{20}$; $\frac{7}{25}$; $\frac{49}{50}$; $\frac{2}{2}$; $\frac{5}{2}$; $\frac{5}{4}$; $\frac{5}{5}$; $1\frac{1}{2}$; $1\frac{3}{4}$

4 a) Gib den Anteil jeder Farbe im Hunderterfeld jeweils als Bruch mit dem Nenner 100 und als Prozentsatz an.
b) Zeichne ein Hunderterfeld und färbe die Anteile ein. Vergleiche mit dem Nachbarn.
grün: 15 %   gelb: 53 %   orange: 32 %
c) Stellt euch gegenseitig weitere Aufgaben wie bei a) und b).

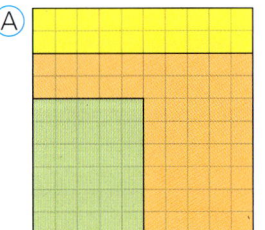
A

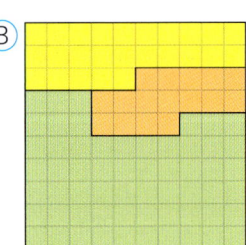
B

5 Schneide fünf Rechtecke (a = 4 cm, b = 2 cm) und vier Kreise (r = 2 cm) aus und stelle durch Falten und Färben die angegebenen Prozentsätze dar. Vergleiche deine Ergebnisse mit dem Nachbarn.

a) 50 %   b) 25 %   c) 75 %   d) 12,5 %   e) 62,5 %

6 a) Zeichne vier Quadrate (a = 5 cm) und färbe 10 %, 60 %, 35 % und 85 % ein.
b) Zeichne drei Rechtecke (a = 6 cm, b = 2 cm) und stelle 25 %, $33\frac{1}{3}$ % und $66\frac{2}{3}$ % farbig dar. Vergleicht eure Darstellungen.

7 Die Tabelle zeigt für jedes Kind die Anzahl der richtigen Wörter bei einer Vokabelabfrage mit 20 Wörtern. Ermittle jeweils den Prozentsatz.

Moritz	Gino	Selina	Emre	Maria	Daniel
13	7	15	19	9	17

Lösungen zu 7 und 8:

30	85	75
50	95	35
40	65	70
45		

8 Wer hat die höchste Trefferquote? Gib in Prozent an.

Ina hat 6 Treffer bei 20 Versuchen.

Enes trifft bei 10 Versuchen siebenmal.

Lea trifft bei 5 Würfen zweimal.

Igor schafft bei 14 Versuchen 7 Treffer.

9 Wer hat anteilsmäßig die größte Taschengelderhöhung erhalten?

	Stefan	Tanja	Martin	Gina
Taschengeld bisher	24 €	20 €	8 €	15 €
Erhöhung	6 €	5 €	4 €	3 €

10 Finde heraus, wer anteilsmäßig jeweils am meisten gespendet hat.

a)
	Taschengeld	Spende
Monika	28 €	7 €
Erika	40 €	8 €
Fritz	30 €	3 €

b)
	Verdienst	Spende
Herr Franz	1 200 €	300 €
Herr Müller	4 000 €	600 €
Frau Hill	3 300 €	330 €

11 Bei welchem der drei Angebote erfolgt prozentual gesehen der größte Preisnachlass?

Ⓐ Ⓑ Ⓒ

A: 70,– → 35,–
B: 80,– → 72,–
C: 100,– → 60,–

Spiel

Kartensätze zum Spiel: 60007-01

Quartett mit Anteilen (3 – 4 Spieler)

Vorbereitung: Schneidet die 8 Kartensätze zu jeweils vier Karten aus.

Ablauf:
– Mischt alle Karten gut durch und verteilt sie an alle Mitspieler.
– Der jüngste Spieler beginnt. Es wird der Reihe nach vom jeweils linken Nachbarn eine Karte gezogen.
– Wer ein Quartett zusammen hat, legt es ab.

Wertung: Der Spieler mit den meisten Quartetten am Ende des Spiels hat gewonnen.

$\frac{1}{4}$ $\frac{25}{100}$ 0,25 25 %

$\frac{1}{20}$ $\frac{5}{100}$ 0,05 5 %

Prozentangaben darstellen

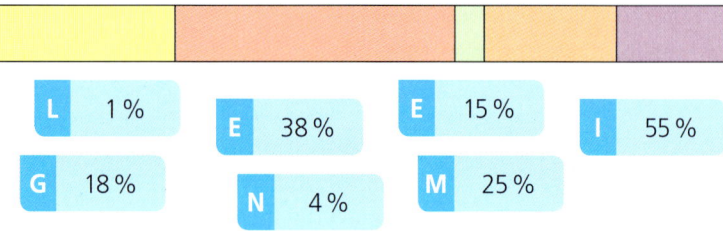

Wie lang ist der ganze Streifen? Wie lang sind die Abschnitte?

L	1 %
E	38 %
E	15 %
I	55 %
G	18 %
N	4 %
M	25 %

1 a) Ordne den Abschnitten des Rechtecks die Prozentsätze zu. Du erhältst von links nach rechts ein Lösungswort. Zwei Kärtchen bleiben übrig.
b) Wie bist du vorgegangen? Erkläre.

Streifendiagramm

Ein Streifendiagramm ist ein Rechteck, das gemäß seiner Anteile unterteilt wird. Vorteilhaft ist dabei eine Länge von 10 cm, da dann gilt: 1 mm $\triangleq$ 1 %.

100 mm $\triangleq$ 100 %

| 25 % | 55 % | 20 % |

2 Erkläre das Streifendiagramm und bestimme die Prozentsätze für Acker, Wiesen, Wald, Ödland und Gebäude mit dem Lineal.

Grundbesitz des Bauern Huber: 100 %

TIPP!
Gutes „Werkzeug" (gespitzter Bleistift, Lineal/Geodreieck mit sauberer Kante) sowie exaktes und ordentliches Arbeiten sind beim Zeichnen wichtig.

3 a) Gib die jeweilige Diagrammart an.
b) Wie ist der Anteil für Acker vom Streifendiagramm jeweils angeordnet?
c) Übertrage die Diagramme in dein Heft und vervollständige sie.

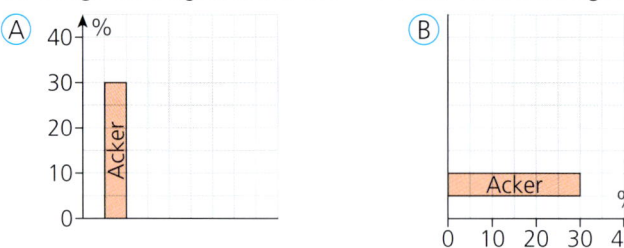

4 300 Schüler wurden nach ihrer Lieblingsfarbe befragt. Erstelle jeweils ein passendes Streifendiagramm, Säulendiagramm und Balkendiagramm dazu.

| 60 | 75 | 45 | 30 | 90 |

5 Die Säulendiagramme zeigen die jeweilige Notenverteilung verschiedener Probearbeiten für eine Klasse mit insgesamt 25 Schülern.
  a) Lies jeweils die Prozentsätze für jede Note bei Ⓐ bis Ⓒ ab.
  b) Ermittle für Ⓐ bis Ⓒ jeweils die Anzahl der Schüler für jede Notenstufe.

TIPP! Note 6 kam bei der Probearbeit Ⓐ einmal vor.

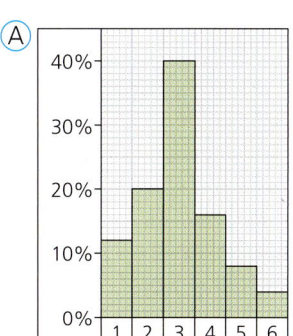
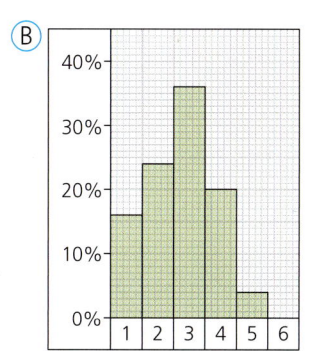
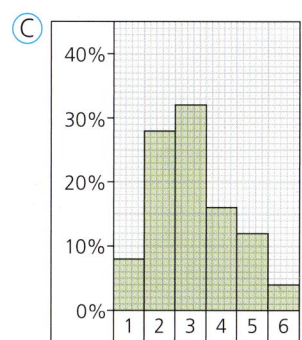

6 Die Notenverteilung von Ⓐ aus Aufgabe 5 wurde hier anders dargestellt.

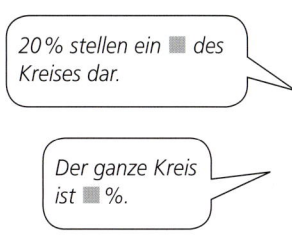

TIPP! Es ist wichtig, sich mit Diagrammen auch kritisch auseinanderzusetzen. Wie geht das? Dazu findest du auf den Seiten 156 und 157 viele Beispiele.

  a) Gib die Diagrammart an und vervollständige die Lücken in den Sprechblasen.
  b) Wie groß müssen die jeweiligen Winkel für die Noten 1 bis 6 sein? Runde auf ganze Grad.
  c) Bestimme ebenso die Winkel für die Notenverteilungen bei Ⓑ und Ⓒ und erstelle jeweils das Kreisdiagramm.

Lösungen zu 6 b) und c):

86	101	43
29	58	115
58	130	14
58	29	144
43	14	72
72	14	

Ein Kreisdiagramm stellt Prozentsätze durch Kreisausschnitte dar.
Hierbei gilt: 1 % ≙ 3,6°, denn 360° : 100 = 3,6°.

Kreisdiagramm

7 Berechne zuerst den jeweiligen Winkel. Stelle dann jeweils am Kreis (r = 4 cm) dar.
  a) 25%   b) 50%   c) 40%   d) 22,5%   e) 10%   f) $33\frac{1}{3}$ %

Lösungen zu 7:

180	81	144
120	90	36

8 Erstelle jeweils ein passendes Kreisdiagramm zur Befragung von Schülern.

a)
Sportart	Stimmen
Schwimmen	35
Fußball	180
Volleyball	90
Leichtathletik	55

b)
Haustiere	Stimmen
Hund	70
Katze	55
Nagetiere	35
Sonstige	20

c)
Lesestoff	Stimmen
Comics	76
Zeitschriften	154
Romane	87
Krimis	43

Grundbegriffe der Prozentrechnung kennen

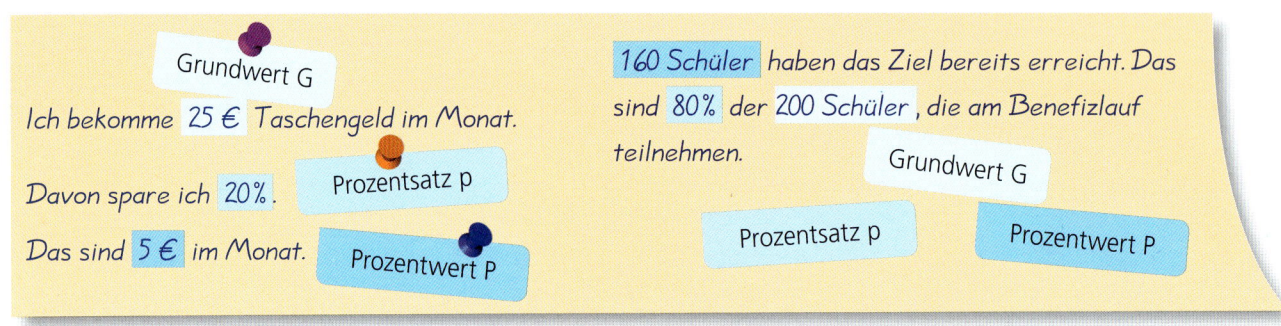

1 a) Erkläre die Begriffe Grundwert, Prozentsatz und Prozentwert an der Aufgabe „Taschengeld".
b) Ordne diese Begriffe bei der Aufgabe „Benefizlauf" entsprechend zu.

Grundwert
Prozentsatz
Prozentwert

> Bei der Prozentrechnung sind drei Begriffe wichtig.
> Der Grundwert G ist das Ganze und entspricht 100 %.   25 €
> Der Prozentsatz p gibt den Anteil in Prozent an.   20 %
> Der Prozentwert P ist ein Teil vom Ganzen und entspricht dem Prozentsatz.   5 €

2 Gib jeweils an, was der Grundwert, Prozentsatz und Prozentwert ist.
a) Von 700 € sind 10 % genau 70 €.
b) 40 l von 80 l sind 50 %
c) 20 % von 150 kg sind 30 kg.
d) 400 m von 1 km sind 40 %.
e) Ein Pfahl steckt zu 20 % im Boden. Bei einer Länge von 1,50 m sind das 30 cm.
f) Ein Liter Orangennektar enthält 40 % Fruchtsaft. Das sind 400 ml.
g) 8 Kinder, also rund 33 % der 24 Schüler, haben kein Haustier.

3 Was ist gegeben, was wird gesucht?
Ordne die Begriffe Grundwert, Prozentsatz und Prozentwert zu.
a) Hans will ein Fahrrad für 360 € kaufen. 45 % davon hat er schon gespart.
b) Bei der Klassensprecherwahl hat Thomas von 25 Stimmen 15 bekommen.
c) In einem Theater sind 20 Plätze nicht besetzt. Das sind 2 % aller Plätze.
d) Die bisherige Miete wird von 620 € auf 651 € erhöht.
e) Jan kauft einen CD-Player für 118 € und erhält einen Preisnachlass von 16 %.
f) In einer 7. Klasse mit 24 Schülern sind 9 Mädchen.
g) Petras Taschengeld von 40 € wird ab ihrem 13. Geburtstag um 12,5 % erhöht.

4 Erfinde einen kurzen Sachverhalt zu folgenden Angaben.

a) Grundwert G = 240 Eier
Prozentwert P = 12 Eier
Prozentsatz p = 5 %

b) Grundwert G = 45 €
Prozentwert P = 9 €
Prozentsatz p = 20 %

c) Grundwert G = 30 kg
Prozentwert P = 4,5 kg
Prozentsatz p = 15 %

5 Sucht in Zeitungen, Zeitschriften und Prospekten nach Prozentangaben. Markiert und benennt die gefundenen Angaben mit verschiedenen Farben. Stellt eure Ergebnisse vor.

Prozentwert berechnen

Ceyda
100 % ≙ 135 €
(:100) → 1 % ≙ 1,35 € ← (:100)
(·33) → 33 % ≙ 44,55 € ← (·33)

Milan
135 € : 100 · 33 = 44,55 €

1
a) Beschreibe den Sachzusammenhang. Wo gibt es noch Preisnachlässe?
b) Ordne die Begriffe Grundwert, Prozentwert und Prozentsatz zu.
c) Erkläre die Rechenwege von Ceyda und Milan.
d) Ceydas Rechenweg wird Dreisatz genannt. Erkläre den Begriff. — *Dreisatz*
e) Berechne die weiteren Preisnachlässe in Euro wie Ceyda und Milan.

---

100 % ≙ 135 €
1 % ≙ 135 € : 100 = 1,35 €   oder: 135 € : 100 · 33 = 44,55 €
33 % ≙ 1,35 € · 33 = 44,55 €

Prozentwert berechnen

---

2 Rechne im Kopf.
a) 1 % (2 %, 5 %, 10 %) von 300 €
b) 10 % (5 %, 20 %, 40 %) von 1 000 €
c) 1 % (50 %, 25 %, 75 %) von 800 €
d) 2 % (4 %, 20 %, 60 %) von 5 000 €

3 Berechne jeweils den Prozentwert (P).

	a)	b)	c)	d)	e)	f)	g)
Grundwert (€)	438	754	937	1413	650	1300	1500
Prozentsatz	68 %	23 %	114 %	98 %	4 %	5 %	119 %

TIPP! *Notiere beim Dreisatz links die gegebenen und rechts die gesuchten Werte.*

4 Berechne jeweils den Prozentwert (P). Runde auf zwei Kommastellen.

	a)	b)	c)	d)	e)	f)	g)
Grundwert (€)	34,75	53,85	68,24	232,97	183,50	275,88	152,25
Prozentsatz	12 %	29 %	24 %	53 %	67 %	103 %	150 %

5 Ein Sportanzug kostet 120 €. Im Schlussverkauf wird er um 20 % reduziert. Berechne den Preisnachlass in Euro.
a) Erkläre und vervollständige den Rechenweg.
b) Berechne ebenso den Preisnachlass bei einer Reduzierung um 10 % (25 %; 50 %).

20 % ≙ $\frac{1}{5}$
120 € : 5 = ▭

Lösungen zu 3 bis 5:		
284,16	1 068,18	30
65	1 384,74	123,47
12	4,17	1 785
15,62	16,38	173,42
122,95	60	297,84
26	228,38	24

6 Wie ändert sich der Prozentwert, wenn
a) der Grundwert 300 € verdoppelt (verdreifacht, halbiert, gedrittelt) wird und der Prozentsatz 6 % beträgt?
b) der Prozentsatz 6 % verdoppelt (verdreifacht, halbiert, gedrittelt) wird und der Grundwert 300 € beträgt?
c) der Grundwert 300 € verdoppelt (gedrittelt) und gleichzeitig der Prozentsatz 6 % halbiert (verdreifacht) wird?

Grundwert berechnen

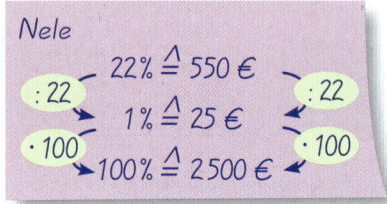

1
a) Beschreibe den Sachzusammenhang. Wo gibt es noch Anzahlungen?
b) Ordne die Begriffe Grundwert, Prozentwert und Prozentsatz zu.
c) Erkläre die Rechenwege von Nele und Moritz.
d) Berechne wie Nele und Moritz den Preis der weiteren Reisen.

Grundwert berechnen

22 % ≙ 550 €
1 % ≙ 550 € : 22 = 25 €   oder: 550 € : 22 · 100 = 2500 €
100 % ≙ 25 € · 100 = 2500 €

2 Bestimme den Grundwert (G) im Kopf.
a) 30 € sind 50 % von G.   b) 30 € sind 30 % von G.   c) 30 € sind 3 % von G.
d) 50 € sind 20 % von G.   e) 50 € sind 200 % von G.   f) 5 € sind 2 % von G.

TIPP! Notiere beim Dreisatz links die gegebenen und rechts die gesuchten Werte.

3 Berechne jeweils den Grundwert (G).

	a)	b)	c)	d)	e)	f)	g)
Prozentsatz	85 %	21 %	115 %	53 %	150 %	250 %	500 %
Prozentwert (€)	357	141,75	588,80	464,81	420,33	525,20	600

4 Berechne jeweils den Grundwert (G). Runde auf zwei Kommastellen.

	a)	b)	c)	d)	e)	f)	g)
Prozentsatz	14 %	21 %	28 %	67 %	111 %	142 %	150 %
Prozentwert (€)	42,72	56,08	67,84	75,91	243,96	312,43	422,21

Lösungen zu 3 bis 5:

305,14	2415,50	280,22
877	267,05	242,29
113,30	120	1658
210,08	219,78	512
281,47	420	220,02
675		

5
a) Tom muss 28 % seines Einkommens als Steuern abgeben. Das sind 464,24 €.
b) Herr Huber erhält von seiner privaten Krankenkasse für einen Krankenhausaufenthalt der Tochter 1690,85 € erstattet. Das sind 70 % der Gesamtkosten.

6 Wie ändert sich der Grundwert, wenn
a) der Prozentwert 90 € verdoppelt (verdreifacht, halbiert, gedrittelt) wird und der Prozentsatz 3 % beträgt?
b) der Prozentsatz 3 % verdoppelt (verdreifacht, halbiert, gedrittelt) wird und der Prozentwert 90 € beträgt?
c) der Prozentwert 90 € verdoppelt (verdreifacht) und gleichzeitig der Prozentsatz von 3 % halbiert (gedrittelt) wird?

Prozentsatz berechnen

Leni
250 € − 175 € = 75 €
250 € ≙ 100% (: 250)
1 € ≙ 0,4% (: 250)
75 € ≙ 30% (· 75)

1
a) Beschreibe den Sachzusammenhang.
b) Ordne die Begriffe Grundwert, Prozentwert und Prozentsatz zu.
c) Erkläre die Rechenwege von Leni und Emre.
d) Berechne die weiteren Preisnachlässe in Prozent wie Leni und Emre.
e) Stimmt die Angabe bezüglich der Ermäßigung? Begründe.

Emre
250 € − 175 € = 75 €
75 € : 250 €
= 0,30 = $\frac{30}{100}$ = 30%

250 € ≙ 100% 1 € ≙ 100% : 250 = 0,4% 75 € ≙ 0,4% · 75 = 30%	oder: 75 € von 250 € 75 € : 250 € = 0,30 = $\frac{30}{100}$ = 30%

Prozentsatz berechnen

2 Rechne im Kopf.
a) 40 € von 400 €
b) 80 € von 400 €
c) 50 € von 200 €
d) 160 € von 400 €
e) 160 € von 800 €
f) 200 € von 1 000 €

3 Berechne jeweils den Prozentsatz (p).

	a)	b)	c)	d)	e)	f)	g)
Grundwert (€)	36	51	84	91	120	254	1 510
Prozentwert (€)	15,12	43,35	7,56	83,72	109,20	218,44	120,80

TIPP! Notiere beim Dreisatz links die gegebenen und rechts die gesuchten Werte.

4 Wie viel Prozent der Schüler sind Brillenträger? Runde auf ganze Prozent.

Klasse	5a	5b	6a	6b	7a	7b	8a	8b	9a	9b
Schülerzahl	24	25	27	26	21	22	26	24	23	25
Brillenträger	7	6	9	10	11	9	14	11	12	10

5 Bei den Bundesjugendspielen Leichtathletik erhielten von 550 Teilnehmern 73 eine Ehrenurkunde und weitere 256 eine Siegerurkunde.
Wie viel Prozent der Teilnehmer erhielten jeweils eine Ehrenurkunde, eine Siegerurkunde bzw. keine Urkunde? Runde auf eine Stelle nach dem Komma.

Lösungen zu 3 bis 5:

52	46,5	54
9	85	46
40	29	42
24	13,3	86
52	8	91
92	41	40,2
38	33	

6 Wie ändert sich der Prozentsatz, wenn
a) der Grundwert 600 € verdoppelt (verdreifacht, halbiert, gedrittelt) wird und der Prozentwert 36 € beträgt?
b) der Prozentwert 36 € verdoppelt (verdreifacht, halbiert, gedrittelt) wird und der Grundwert 600 € beträgt?
c) der Grundwert 600 € und der Prozentwert 36 € jeweils gleichzeitig verdoppelt (verdreifacht, halbiert, gedrittelt) werden?

Grundaufgaben lösen

A
18% von 150 €
18% ≈ 20% = $\frac{1}{5}$
150 € : 5 = 30 €
18% von 150 € ≈ 30 €

B
8% sind 18 kg
8% ≈ 10% = $\frac{1}{10}$
18 kg · 10 = 180 kg
100% sind ≈ 180 kg.

C
47 € von 200 €
47 € ≈ 50 €
50 € von 200 € = $\frac{1}{4}$
47 € von 200 € ≈ 25%

TIPP!

Merke dir:
1 % = $\frac{1}{100}$
5 % = $\frac{1}{20}$
10 % = $\frac{1}{10}$
20 % = $\frac{1}{5}$
25 % = $\frac{1}{4}$
33$\frac{1}{3}$ % = $\frac{1}{3}$
50 % = $\frac{1}{2}$
75 % = $\frac{3}{4}$

1 a) Erkläre, wie in den Beispielen überschlagen wird.
b) Berechne jeweils genau und vergleiche mit dem Überschlag.

2 Überschlage erst wie bei Nr. 1 und berechne dann jeweils genau.
a) 9 % von 700 kg
b) 26 % sind 65 €.
c) 18 g von 80 g
d) 54 % sind 270 €.
e) 78 € von 400 €
f) 6 % von 180 kg
g) Tom gibt beim Kauf einer Zeitschrift 14 % seiner 30 € Taschengeld aus.
h) Von 3 000 € monatlichem Einkommen sind 630 € für die Miete fällig.
i) Von den 200 Kindern einer Schule können 146 schwimmen.
j) 12,5 % einer Obstlieferung weisen Mängel auf. Das sind 11 kg.
k) Nur 19 der insgesamt 60 überprüften Schultaschen waren nicht zu schwer.

3 Erfindet zu den Vorgaben Aufgaben.
Probiert es dabei einmal mit der „Placemat-Methode".

SCHULFEST-TOMBOLA

Anzahl Lose:	1 500	Lospreis:	50 ct
Gewinnchance:	38 %	Hauptgewinn:	Fahrrad
Großgewinne:	5 %	Kleingewinn:	jedes 3. Los

Methode

Placemat (Platzdeckchen-Methode)

Auch in der Mathematik ist es oft sehr hilfreich zu zweit oder in der Gruppe zu arbeiten, vor allem dann, wenn es um das Finden von unterschiedlichen Aufgaben oder Lösungswegen geht. Das kann auf vielerlei Arten geschehen. Eine Vorgehensweise dabei ist Placemat.

- ✓ Jeder Teilnehmer bearbeitet die Aufgabe in seinem „Feld", notiert dort seine Ideen, Aufgaben, Lösungen, ….
- ✓ Anschließend stellt jeder seine Ergebnisse in der Gruppe vor.
- ✓ Die Gruppenmitglieder einigen sich auf ein gemeinsames Ergebnis und notieren dieses im mittleren „Feld".
- ✓ Eventuell präsentiert jede Gruppe ihr Ergebnis der Klasse.

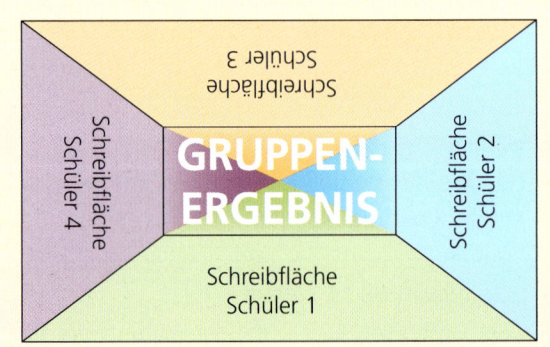

Mehrwertsteuer berechnen

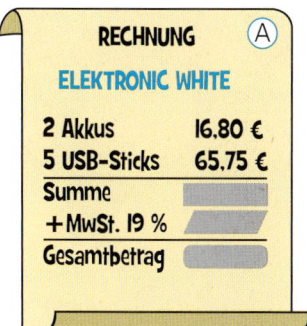

RECHNUNG A
ELEKTRONIC WHITE
- 2 Akkus — 16,80 €
- 5 USB-Sticks — 65,75 €
- Summe
- + MwSt. 19 %
- Gesamtbetrag

RECHNUNG B
WERKSTATT KNALLER
- Auspuff — 104,90 €
- Tank — 198,00 €
- Kettensatz — 176,50 €
- Summe
- + MwSt. 19 %
- Gesamtbetrag

RECHNUNG C
GEMÜSE BÄR BIO-HAUS
- Tomaten — 3,50 €
- Gurken — 2,18 €
- Zucchini — 2,69 €
- Summe
- + MwSt. 7 %
- Gesamtbetrag

RECHNUNG D
FIRMA DICHT
- Ventileinsatz — 79,75 €
- Montage — 45,00 €
- Summe
- + MwSt. 19 %
- Gesamtbetrag

1 Der Staat erhebt auf Waren und Dienstleistungen eine Mehrwertsteuer (MwSt.).
 a) Wo findest du Rechnungen für Waren, wo für Dienstleistungen?
 b) Welche Sätze von Mehrwertsteuer gibt es aktuell in Deutschland? Wofür gelten sie?
 c) Berechne jeweils die Summe, die MwSt. und den Gesamtbetrag bei Ⓐ bis Ⓓ.

> Auf Waren und Dienstleistungen erhebt der Staat eine gesetzliche Mehrwertsteuer von derzeit 19 %. Für Lebensmittel (außer für Getränke), Bücher, Zeitungen, Kunstgegenstände und Eintrittspreise gilt ein ermäßigter Steuersatz von 7 %.

Rechnungsbetrag	MwSt.
100 %	19 %
Gesamtbetrag	
119 %	

Mehrwertsteuer

2 In Europa ist die Mehrwertsteuer unterschiedlich hoch. Erkundige dich.

3 Vervollständige die Tabelle.

Preis ohne MwSt.	14 €	35 €	240 €	1 350 €	2 759 €
19 % MwSt.	■	■	■	■	■
Verkaufspreis	■	■	■	■	■

Lösungen zu 3:
1 606,50	41,65	16,66
256,50	2,66	285,60
6,65	524,21	45,60
3 283,21		

4 Wie viel bekommt der Staat? Überschlage erst im Kopf und berechne dann genau.
 a) Die Kosten einer Autoreparatur betragen ohne MwSt. 489 € (755 €).
 b) Ein Fahrrad kostet ohne Mehrwertsteuer 462 € (794 €).
 c) Ein Laptop kostet ohne MwSt. 689 € (1 050 €).
 d) Großmarkteinkauf: Lebensmittel ohne MwSt. im Wert von 425 € (594 €)

5 Max und Lisa berechnen den Preis ohne MwSt. für eine Stereoanlage.
 a) Erkläre ihre Rechenwege. Warum kommt es zu unterschiedlichen Ergebnissen?

1 897,50 €

Max
119 % ≙ 1 897,50 €
1 % ≙ 15,95 €
100 % ≙ 15,95 € · 100 = 1 595 €

Lisa
1 897,50 € : 119 · 100 = 1 594,54 €

 b) Berechne jeweils ebenso den Preis ohne Mehrwertsteuer.

Ⓐ E-Bike: 2 075 € Ⓑ Tablet: 652,70 € Ⓒ Wohnwand: 1 475 €

Preiserhöhung und Preissenkung berechnen

1 a) Um welchen Sachverhalt geht es jeweils?
b) Berechne die neuen Preise.
c) Vergleicht eure Rechenwege. Welche erscheinen sinnvoll?

Preiserhöhung

$$100\,\% \,\hat{=}\, 952\,€ \qquad\qquad 952\,€ : 100 \cdot 115$$
$$1\,\% \,\hat{=}\, 9{,}52\,€ \quad=\quad 9{,}52\,€ \cdot 115$$
$$115\,\% \,\hat{=}\, 1\,094{,}80\,€ \quad=\quad 1\,094{,}80\,€$$

alter Preis 100 %	Erhöhung 15 %
neuer Preis 115 %	

Preissenkung

$$100\,\% \,\hat{=}\, 952\,€ \qquad\qquad 952\,€ : 100 \cdot 81$$
$$1\,\% \,\hat{=}\, 9{,}52\,€ \quad=\quad 9{,}52\,€ \cdot 81$$
$$81\,\% \,\hat{=}\, 771{,}12\,€ \quad=\quad 771{,}12\,€$$

alter Preis 100 %	
neuer Preis 81 %	Senkung 19 %

2 a) Erkläre die Streifendarstellungen und Rechnungen im Merkkasten für die Preiserhöhung bzw. Preissenkung mit eigenen Worten.
b) Welchen Rechenweg bevorzugst du? Begründe.

Lösungen zu 3:

4,91	134,40	1 401,92
5,50	1 220	321,60
700		

3 Berechne jeweils den neuen Preis.

	a)	b)	c)	d)	e)	f)	g)
alter Preis (€)	120	4,40	400	240	4,50	674	500
Erhöhung	12 %	25 %	75 %	34 %	9 %	108 %	144 %

Lösungen zu 4 und 5:

2 139	3 146,86	463,76
684,97	519,48	1 656
2 737	68,25	114,45
374		

4 Berechne jeweils den neuen Preis.

	a)	b)	c)	d)	e)	f)	g)
alter Preis (€)	440	666	97,50	748	1 245,40	3 420,50	130,80
Senkung	15 %	22 %	30 %	38 %	45 %	8 %	12,5 %

5 Leonas Mutter möchte sich ein E-Bike kaufen. Im Geschäft liest sie, dass die Preise für alle Modelle um 15 % steigen. Bisher kostete das Modell A 1 440 €, Modell B 1 860 € und Modell C 2 380 €. Sie berechnet die neuen Preise.

6 Luca zeichnet in seiner Ausbildung zum Einzelhandelskaufmann Waren aus und schreibt Preisschilder neu. Wie muss er die neuen Preise bei einer entsprechenden Erhöhung (Senkung) angeben?

Lösungen zu 6 und 7:		
100,79	96,58	57,38
12 012	119,88	160,16
43,19	79,02	79,92
27,63		

A) 87,80 € um 10 %
B) 99,90 € um 20 %
C) 42,50 € um 35 %
D) 71,99 € um 40 %

7 Vor einem Jahr hat Familie Schwarz beim Kauf eines 700 Quadratmeter großen Grundstücks 143 € pro m² bezahlt. Der Preis ist seitdem um 12 % gestiegen.
a) Wie viel Euro kostet jetzt ein Quadratmeter?
b) Berechne die Ersparnis für Familie Schwarz.

8 Wie viel beträgt die Preisminderung jeweils in %?

A ~~150 €~~	B ~~266 €~~	C ~~499 €~~	D ~~349 €~~	E ~~980 €~~
105 €	199,50 €	399,20 €	195,44 €	607,60 €

Lösungen zu 8 und 9:		
20	25	44
20	30	38
30	10	15

9 Pizzeria Antonio hat einige Preise geändert. Gib jeweils die Minderung bzw. Erhöhung in % an. Runde auf ganze Prozent.

Pizzeria Antonio
Funghi ~~7,50 €~~ 6 €
Salami ~~6,50 €~~ 8,45 €
Margherita ~~5,40 €~~ 6,20 €
Italia ~~5,90 €~~ 5,30 €

10 Ein Vorführwagen wird 23 % unter dem Neupreis für 17 479 € angeboten. Wie hoch war der Neupreis?

11 a) Die Firma „Billig" wirbt mit diesem Plakat. Um wie viel Prozent wurde jeweils reduziert? Kann die Werbung trotzdem wahr sein?
b) Sucht aus Prospekten reduzierte Ware und überprüft ebenso.

bis zu **40 %** reduziert

A) bisher 179 € **157 €**
B) bisher 490 € **343 €**
C) bisher 96,70 € **59,95 €**

12 Nach einer Preiserhöhung um 20 % bietet ein Sportfachgeschäft auf alle Waren 20 % Preisnachlass.

alter Preis 100 %	Erhöhung 20 %

„Das ist ja dann wieder der alte Preis."

Tom

a) Könnte Toms Aussage stimmen? Überprüfe mit dem Streifenmodell.
b) Ein Trikot kostete ursprünglich 70 €. Welchen Preis hat es jetzt?
c) Ein Trainingsanzug kostet nach der Preiserhöhung 76,80 €. Wie hoch war der ursprüngliche Preis? Was kostete er nach dem Preisnachlass?
d) Formuliert ähnliche Aufgaben und löst entsprechend.

13 Ein T-Shirt kostet 25 €. Angenommen, der Preis wird um 100 % erhöht und dann im Ausverkauf wieder um 100 % gesenkt. Berechne und bewerte den Preis im Ausverkauf.

Mischungsverhältnisse berechnen

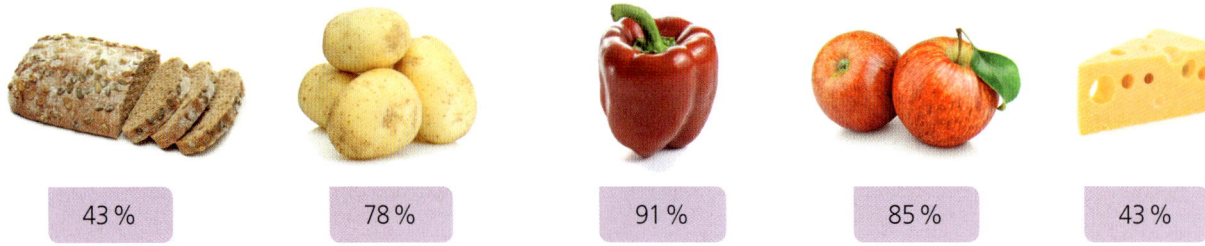

| 43 % | 78 % | 91 % | 85 % | 43 % |

1 In verschiedenen Lebensmitteln befindet sich unterschiedlich viel Wasser.
  a) Wie viel Gramm Wasser befinden sich in 1 kg des jeweiligen Lebensmittels?
  b) Wie viel Wasser ist jeweils enthalten?

  2 kg Brot   25 kg Kartoffeln   1,5 kg Paprika   4,5 kg Äpfel   300 g Käse

2 In einige Getränke wird zu bestimmten Teilen Fruchtsaft gemischt.

TIPP!
1 l = 1 000 ml

  a) Wie viel Milliliter Fruchtsaft sind jeweils in einem Liter?
  b) Wie viel Fruchtsaft ist jeweils in eine 0,7-l-Flasche (0,25-l-Flasche) gemischt?
  c) Ein Orangensaft hat einen Fruchtgehalt von 60 %. Wie viel ml reiner Fruchtsaft sind in einer 1-Liter-Flasche (0,75-Liter-Flasche)?

3 Berechne die Gewichtsanteile der einzelnen Stoffe in einem 400-Gramm-Glas (einer 20-Gramm-Portion) Marmelade.

4 Formuliere zu den Vorgaben jeweils eine Aufgabe. Tauscht aus und löst.
  a) Menschlicher Körper   15 % Eiweiß   12 % Fett   65 % Wasser   8 % andere Stoffe
  b) Erdnüsse   200 g Packung   50 % Fett   20 % Kohlenhydrate $\frac{1}{4}$ Eiweiß
  c) Schorle   20 % Fruchtsaft   80 % Mineralwasser   0,25-l-Becher   Klassenfest   50 l

5 Im Friseursalon mischt die Auszubildende Ronja das Shampoo für das Waschen der Haare mit 70 % des Shampoos „Beauty" und den Rest mit „Glanz".
  a) Wie hoch ist der Anteil in ml, wenn Ronja 6 Liter mischen soll?
  b) Wie ändert sich die jeweilige Menge, wenn sie 80 % (85 %) des Shampoos „Beauty" verwendet?

TIPP!
Eine Legierung entsteht beim Verschmelzen von Metallen.

6 Messing ist eine Kupfer-Zink-Legierung, die zu 70 % aus Kupfer und zu 30 % aus Zink besteht.
  a) Wie viel Gramm Kupfer und Zink sind in 300 g (1 200 g) Messing enthalten?
  b) Ein Messingblech enthält 150 g Zink. Wie viel Gramm wiegt das Blech?

7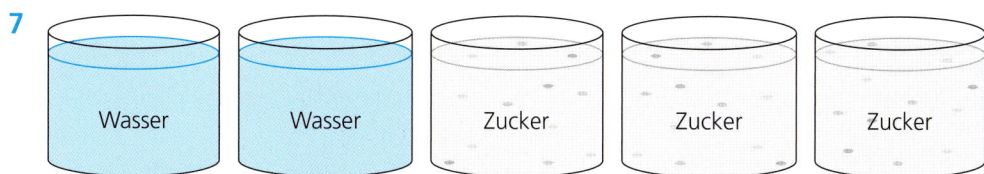

Nach der Honigernte im Spätsommer muss der Imker eine Zuckerlösung als Ersatznahrung für die Überwinterung der Bienen füttern.
a) Gib die Anteile für Wasser und Zucker als Bruch und in Prozent an.
b) Wo findest du im Alltag noch Mischungen? Denke hier auch an das Fach Ernährung und Soziales.

> **Mischungsverhältnisse**
> Werden mehrere Anteile eines Stoffes miteinander vermischt, gibt man das oft in einem Verhältnis an, z. B. 2 : 3. Die gesamten Anteile erhält man aus der Addition der Einzelteile.
>
> 5 Teile
> 2 : 3

8 Wie hoch sind die Anteile der Mischungen? Gib als Bruch und in Prozent an.
a) 4 : 1   b) 3 : 2 : 5   c) 2 : 1 : 7   d) 6 : 2 : 2

TIPP!
2 : 3
5 Teile insgesamt
2 : 3
= $\frac{2}{5}$: $\frac{3}{5}$
= $\frac{40}{100}$: $\frac{60}{100}$
= 40 % : 60 %

9 Sophie und Max stellen 3 Liter Ringelblumensalbe her. Die Salbe besteht aus Ringelblumenöl und Bienenwachs im Mischungsverhältnis 9 : 1.
a) Wie hoch sind die Anteile in Prozent und in Milliliter?
b) Wie viele 250 ml-Dosen können sie füllen? Welche Menge von jedem Bestandteil findet sich in einer Dose?

10 Evas Frühstücksschale besteht aus frischem Obst, Milch und Müsli im Verhältnis 2 : 5 : 3. Wie hoch ist jeweils der Anteil in Prozent und Gramm bei 250 g?

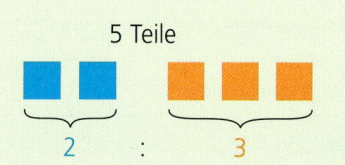

11 Lisas Lieblingsmüsli besteht aus 5 Anteilen Haferflocken, 2 Anteilen Rosinen, 1 Anteil Haselnüsse und 2 Anteilen Sonnenblumenkerne.
a) Gib das Mischungsverhältnis in Prozent an.
b) Wie viel Gramm braucht sie jeweils für ein 250 g Müsli?

12 In einem Biomarkt wird Müsli frisch gemischt. Berechne die jeweilige Menge in Prozent und Gramm sowie den Gesamtpreis für 500 g.
a) Haferflocken, Nussmischung und Trockenpflaumen sind im Verhältnis 3 : 1 : 1 gemischt.
b) Cornflakes, Schokosplitter und Trockenfrüchte sind im Verhältnis 2 : 1 : 2 gemischt.

Preis pro 100 g	
Haferflocken	0,80 €
Cornflakes	1,60 €
Schokosplitter	1,20 €
Nussmischung	3,50 €
Trockenfrüchte	2,00 €
Trockenpflaumen	2,80 €

Lösungen zu 11 und 12:		
40	60	8,70
20	20	10
20	125	50
40	300	200
20	50	100
100	100	200
50	25	20
8,40		

Zwischenrunde

So schätze ich meine Leistung ein.

1 Mit Prozentsätzen vergleichen → S. 8, 9

a) Wer hat die bessere Trefferquote? Begründe.

b) In der AG Tastschreiben sollten in einer bestimmten Zeit möglichst viele Wörter fehlerfrei abgeschrieben werden. Wer hat prozentual mehr Fehler gemacht? Begründe.

Sophia
Wörter: 320
Fehler: 16

Nele
Wörter: 250
Fehler: 10

2 Prozentangaben darstellen → S. 10, 11

a) Berechne die Stimmenanteile der Klassensprecherwahl in Prozent und stelle das Ergebnis in einem Streifendiagramm dar.

Tom	Leo	Omar	Sina
13	7	3	2

b) Berechne die Anteile am Getränkeverkauf beim Schulfest in Prozent und stelle diese in einem Kreisdiagramm dar.

Radler	Limo	Schorle	Wasser
105 l	60 l	82,5 l	127,5 l

3 Grundbegriffe der Prozentrechnung kennen → S. 12

a) Gib jeweils an, was der Grundwert, Prozentsatz und Prozentwert ist.
   A) Von 300 € gibt Ina 120 € aus. Das sind 40 %.
   B) 30 % der 20 Kinder in der 7a spielen Fußball in einem Verein. Das sind 6 Kinder.

b) Was ist gegeben, was gesucht? Ordne die Grundbegriffe richtig zu.
   A) Von den 240 Schülern der Schule haben 95 % ein eigenes Handy.
   B) Emres Trainingsanzug kostete nach einer Preissenkung noch 76 € statt vorher 95 €.

4 Prozentwert berechnen → S. 13

a) Berechne den Prozentwert.
   A) 28 % von 400 €
   B) 62 % von 750 kg

b) Unser Skelett macht etwa 18 % unseres Körpergewichts aus.
   A) Frau Leicht wiegt 55 kg.
   B) Wie schwer ist dein Skelett etwa?

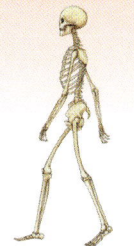

5 Grundwert berechnen → S. 14

a) Berechne den Grundwert.
   A) 8 % sind 400 g.
   B) 12 % sind 276 €.

b) Wie viele Aufgaben hatte die Hausaufgabe?

Selim, du hast 85 % der Aufgaben richtig und nur drei falsch. Prima!

Selbsteinschätzungsbogen: 60007-02

6 Prozentsatz berechnen ↪ S. 15

a) Berechne den Prozentsatz.
   Ⓐ 12 kg von 50 kg
   Ⓑ 38 € von 200 €

b) Am Ferienprogramm einer Gemeinde nahmen insgesamt 250 Kinder teil. Davon waren 145 Mädchen. Berechne den Anteil der Jungen in Prozent.

7 Grundaufgaben lösen ↪ S. 16

a) Berechne die fehlenden Werte.

Grundwert	Prozentsatz	Prozentwert
80 €	20 %	■
■	6 %	42 €
500 €	■	40 €

b) Berechne die fehlenden Werte.

Grundwert	Prozentsatz	Prozentwert
■	12 %	86,46 €
2 400 €	■	108 €
1 220 €	32 %	■

8 Mehrwertsteuer berechnen ↪ S. 17

a) In den Rechnungsbeträgen ist die Mehrwertsteuer noch nicht enthalten. Berechne diese und auch den Endpreis.
   Ⓐ Kleidung: 154 €
   Ⓑ Schulbücher: 1 234 €

b) Berechne die fehlenden Angaben.

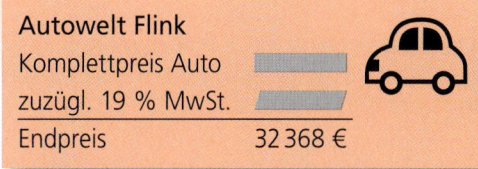

Autowelt Flink
Komplettpreis Auto   ■
zuzügl. 19 % MwSt.   ■
Endpreis   32 368 €

9 Preiserhöhung/Preissenkung ermitteln ↪ S. 18, 19

a) Bestimme die Preiserhöhung bzw. Preissenkung in Prozent. Runde dabei gegebenenfalls auf ganze Prozent.

Ⓐ ~~75 €~~ 84 €
Ⓑ ~~145 €~~ 119 €

b) Ein Dartspiel kostete anfangs 90,85 €. Der Preis wurde zunächst um 10 % erhöht und nach einiger Zeit wieder um 20 % gesenkt. Um wie viel Prozent war es dann im Vergleich zum Anfangspreis billiger?

10 Mischungsverhältnisse berechnen ↪ S. 20, 21

a) Mandy mischt Fruchtsaft und Wasser im Verhältnis 1 : 4 und füllt 750 ml davon in ihre Trinkflasche. Gib für den Flascheninhalt jeweils den Anteil in Prozent und die Menge in Milliliter an.

b) Die 7. Klasse hat 4 kg Obstsalat hergestellt und dabei Orangen, Äpfel, Bananen und Kiwis im Verhältnis 3 : 2 : 2 : 1 gemischt. Gib für jede Obstart den Anteil in Prozent und die Menge in Gramm an.

Üben und vertiefen

Auf einen Blick

Prozent

Anteile lassen sich gut über Brüche mit dem Nenner 100, also über Prozentsätze vergleichen.

$\frac{1}{4} = \frac{25}{100} = 25\,\%$

Diagramme

Streifendiagramm

$100\,\% \triangleq 10$ cm
$1\,\% \triangleq 1$ mm

| 50 % | 20 % | 30 % |

Kreisdiagramm

$100\,\% \triangleq 360°$
$1\,\% \triangleq 3{,}6°$

Prozentwert (P) berechnen

P ist ein Teil vom Ganzen.

$100\,\% \triangleq 135\,€$ oder:
$1\,\% \triangleq 1{,}35\,€$ $135\,€ : 100 \cdot 33$
$33\,\% \triangleq 44{,}55\,€$ $= 44{,}55\,€$

Grundwert (G) berechnen

G ist das Ganze und entspricht 100 %.

$12\,\% \triangleq 96\,€$ oder:
$1\,\% \triangleq 8\,€$ $96\,€ : 12 \cdot 100$
$100\,\% \triangleq 800\,€$ $= 800\,€$

Prozentsatz (p) berechnen

p gibt den Anteil in Prozent an.

$250\,€ \triangleq 100\,\%$ oder: $75\,€$ von $250\,€$
$1\,€ \triangleq 0{,}4\,\%$ $75\,€ : 250\,€$
$75\,€ \triangleq 30\,\%$ $= 0{,}30 = \frac{30}{100} = 30\,\%$

Preiserhöhung / Preissenkung

| alter Preis 100 % | Erhöhung 15 % |
| neuer Preis 115 % | |

$100\,\% \triangleq 952\,€$
$1\,\% \triangleq 9{,}52\,€$
$115\,\% \triangleq 1\,094{,}80\,€$

| alter Preis 100 % | |
| neuer Preis 81 % | Senkung 19 % |

$100\,\% \triangleq 952\,€$
$1\,\% \triangleq 9{,}52\,€$
$81\,\% \triangleq 771{,}12\,€$

Mischungsverhältnisse

Werden mehrere Anteile eines Stoffes miteinander vermischt, gibt man das oft in einem Verhältnis an.

5 Teile insgesamt

$\begin{aligned} &2 &:& &3 \\ =\ &\tfrac{2}{5} &:& &\tfrac{3}{5} \\ =\ &40\,\% &:& &60\,\% \end{aligned}$

---

1 Was gehört zusammen?

$\frac{1}{2}$ $\frac{1}{25}$ $\frac{1}{50}$ 50 %   2 %   4 %

2 Wer hat die höchste Trefferquote in Prozent?

- Lisa trifft bei 10 Versuchen sechsmal.
- Jonas schafft bei 16 Versuchen 8 Treffer.
- Ali hat 15 Treffer bei 20 Versuchen.
- Greta trifft bei 15 Würfen sechsmal.

3
a) Bestimme immer 1 % von der Größe.

200 €   620 kg   40 m   56 g

b) Bestimme immer 10 % von der Größe.

400 €   420 kg   216 m   5 l

c) Bestimme immer 25 % von der Größe.

1 500 €   0,8 kg   52 m   0,96 l

4 Berechne die fehlenden Angaben.

	a)	b)	c)
Grundwert	70 €	■	50 €
Prozentsatz	5 %	11 %	■ %
Prozentwert	■ €	33 km	10 €

5 Stelle eine passende Rechenfrage. Überlege zuerst, was jeweils Grundwert, Prozentsatz sowie Prozentwert ist und löse dann.

a) Ein Fahrrad kostete 400 €. Der Preis wurde um 5 % gesenkt.

b) Lars hat 4 m eines Zaunes gestrichen, das sind 12,5 % der gesamten Zaunlänge.

c) Ein Kinderzimmer ist 18 m² groß. Das Einfamilienhaus hat eine Wohnfläche von 250 m².

6 Bei einer Klassensprecherwahl ergab sich die angegebene Stimmenverteilung. Erstelle ein Streifendiagramm.

Peter 35 %   Elena 20 %   Mark 15 %   Petra 30 %

7 Berechne die reduzierten Preise beim Räumungsverkauf. Runde auf zwei Stellen.

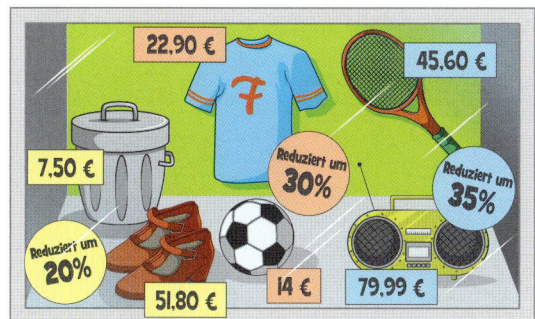

8 Krankenschwester Sabine stellt 2,5 Liter Vogelmiere-Salbe her. Dazu mischt sie Vogelmiere und Schmalz im Verhältnis 1 : 4.
   a) Wie viel Milliliter Schmalz und Vogelmiere benötigt sie jeweils?
   b) Wie viele 250 ml-Dosen kann sie damit füllen?

9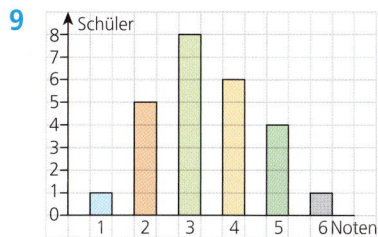

Das Säulendiagramm zeigt die Ergebnisse einer Probearbeit in Mathematik.
   a) Wie viele Schüler nahmen teil?
   b) Gib die Notenverteilung in Prozent an.
   c) Erstelle ein passendes Streifendiagramm.

10 Das Balkendiagramm zeigt das Alter der Kinder in der 7. Klasse. Erstelle ein Kreisdiagramm (r = 4 cm).

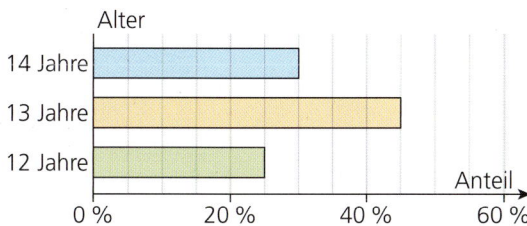

11 Berechne die fehlenden Angaben.

	a)	b)	c)
Preis	540 €		
19 % MwSt.		16,91 €	
Gesamtbetrag			56,53 €

12 Sonja verdient als Tischlerin einen Bruttolohn von 2 156 € für 154 Arbeitsstunden. Nach Abzug von Steuern und Sozialabgaben bekommt sie als Nettolohn 1 509,20 € ausgezahlt.
   a) Wie viel Prozent werden ihr abgezogen?
   b) Wie hoch sind ihr Brutto- und ihr Nettostundenlohn?
   c) Wie viel werden ihr jährlich insgesamt abgezogen?

13 Das Haus nimmt 16 % ein. Berechne die gesamte Grundstücksfläche.

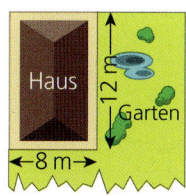

14 Eine Familie verbrauchte im letzten Monat von ihrem Einkommen von 3 700 € für Miete 25 %, für Kleidung 9 %, für Nahrung 1 147 € und für Sonstiges 629 €.
   a) Berechne die Prozentsätze für Nahrung und Sonstiges.
   b) Welche Beträge gab die Familie für Miete und Kleidung aus?
   c) Wie viel Geld blieb der Familie übrig?

15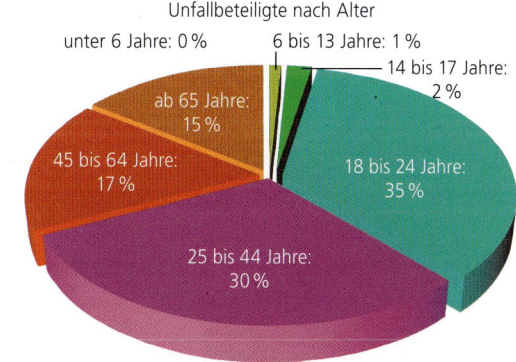

Das Diagramm gehört zur Unfallstatistik einer Polizeiinspektion.
   a) Erstelle ein passendes Balkendiagramm.
   b) Berechne die jeweilige Anzahl der Unfallbeteiligten nach Alter bei insgesamt 754 Unfällen im Bereich dieser Polizeiinspektion. Runde dabei auf ganze Zahlen.
   c) Findet mögliche Gründe für die unterschiedlich hohe Unfallbeteiligung der Altersgruppen von unter 6 bis einschließlich 24 Jahren.

Abschlussrunde

1 Welche Prozentsätze sind jeweils gefärbt bzw. passen zu der Darstellung?

a) 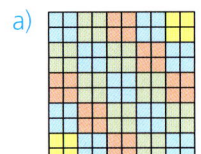   b) 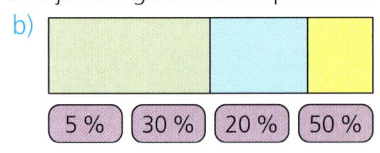   c)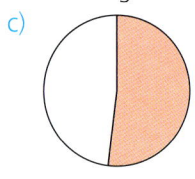

5 %   30 %   20 %   50 %   42 %   49 %   52 %

2 Überschlage sinnvoll.   a) 49 % von 3 966 €   b) 21 % von 1,96 m

3 Wer hat anteilsmäßig jeweils mehr gespart?

a)
	Taschengeld	gespart
Lea	42 €	14,00 €
Max	28 €	10,50 €

b)
	Verdienst	gespart
Fr. Hofer	1 700 €	595 €
Hr. Dierl	3 450 €	759 €

4 Berechne die fehlenden Angaben.

	a)	b)	c)	d)	e)
Grundwert	4 483 €	3,7 km	▪	98 kg	2,4 m²
Prozentsatz	11 %	▪	60 %	▪	25 %
Prozentwert	▪	1,591 km	13,5 l	6,86 kg	▪

5 Berechne die Preissenkung in %. Runde, wenn nötig, auf eine Kommastelle.

	a)	b)	c)	d)
alter Preis	64 €	180 €	720 €	1 044,50 €
neuer Preis	58,88 €	140 €	680 €	1 002,72 €

6 Eine Musicalkarte kostet 76 €. Für Schüler gibt es eine Ermäßigung von 18 %. Wie viel spart sich eine Klasse mit 20 Schülern dadurch?

7 Ein Laden erhöht seine Warenpreise um 12,5 %. Wie lauten die neuen Preise?

a)    b)    c)    d)

8 Erstelle das Kreisdiagramm (r = 4 cm) zur nachfolgenden Verkehrszählung.

| 14 Fußgänger | 28 Radfahrer | 63 PKW-Fahrer | 35 LKW-Fahrer |

9 Der Preis für eine Jeans wurde zweimal hintereinander um 10 % herabgesetzt. Wie viel kostet sie jetzt, wenn sie anfangs mit 78 € ausgezeichnet war?

Kreuz & Quer

Zahlen und Operationen

1 Gib jeweils den markierten Bruchteil an.

a) 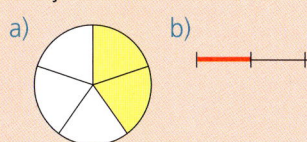 b)  c)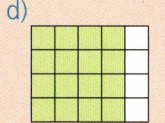

d)  e) 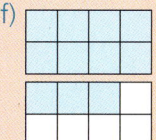 f)

2 Welche Brüche sind gekennzeichnet?

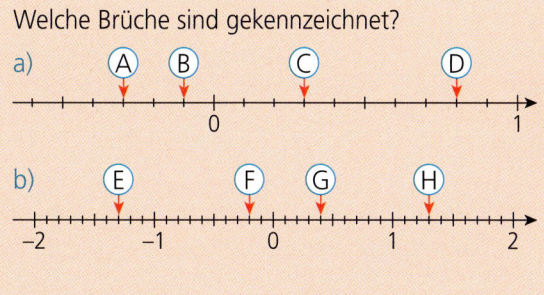

Größen und Messen

1 Rechne in die vorgegebene Einheit um.
- a) 650 g = ■ kg
- b) 3,05 kg = ■ g
- c) 20 220 m = ■ km
- d) 4,25 km = ■ m
- e) 8 ct = ■ €
- f) 54,09 € = ■ ct
- g) $2\frac{1}{4}$ h = ■ min
- h) 210 min = ■ h

2 Ⓐ Rechne um in Liter.

| 1 000 ml | 1 500 ml | 2 750 ml | 1 300 ml |

Ⓑ Rechne um in Milliliter.

| $4\frac{1}{2}$ l | $2\frac{1}{4}$ l | $1\frac{8}{10}$ l | $3\frac{1}{8}$ l |

3 Familie Schwab fährt mit dem Zug in den Urlaub. Laut Fahrplan ist sie dabei 6 h 15 min unterwegs. Nach 1 h 50 min hält der Zug in Würzburg. Wie lange dauert die Fahrt von da an noch?

Raum und Form

1 Welche Aussagen treffen für das Quadrat, welche für das Rechteck zu?
- a) Die Figur hat vier rechte Winkel.
- b) Alle Seiten sind gleich lang.
- c) Gegenüberliegende Seiten sind zueinander parallel.
- d) Die Figur hat genau vier Symmetrieachsen.
- e) Die Diagonalen schneiden sich im rechten Winkel.
- f) Die Mittellinien sind nicht gleich lang.
- g) Die Mittellinien sind zugleich Symmetrieachsen.

2 Berechne jeweils Umfang und Flächeninhalt.

a)  b)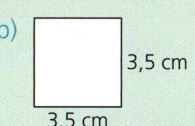

3 Zeichne die Schrägbildskizze. Berechne dann den Oberflächeninhalt und das Volumen.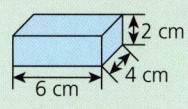

Daten und Zufall

1 Das Diagramm zeigt die monatlichen Einnahmen (blau) und Ausgaben (rot) einer Computerfirma jeweils gerundet auf Millionen Euro.

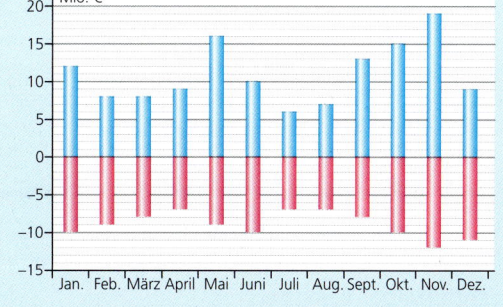

a) Übertrage und vervollständige die Tabelle.

Monat	Einnahmen	Ausgaben	Gewinn	Verlust
Jan	12 Mio €	10 Mio €	2 Mio €	–
Feb	8 Mio €			
März				

b) In welchem Monat hat die Firma den größten Gewinn/Verlust gemacht?

Aufwärmrunde

So schätze ich meine Leistung ein.

1 Sich im Koordinatensystem orientieren

a) Zeichne ein Koordinatensystem (Einheit cm). Trage die Punkte A (–2|–1), B (5|1) und C (1|3) ein und verbinde sie zu einem Dreieck.

b) Die Figur von a) wird verschoben. Punkt B liegt jetzt auf B' (6|2). Gib die Koordinaten der Punkte A' und C' an.

2 Senkrechte und Parallele erkennen

a) Benenne zueinander senkrechte Linien beim Rechteck. Schreibe so: a ⊥ b.

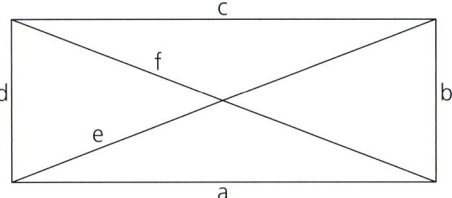

b) Welche Geraden sind zueinander senkrecht, welche parallel? Notiere mit den Zeichen ⊥ und ∥.

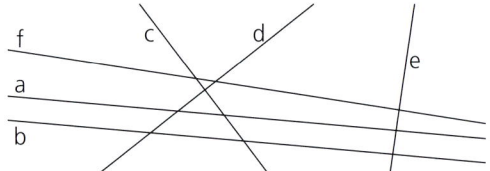

3 Winkel messen und zeichnen

a) Übertrage den Winkel α und verlängere seine Schenkel. Gib seine Größe an.

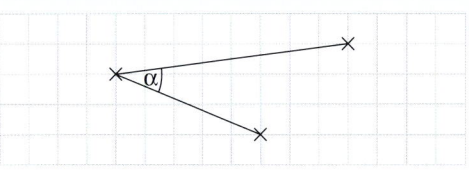

b) Übertrage in dein Heft und zeichne weiter. Welche Figur erhältst du?

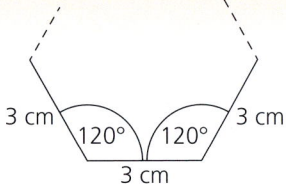

4 Körpernetze zuordnen und zeichnen

a) Welche Netze ergeben einen Würfel bzw. Quader?

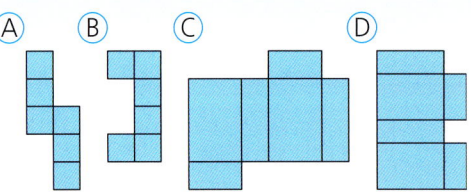

b) Zeichne doppelt so groß ins Heft und ergänze zum vollständigen Würfel- bzw. Quadernetz.

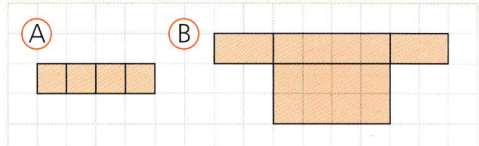

5 Schrägbilder zeichnen

a) Beide Schrägbilder von Quadern wurden falsch gezeichnet. Benenne jeweils den Fehler.

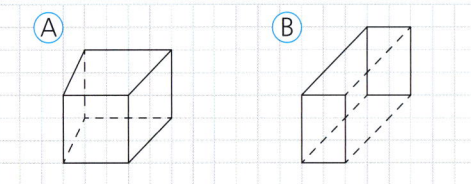

b) Gegeben ist jeweils die Vorderseite eines Quaders. Zeichne die Schrägbildskizze, wenn die Breite bei Ⓐ 4 cm und bei Ⓑ 5 cm ist.

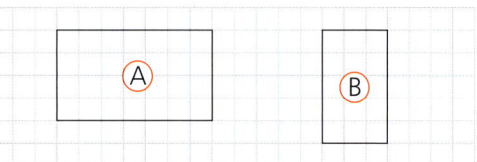

2 Geometrie 1

Einstieg

Die Pizzerien Phantastico und Grandioso bieten jeweils eine kostenlose Lieferung an.
– Warum sind in die Karte Kreise eingezeichnet? Erkläre.
– Wer kann jeweils mit einer kostenlosen Lieferung rechnen?
– Welche Ortschaften würden von beiden Pizzerien kostenlos beliefert werden?
– Welche Besonderheit gilt für die Ortschaft Zandt? Erläutere.
– Besorge dir aus dem Internet einen Kartenausschnitt deiner Umgebung. Welche Orte könnten von deinem Wohnort aus kostenfrei beliefert werden?

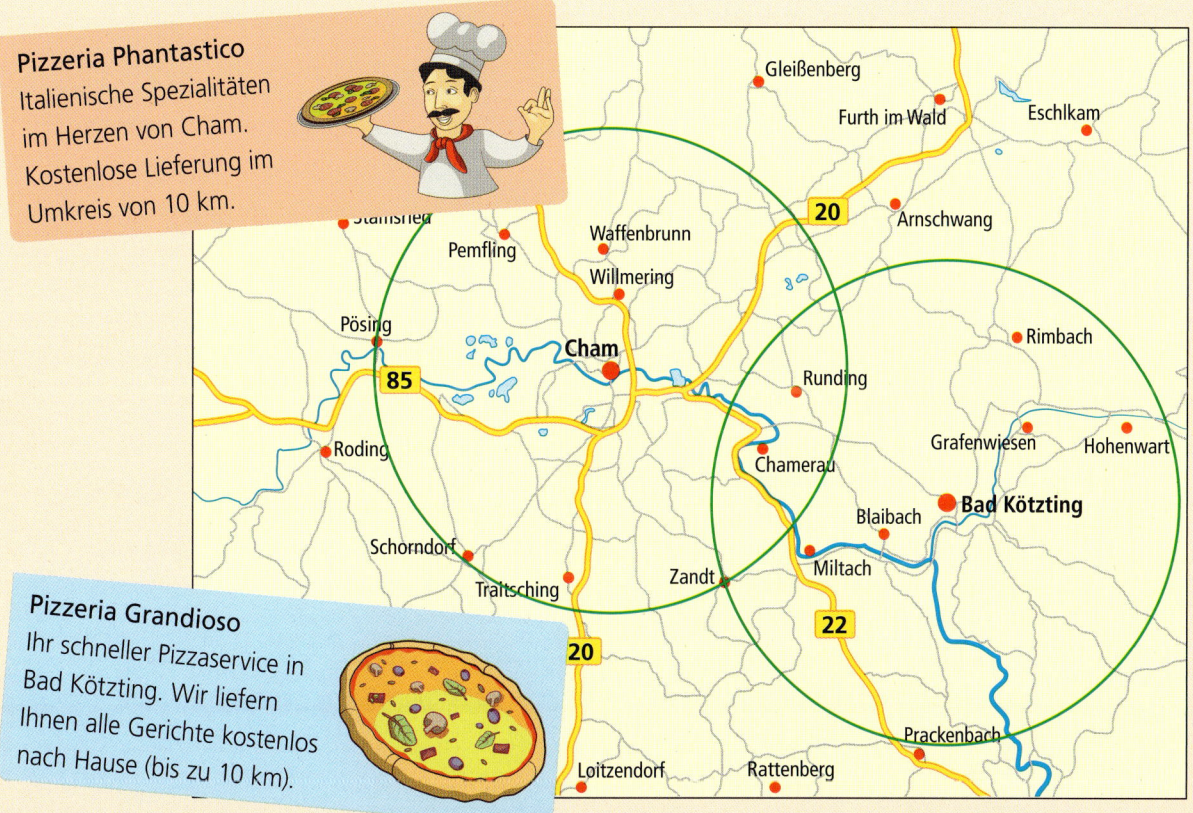

Pizzeria Phantastico
Italienische Spezialitäten im Herzen von Cham. Kostenlose Lieferung im Umkreis von 10 km.

Pizzeria Grandioso
Ihr schneller Pizzaservice in Bad Kötzting. Wir liefern Ihnen alle Gerichte kostenlos nach Hause (bis zu 10 km).

Ausblick

In diesem Kapitel lernst du
– Mittelsenkrechte und Senkrechte zu zeichnen.
– Figuren zu vergrößern und zu verkleinern.
– Dreiecke zu ordnen, zu benennen und zu zeichnen.
– die Winkelsumme bei Dreiecken zu bestimmen.
– Prismen zu benennen und deren Netze und Schrägbilder zu zeichnen.

Mittelsenkrechte und Senkrechte zeichnen

TIPP!
*Strecke von A nach B:
Bezeichnung: $\overline{AB}$
Länge: $|\overline{AB}|$*

1 a) Zeichne die nebenstehende Doppelkreisfigur ($|\overline{AB}| = 6$ cm; Radius r jeweils 4 cm) und kennzeichne deren Symmetrieachsen.

b) Die Symmetrieachse durch die Punkte P und P' wird als Mittelsenkrechte der Strecke $\overline{AB}$ bezeichnet. Erkläre den Begriff Mittelsenkrechte.

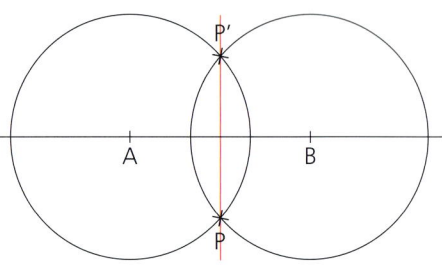

Mittelsenkrechte zeichnen

① mit Zirkel und Lineal:

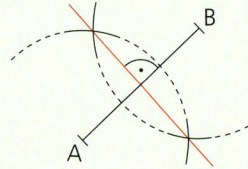

② mit dem Geodreieck:

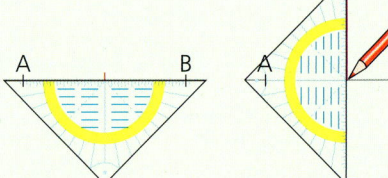

TIPP!
Zur besseren Übersichtlichkeit werden meist nicht mehr die vollständigen Kreise gezeichnet.

Die Mittelsenkrechte halbiert die Strecke $\overline{AB}$ und steht auf ihr senkrecht. Jeder Punkt auf der Mittelsenkrechten hat zu den Punkten A und B die gleiche Entfernung.

2 Erkläre die beiden Möglichkeiten zum Zeichnen der Mittelsenkrechten.

3 Errichte jeweils die Mittelsenkrechte zur Strecke $\overline{AB}$ mit den angegebenen Längen.
a) 4 cm   b) 6,5 cm   c) 8,8 cm   d) 11 cm   e) 12,5 cm   f) 10,2 cm

4 Zeichne das Rechteck ABCD mit a = 9 cm und b = 6 cm.
a) Zeichne die Mittelsenkrechten zu $\overline{AB}$ und $\overline{BC}$. Was stellst du fest?
b) Miss die Abstände vom Schnittpunkt S der Mittelsenkrechten zu den Eckpunkten. Erkläre die Ergebnisse.

TIPP!
Arbeite auf diesen Seiten immer mit Zirkel und Lineal. Überprüfe mit dem Geodreieck.

5 Zeichne die Mittelsenkrechten zu den Strecken $\overline{AB}$ und $\overline{AC}$ mit A (–1|2), B (7|6), C (8|–1) (Einheit cm) und gib die Koordinaten ihres Schnittpunkts an.

6

Beschreibung
① Zeichne eine Gerade g und markiere einen Punkt P, der nicht auf g liegt.
② Zeichne um P einen Kreis, der g schneidet, und benenne die Schnittpunkte mit M_1 und M_2.
③ Zeichne um M_1 und M_2 jeweils einen Kreis mit gleichem Radius.
④ Benenne den Schnittpunkt der Kreislinien mit P' und verbinde diesen mit P.

a) Zeichne die Figur nach Abbildung und Beschreibung.
b) Wo wird die Mittelsenkrechte gezeichnet? Wie müsste die Strecke $\overline{PP'}$ zur Geraden g stehen? Überprüfe.

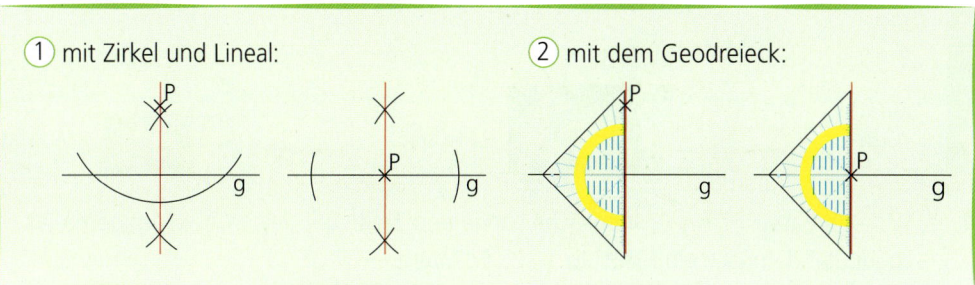

① mit Zirkel und Lineal: ② mit dem Geodreieck: Senkrechte zeichnen
Lot fällen

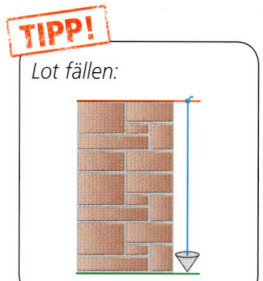

Lot fällen:

7 Der Merkkasten zeigt, wie man die Senkrechte zu einer Geraden durch einen Punkt P errichtet. Liegt der Punkt P außerhalb der Geraden g, sagt man häufig auch: Vom Punkt P wird das Lot auf die Gerade gefällt.
  a) Erläutere das Vorgehen und probiere entsprechend.
  b) Vergleiche mit der Beschreibung in Aufgabe 6.

8 Johannes soll eine Senkrechte a durch einen Punkt P zu einer Geraden g errichten. Beurteile seine Beschreibung.

① Ich zeichne eine Gerade g und einen Punkt P.
② Ich zeichne einen Kreis um P, der g schneidet.
③ Die beiden Schnittpunkte ergeben die Strecke $\overline{AB}$.
④ Ich errichte zur Strecke $\overline{AB}$ die Mittelsenkrechte.
  Das ist die Senkrechte zu g durch P.

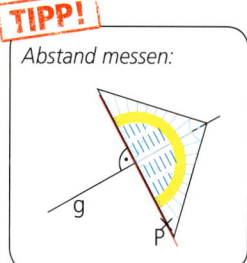

Abstand messen:

9

	①	②	③	④	⑤	⑥
Punkt A	(−1|4)	(1|1)	(1|4)	(1|3,5)	(3|2,5)	(−2|0)
Punkt B	(9|9)	(8|5)	(7|1)	(6|6)	(6|0)	(0|2)
Punkt P	(6|0)	(2,5|6,5)	(−0,5|−1,5)	(4,5|1,5)	(3|8,5)	(0|0)

Zeichne durch A und B (Einheit cm) die Gerade g. Errichte in P die Senkrechte zu g.
  a) In welchem Punkt schneidet die Senkrechte die Gerade g?
  b) Bestimme den Abstand von P zu g.

10 Die Ortschaften Austadt und Stalldorf suchen einen Platz für eine Bushaltestelle. Sie soll von beiden Orten gleich weit entfernt und an der Kreisstraße liegen. Übertrage die Zeichnung und bestimme die gesuchte Stelle.

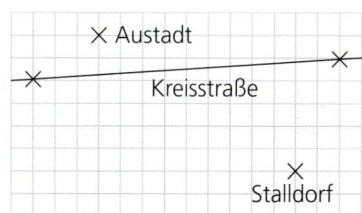

11 Andreas und Leonie haben einen Schatz vergraben und fertigen eine Beschreibung des Verstecks an.

Gehe vom Stein auf kürzestem Wege zum Feldweg. Von dort auf direktem Weg zur alten Eiche befindet sich auf halber Strecke das Versteck.

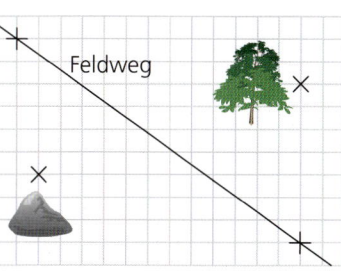

Übertrage die Zeichnung und finde den Punkt, wo sie den Schatz vergraben haben.

Im Maßstab zeichnen und rechnen

  wirkliche Größe 1 : 1 →   Maßstab 1 : 2 →   Maßstab 1 :

1 a) Wie oft passt Ⓑ in Ⓐ? Vergleiche Länge und Breite der beiden Abbildungen. Was bedeutet demnach ein Maßstab 1 : 2? Erläutere.
b) In welchem Maßstab ist die Abbildung Ⓒ dargestellt? Begründe.

Maßstab

Der Maßstab verkleinert oder vergrößert Längen im angegebenen Verhältnis.

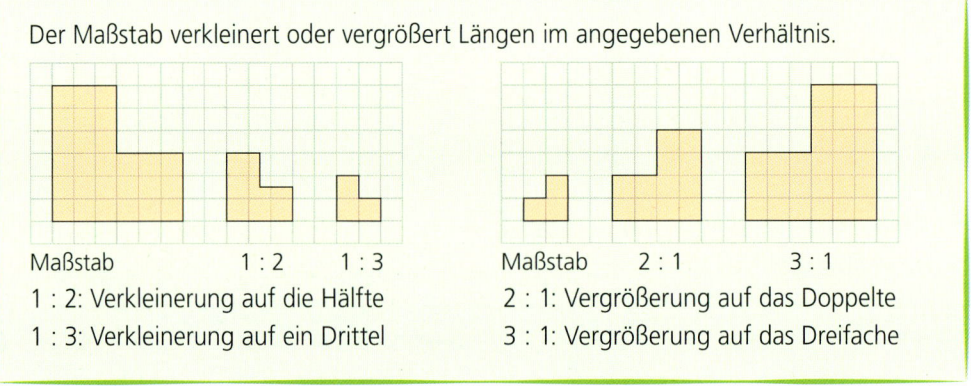

Maßstab   1 : 2   1 : 3   Maßstab   2 : 1   3 : 1
1 : 2: Verkleinerung auf die Hälfte   2 : 1: Vergrößerung auf das Doppelte
1 : 3: Verkleinerung auf ein Drittel   3 : 1: Vergrößerung auf das Dreifache

2 Übertrage jede Figur ins Heft und zeichne die Verkleinerung im Maßstab 1 : 3.

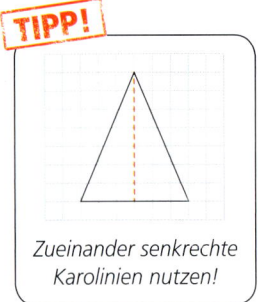

Zueinander senkrechte Karolinien nutzen!

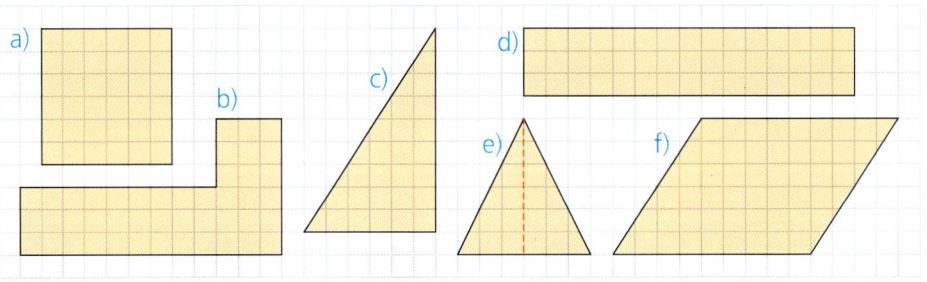

3 Vergrößere die Figuren im Maßstab 3 : 1 in deinem Heft.

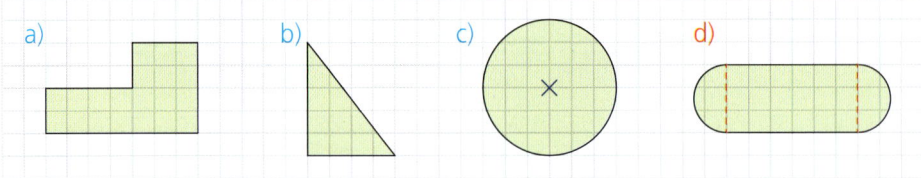

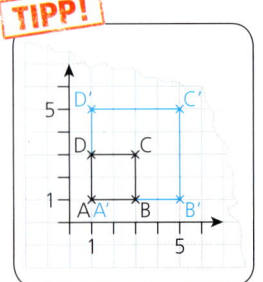

4 Zeichne für jede der Figuren ① bis ⑥ ein Koordinatensystem (Einheit Karokästchen). Trage die Punkte ein und vergrößere bzw. verkleinere die Figur. Der Punkt A bleibt jeweils unverändert. Gib die Koordinaten der Punkte A', B', C' und gegebenenfalls D' an.

Maßstab 2 : 1 (4 : 1)	Maßstab 1 : 2 (1 : 4)
① A (1|1); B (3|1); C (3|3); D (1|3)	④ A (−3|−2); B (9|−2); C (9|6); D (−3|6)
② A (−2|2); B (1|2); C (1|5)	⑤ A (−1|3); B (7|3); C (7|11); D (−1|11)
③ A (−2|−1); B (1|−1); C (1|1); D (−2|1)	⑥ A (2|−3); B (14|−3); C (2|5)

5 a) Peter hat sich für seine Skizze eine Umrechnungstabelle angelegt, mit der er die wirklichen Maße berechnet. Erläutere die Tabelle.
b) Miss die fehlenden Strecken aus der Skizze und berechne ihre wirkliche Länge.

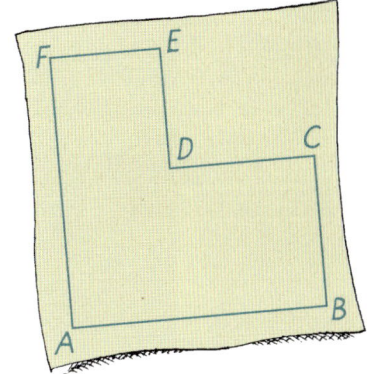

	Maßstab 1	: 5
	Skizze (Verkleinerung)	Wirklichkeit
$\overline{AB}$	3,5 cm	3,5 cm · 5 = 17,5 cm
$\overline{BC}$	2,0 cm	2 cm · 5 = 10 cm

6 Erstelle eine Umrechnungstabelle für den Maßstab 1 : 10 (1 : 50; 1 : 100).
a) Berechne die jeweilige Länge in der Wirklichkeit.
  A) 3 cm   B) 14 cm   C) 22 dm
  D) 45 mm E) 100 mm F) 4,2 cm
  G) 8,4 dm H) 9,6 cm I) 14,5 cm

Länge im Plan	1 : 10	1 : 50	1 : 100
	Länge in der Wirklichkeit		
A) 3 cm	30 cm	■	
B) 14 cm		■	

b) Berechne die jeweilige Länge im Plan.
  A) 200 cm   B) 2 500 mm   C) 550 dm
  D) 900 mm   E) 50 dm   F) 450 cm
  G) 295 dm   H) 675 cm   I) 6 000 mm

Länge in der Wirklichkeit	1 : 10	1 : 50	1 : 100
	Länge im Plan		
A) 200 cm	■	■	■

7 Bestimme den Maßstab.

	a)	b)	c)	d)	e)	f)	g)
Länge im Plan	1 cm	1 mm	4 cm	2 cm	1 dm	3 dm	2 mm
Länge in der Wirklichkeit	10 m	1 dm	40 dm	10 m	200 m	6 m	8 m

8 Berechne die wirkliche Länge der Fahrzeuge in Meter.

a)
Länge des Modells 11 cm
Maßstab 1 : 40

b)
Länge des Modells 24 cm
Maßstab 1 : 35

c)
Länge des Modells 13 cm
Maßstab 1 : 500

Lösungen zu 8 und 9:		
225	4,40	1,25
250	8,4	50
0,25	1,125	65

9 In einer Ausstellung wird ein Modell der Münchner Fußball-Arena im Maßstab 1 : 50 gezeigt. Das Modell ist 5 Meter lang, 4,5 Meter breit und 1 Meter hoch.
a) Berechne die wirklichen Maße. Vergleiche mit den Maßangaben im Internet.
b) Ein Fußballfan möchte ein Modell im Maßstab 1 : 200 bauen. Berechne die Maße.

10 Bei einer Modelleisenbahn ist ein 10 Meter langer Güterwagen nur 8 cm lang.
a) Berechne den Maßstab für dieses Modell.
b) Wie groß wäre ungefähr ein Mensch in dieser „Modelllandschaft"? Begründe.

Thema: Pläne und Karten

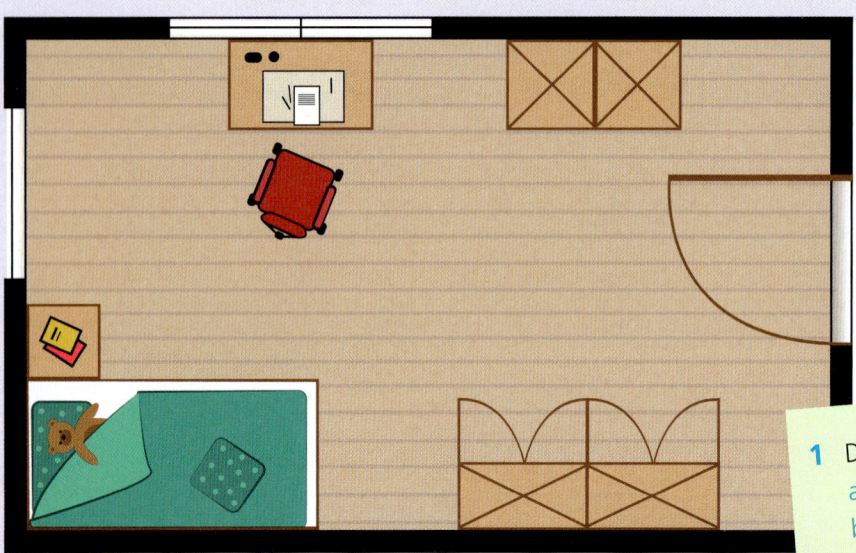

Julian

1 Das ist das Zimmer von Julian.
  a) Versuche es zu beschreiben.
  b) Was gefällt dir? Was würdest du anders planen?

2 Längen aus Plänen messen
Der Plan ist im Maßstab 1 : 50 angefertigt.
  a) Erkläre, was dies bedeutet.
  b) Erstelle eine Tabelle und trage die Maße der Einrichtungsgegenstände wie angegeben ein.

Gegenstand	Maße im Plan	Maße in der Wirklichkeit
Bett	Länge: 4 cm Breite: 2 cm	Länge: 200 cm = 2 m Breite: ▪
Schrank	Länge: ▪ Breite: ▪	Länge: ▪ Breite: ▪

3 Flächeninhalte aus Plänen berechnen
  a) Welche Länge und Breite hat Julians Zimmer? Wie viel m² Wohnfläche hat es dann?
  b) Bestimme auch die Wohnfläche von deinem Zimmer. Vergleiche mit Julians Zimmer.
  c) Welchen Flächeninhalt hat euer Klassenzimmer?

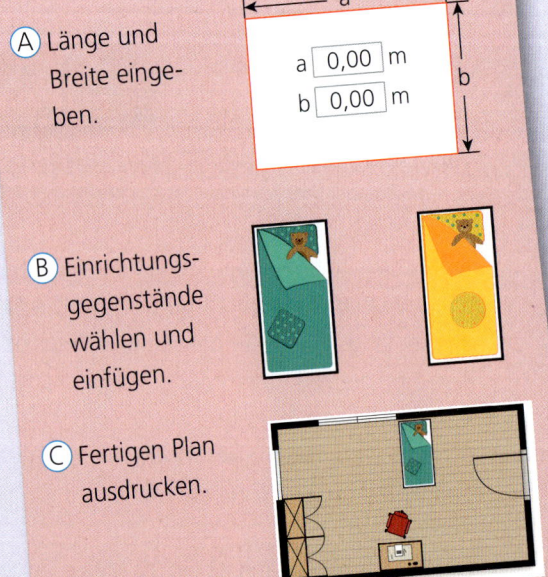

Ⓐ Länge und Breite eingeben.

Ⓑ Einrichtungsgegenstände wählen und einfügen.

Ⓒ Fertigen Plan ausdrucken.

4 Pläne am Computer zeichnen
Im Internet findest du unter dem Suchbegriff „Raumplanung online" Seiten, auf denen du den Grundriss deines Zimmers erstellen und es mit Gegenständen einrichten kannst.
  a) Wähle eine Seite und erstelle den Grundriss deines Zimmers (siehe Schritte Ⓐ bis Ⓒ).
  b) Stellt eure Pläne der Klasse vor.

Maßstab 1 : 3 000 000

5 Luftlinien aus Karten berechnen
a) In die Bayernkarte wurde die Luftlinie München – Nürnberg eingezeichnet. Erkläre „Luftlinie".
b) Miss mit dem Lineal die Länge der Luftlinie und bestimme die Entfernung in km.
c) Erstelle eine Tabelle wie unten. Bestimme in ähnlicher Weise Entfernungen zwischen weiteren Städten.

	Luftlinie im Plan	Luftlinie in der Wirklichkeit
München – Nürnberg	Länge: ■ cm	■
■	■	■

6 Entfernungen mit der Maßstabsleiste bestimmen
Bei Landkarten werden oft auch Maßstabsleisten angegeben.
a) Das ist die Maßstabsleiste zur obigen Bayernkarte. Erläutere. Welchen Vorteil hat diese im Vergleich zur Maßstabsangabe?

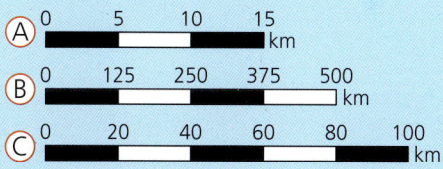

b) Bestimme die Luftlinie München - Nürnberg. Vergleiche das Ergebnis mit deiner Berechnung.

c) Hier sind Maßstabsleisten von anderen Karten. In welchem Maßstab ist die jeweilige Landkarte abgebildet?

Ⓐ 0   5   10   15 km
Ⓑ 0   125   250   375   500 km
Ⓒ 0   20   40   60   80   100 km

7 Entfernungen mit einem Routenplaner ermitteln
Unter dem Suchbegriff „Routenplaner" findest du im Internet Seiten, auf denen du die Entfernung von Orten bestimmen kannst.
a) Wähle einen Routenplaner und ermittle die Entfernung München – Nürnberg (siehe Schritte Ⓐ bis Ⓒ). Vergleiche mit Aufgabe 5 b).
b) Ermittle weitere Entfernungen, die du mit dem Auto (Fahrrad, zu Fuß) zurücklegst.

Ⓐ Start- und Zielort eingeben

Eine Route berechnen
Ⓐ: Stadt, Adresse, Postleitzahl
Ⓑ: Stadt, Adresse, Postleitzahl

Ⓑ Art der Fortbewegung bestimmen

Ⓒ Entfernung ablesen

Entfernung
■ km
davon ■ km auf der Autobahn

Dreiecke untersuchen

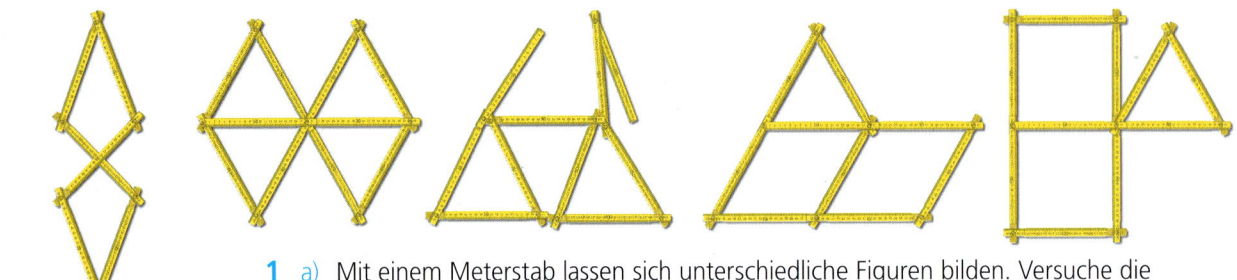

1 a) Mit einem Meterstab lassen sich unterschiedliche Figuren bilden. Versuche die Vorgaben nachzubauen. Entwirf selbst Figuren.
b) Wo entdeckst du Dreiecke, wo Vierecke?
Welche Besonderheiten erkennst du? Denke an die Länge der Seiten.

2 Welche Dreiecke haben zwei, welche drei gleich lange Seiten? Schätze zuerst und überprüfe dann.

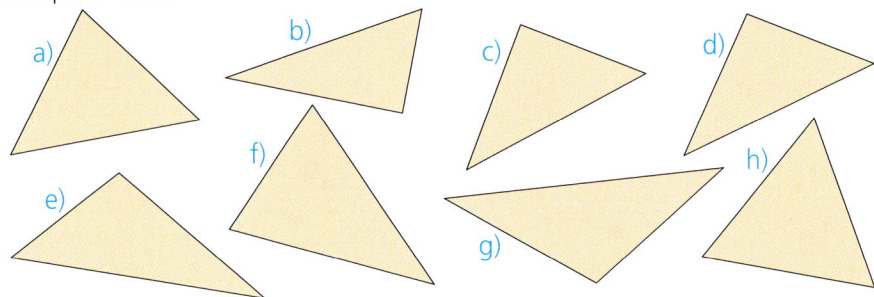

Dreiecke: allgemein, gleichschenklig, gleichseitig

Dreiecke lassen sich nach der Länge der Seiten einteilen.

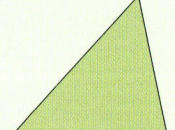   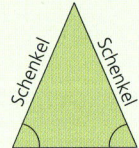   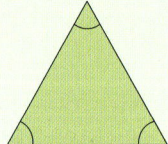

allgemeines Dreieck: Alle Seiten sind unterschiedlich lang.

gleichschenkliges Dreieck: Zwei Seiten sind gleich lang.

gleichseitiges Dreieck: Alle Seiten sind gleich lang.

3 Benenne die Dreiecke von Aufgabe 2 mit den Bezeichnungen im Merkkasten.

4 Wonach werden die Dreiecke im folgenden Merkkasten eingeteilt? Erkläre.

Dreiecke: spitzwinklig, rechtwinklig, stumpfwinklig

Dreiecke kann man nach der Winkelart ihres größten Winkels einteilen.

spitzwinkliges Dreieck: Alle Winkel sind kleiner 90°.

rechtwinkliges Dreieck: Ein Winkel ist 90°.

stumpfwinkliges Dreieck: Ein Winkel ist größer 90°.

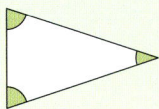   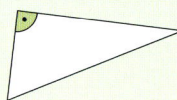   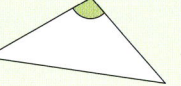

5 a) Benenne die Dreiecke auf den Bildern nach Seitenlänge und nach Winkelgröße.
b) Finde Beispiele von Dreiecken in deiner Umgebung und benenne sie.

6 a) Übertrage die Tabelle. Ordne die Dreiecke von Aufgabe 2 richtig ein.
b) Warum sind zwei Felder gesperrt? Erkläre.

Dreieck	gleichschenklig	gleichseitig	allgemein
spitzwinklig	▪	▪	▪
rechtwinklig	▪	✕	▪
stumpfwinklig	▪	✕	▪

7 Zeichne die Dreiecke und benenne sie (Einheit Karokästchen).
a) A (2|7) B (2|1) C (13|4)
b) A (2|1) B (14|1) C (8|7)
c) A (2|2) B (9|2) C (14|5)
d) A (4|2) B (14|2) C (14|12)
e) A (–1|2) B (5|5) C (–1|8)
f) A (4|–2) B (14|–2) C (4|8)

TIPP! Zeichne für jedes Dreieck ein Koordinatensystem.

8 Übertrage und ergänze das rechtwinklige Dreieck durch Spiegelung an einer Seite zu einem gleichschenkligen Dreieck. Für jedes Dreieck gibt es zwei Möglichkeiten.

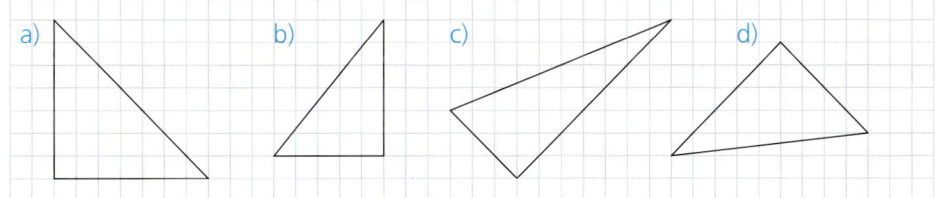

9 a) Schreibe die Dreiecke auf, die gleichschenklig oder rechtwinklig sind.
b) Findest du welche, die sowohl gleichschenklig als auch rechtwinklig sind?

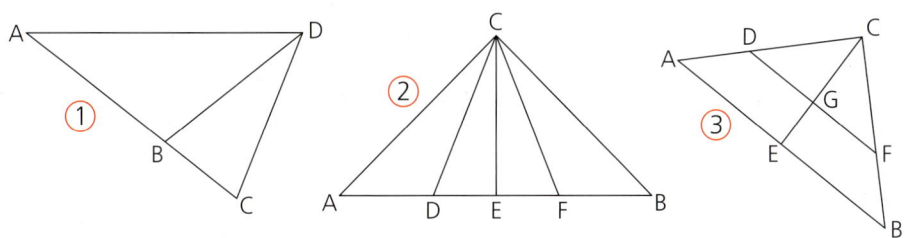

TIPP! ① gleichschenklig: △ ABD rechtwinklig: …

10 Sind die Aussagen richtig oder falsch? Begründe.
a) Bei einem allgemeinen Dreieck können zwei Seiten gleich lang sein.
b) Ein stumpfwinkliges Dreieck hat zwei spitze Winkel.
c) Ein rechtwinkliges Dreieck kann nicht stumpfwinklig sein.
d) Wenn ein Dreieck zwei gleich große Winkel hat, ist es gleichschenklig.
e) Wenn ein Dreieck gleichschenklig ist, ist es stumpfwinklig.
f) Ein rechtwinkliges Dreieck kann auch zwei rechte Winkel haben.

Dreiecke beschriften

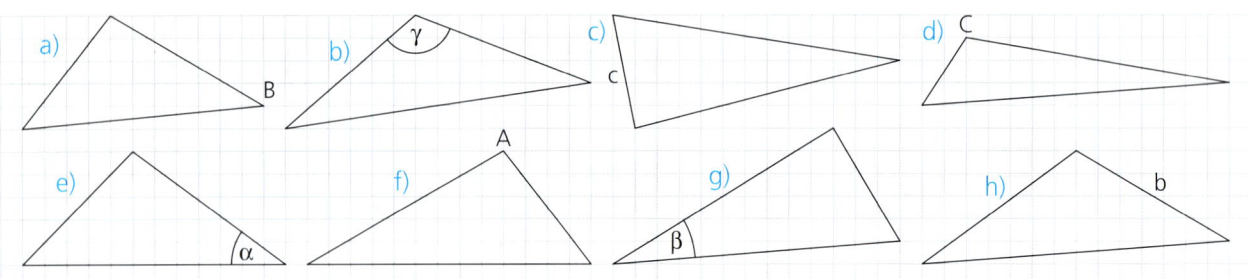

1 Übertrage die Dreiecke ins Heft und beschrifte sie vollständig gemäß dem Merkkasten.

Dreiecke beschriften

Eckpunkte: A, B, C (gegen den Uhrzeigersinn)
Seiten: a, b, c (gegenüber den Eckpunkten)
Winkel: α, β, γ (gemäß Reihenfolge Punkte)

2 a) Übertrage das Dreieck ins Heft und vervollständige die Beschriftung. Orientiere dich an den Karokästchen.
b) Versuche nun mit deinem Nachbarn das Dreieck auf ein Blatt ohne Karos zu übertragen. Welche Möglichkeiten findet ihr?
c) Wie viele Seitenlängen oder Winkel muss man jeweils kennen, damit man das Dreieck zeichnen kann?

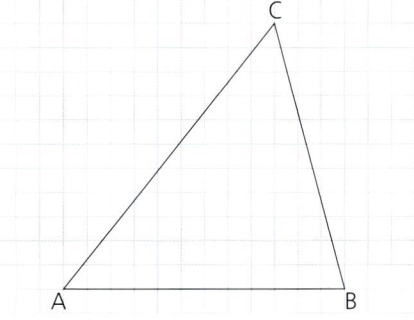

Planfigur
Bestimmungsstücke

Planfigur

Gegeben:
c = 4 cm
b = 5 cm
α = 40°

Für das Zeichnen von Dreiecken braucht man drei Angaben, man nennt sie Bestimmungsstücke. Es ist sinnvoll, immer eine Planfigur zu erstellen und die Bestimmungsstücke farbig zu markieren.

3 Nenne die jeweiligen Bestimmungsstücke bei den Planfiguren.

TIPP! *Eine Planfigur ist nur eine Skizze.*

4 Zeichne eine Planfigur und markiere die gegebenen Bestimmungsstücke.
a) a = 3 cm; b = 4 cm; c = 6 cm
b) a = 5 cm; c = 3 cm; β = 35°
c) a = 4 cm; b = 6 cm; γ = 60°
d) b = 5 cm; α = 60°; γ = 60°

Dreiecke aus drei Seiten zeichnen

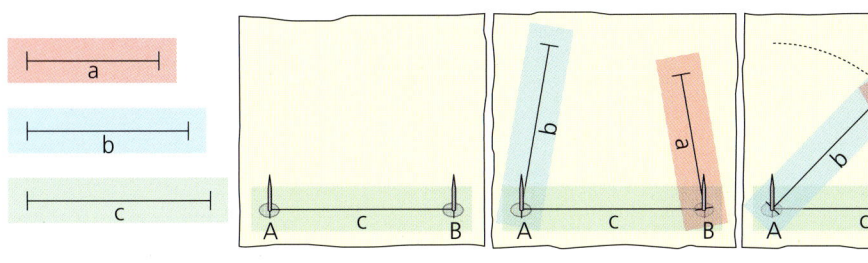

1 Die drei Seitenlängen eines Dreiecks sind auf Folienstücken gegeben. Verena soll das Dreieck erstellen. Erläutere ihr Vorgehen.

2 Vergleiche die Vorgehensweise bei Aufgabe 1 mit der im Merkkasten.

Dreieck aus drei Seiten zeichnen (sss)

Planfigur	Zeichenschritte			
C, 3, 4, A, 5, B — Gegeben: $a = 4$ cm; $b = 3$ cm; $c = 5$ cm	① A, c, B, b — $c = 5$ cm zeichnen; Kreis um A mit Radius $b = 3$ cm	② A, c, B, a, C — Kreis um B mit Radius $a = 4$ cm; Schnittpunkt C	③ A, c, B, b, a, C — Schnittpunkt C mit A und B verbinden	

3 Zeichne zuerst wie im Merkkasten, dann mit doppelt so langen Seiten.

4

	a)	b)	c)	d)	e)	f)	g)
Seite a	3 cm	5 cm	4 cm	3,5 cm	4,2 cm	3,2 cm	5,2 cm
Seite b	4 cm	3 cm	4 cm	2,5 cm	3,8 cm	5,6 cm	5,2 cm
Seite c	5 cm	4 cm	6 cm	5 cm	3,5 cm	7,2 cm	5,2 cm

5 Zwei Dreiecke können nicht gezeichnet werden. Begründe und korrigiere gegebenenfalls eine Seitenlänge.
a) $c = 5,5$ cm $a = 3$ cm $b = 4$ cm
b) $a = 8$ cm $b = 3$ cm $c = 4$ cm
c) $a = 8,5$ cm $b = 3$ cm $c = 10$ cm
d) $b = 9,5$ cm $a = 4$ cm $c = 3$ cm
e) $c = 8$ cm $b = 5$ cm $a = 6,5$ cm
f) $b = 6$ cm $a = 4,5$ cm $c = 7,5$ cm

6 Ein Dreieck hat die Seitenlängen $c = 5,5$ cm und $b = 3,5$ cm. Für a stehen zur Auswahl $a = 1$ cm (2 cm; 3 cm; 4 cm). Für welche Längen von a ergibt sich ein Dreieck?

7 Zeichne im geeigneten Maßstab und miss den gesuchten Winkel.

a)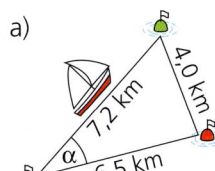

b)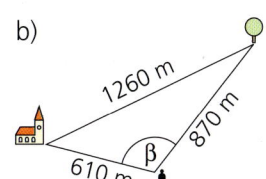

Dreiecke aus Seiten und Winkeln zeichnen

Dreieck aus zwei Seiten und einem Winkel zeichnen (sws)

Planfigur	Zeichenschritte		
Dreieck ABC mit C, a=4, β=60°, c=6	① c = 6 cm zeichnen; β = 60° antragen	② Kreis um B mit Radius a = 4 cm; Schnittpunkt C	③ C mit A verbinden
Gegeben: a = 4 cm; c = 6 cm, β = 60°			

1 Zeichne erst mit den Angaben im Merkkasten, dann mit doppelt so langen Seiten.

2 Die Planfigur ist gegeben (Einheit cm). Zeichne.

a) A–B = 5, 80° bei A, AC = 4
b) A–B = 4, 90° bei A, AC = 3
c) A–B = 6, 70° bei B, BC = 4
d) 80° bei C, CA = 4, CB = 4
e) A–B = 7, 110° bei B, BC = 4
f) 140° bei C, CA = 6,5, CB = 5
g) 45° bei C, CA = 5,5, CB = 5,5

3 Erstelle eine Planfigur und zeichne. Gib die Größe aller Winkel an.

a) b = 5 cm; c = 6 cm; α = 75°
b) a = 3,5 cm; c = 5 cm; β = 40°
c) c = 6,2 cm; b = 4 cm; α = 45°
d) c = 4,5 cm; a = 4,5 cm; β = 90°
e) a = 4,8 cm; b = 5,4 cm; γ = 70°
f) c = 7,3 cm; b = 3,5 cm; α = 50°
g) c = 8,2 cm; a = 5,2 cm; β = 90°
h) b = 6,7 cm; c = 8 cm; α = 120°
i) a = 5,5 cm; c = 4,3 cm; β = 105°
j) b = 6,5 cm; a = 5,2 cm; γ = 130°

Dreieck aus zwei Winkeln und einer Seite zeichnen (wsw)

Planfigur	Zeichenschritte		
40° bei A, 60° bei B, c = 5	① c = 5 cm zeichnen; α = 40° antragen	② β = 60° antragen	③ Schnittpunkt C benennen
Gegeben: c = 5 cm, α = 40°, β = 60°			

4 a) Zeichne mit den Angaben im Merkkasten, dann mit doppelt so langen Seiten.
b) Zeichne auch mit c = 6 cm (7 cm; 4 cm).

a) b) c) d) e)

Planfiguren: Dreiecke mit folgenden Angaben:
- a) A—B = 5, ∠A = 40°, ∠B = 70°, C oben
- b) ∠A = 110°, ∠B = 40°, AB = 4
- c) ∠ bei C = 30°, ∠ bei A = 120°, CA = 4
- d) ∠ bei C = 40°, Höhe = 5, rechter Winkel bei B
- e) ∠ bei C = 65°, ∠ bei B = 65°, BC = 6

5 Die Planfigur ist vorgegeben (Einheit cm). Zeichne.

6 Zeichne zuerst eine Planfigur, dann die Dreiecke. Benenne die Dreieckstypen.
- a) c = 5 cm   α = 45°   β = 45°
- b) b = 7 cm   α = 40°   γ = 70°
- c) a = 4 cm   β = 60°   c = 4 cm
- d) b = 6 cm   c = 6 cm   α = 30°
- e) c = 6,5 cm   a = 4 cm   β = 40°
- f) a = 7 cm   β = 65°   γ = 65°
- g) b = 6,5 cm   c = 4,6 cm   α = 45°
- h) c = 5,4 cm   α = 90°   β = 45°

7 Welche Angabe braucht man jeweils noch, um ein Dreieck nach sws, wsw oder sss zeichnen zu können? Oftmals sind mehrere Antworten möglich.

a) b) c) d)

- e) b, c
- f) b, α
- g) α, γ
- h) α, β
- i) c, β
- j) a, b
- k) α, c
- l) b, γ
- m) γ, α
- n) c, a
- o) c, b
- p) b, a

Methode

Zeichnen mit dem Computer

Es gibt (z. B. im Internet) eine Vielzahl von Geometrieprogrammen, mit denen Zeichnungen angefertigt werden können. Das ist gar nicht so schwer. Die folgende Anleitung orientiert sich an einer beispielhaften Oberfläche. Sämtliche Aufgaben lassen sich aber auch mit jedem anderen Geometrieprogramm bearbeiten. Die Bedienung der Programme ist sehr ähnlich.

Aufgabe: Zeichne ein Dreieck mit den Seiten b = 5 cm, c = 6 cm, α = 40°.

① Seite c = |AB| = 6 cm zeichnen:
Wähle das Symbol zum Zeichnen einer Strecke mit einer festgelegten Länge. Lege einen Punkt A fest und gib die Länge der Strecke ein. Punkt B und Strecke AB werden angezeigt.

② Im Punkt A Winkel α = 40° antragen:
Wähle das Symbol zum Zeichnen eines Winkels mit einer festgelegten Größe. Klicke nacheinander auf die Punkte B und A und gib die Winkelgröße an. Beachte den Umlaufsinn. Der Winkel α wird angezeigt. Um den Schenkel zu zeichnen, klicke auf das entsprechende Symbol.

Lege noch die Länge der Seite b = 5 cm fest und verbinde den entstandenen Punkt C mit dem Punkt B zum Dreieck. Probiere.

Thema: Geometrie im Gelände

Wie hoch wird der Baum wohl sein?

Bestimmt ist es dir auch schon einmal so ergangen wie Selin und du wolltest wissen, wie hoch in etwa zum Beispiel euer Baum im Garten, euer Schulhaus oder vielleicht der Kirchturm ist.
Auf dieser Themenseite erfährst du, wie du mithilfe der Geometrie Größen, z. B. Höhen und Breiten, bestimmen kannst.

⬇ Anleitung zur Herstellung eines Messdreiecks: 60007-03

1 Messdreieck herstellen und richtig handhaben

Wichtigstes Arbeitsgerät ist ein gleichschenklig-rechtwinkliges Dreieck, das sogenannte Messdreieck. Es pendelt sich – entsprechend an einem Rundstab aufgehängt – automatisch lotrecht ein.

a) Versuche anhand der nebenstehenden Abbildung und der Schritte Ⓐ bis Ⓒ zu erklären, wie man die Höhe des Baumes bestimmen kann.

b) Warum ist es wichtig, dass sich das Dreieck lotrecht einpendelt?

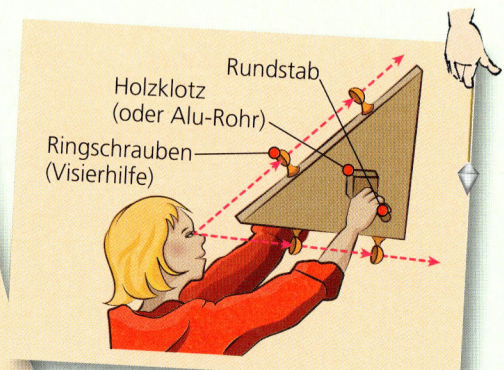

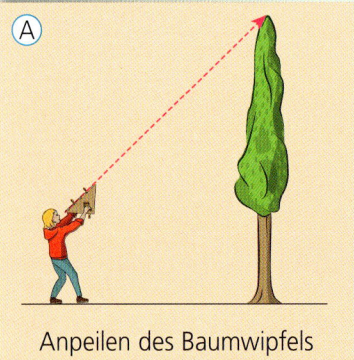

Ⓐ Anpeilen des Baumwipfels

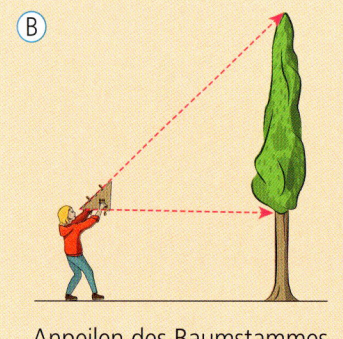

Ⓑ Anpeilen des Baumstammes

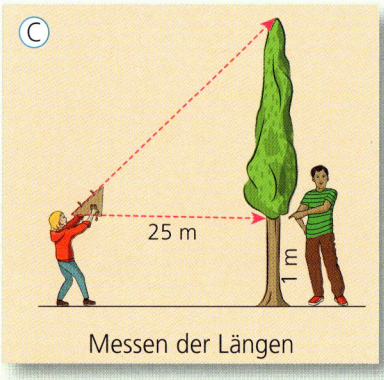

Ⓒ Messen der Längen

2 Höhe bestimmen

a) Wie könnte man Selins Frage beantworten? Erkläre mit nebenstehender Skizze.

b) Wie hoch wäre der Baum, wenn die Entfernung zum Baum 28 m (33 m, 36 m) beträgt?

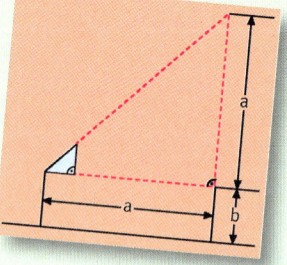

Ist die Höhe des Baumes nun 24 m, 25 m oder 26 m?

3 Flussbreite bestimmen

Nach dem gleichen Prinzip können wir mit dem Messdreieck auch die Breite eines Flusses bestimmen.

a) Erkläre das Vorgehen anhand der Skizze.
b) Bestimme die Flussbreite in unserem Beispiel.

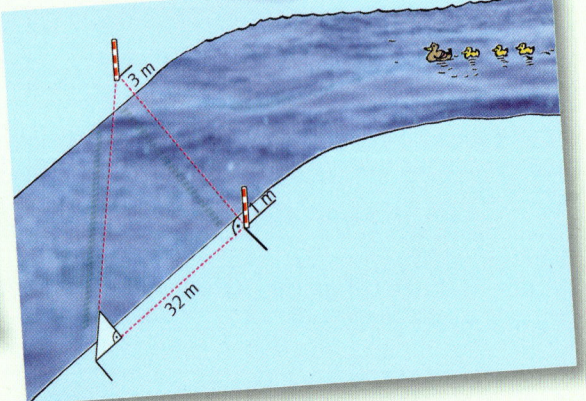

Es gibt auch Apps für dein Smartphone, mit denen du Winkelgrößen bestimmen und Entfernungen messen kannst.
Mit einer Winkel-App peilt man mithilfe der Kamera und des Richtungspfeils den Orientierungspunkt (z. B. Baum) an und liest den Winkel ab.

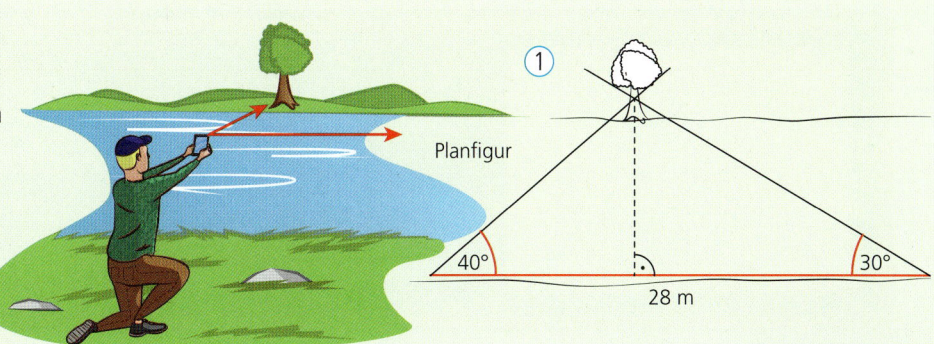

4 Mit Smartphone-Apps arbeiten
 a) Erkläre mit eigenen Worten, wie man mit dem Smartphone notwendige Größen ermittelt, um Planfigur ① zeichnen zu können (Abb. ② und ③). Alternativ kann natürlich die Entfernung zum Fluchtstab auch mit dem Maßband gemessen werden.
 b) Welche Größen kann ich für die Zeichnung übernehmen, welche müsste ich im Maßstab verkleinern? Begründe.
 c) Wo finde ich in der Planfigur die Breite des Flusses?

5 Mit Zeichnungen Größen bestimmen
Peter und Michael haben mit ihrem Smartphone die angegebenen Größen gemessen. Im Maßstab 1 : 200 haben sie obige Zeichnung (Abb. ①) angefertigt und wollen daraus die Breite des Flusses bestimmen.
 a) Zeichne nach der Planfigur das entsprechende Dreieck und bestimme daraus die Breite des Flusses.
 b) Bestimme in den Skizzen Ⓐ bis Ⓒ die gesuchten Größen. Zeichne dazu jeweils im passenden Maßstab.

TIPP!

Maßstab 1 : 200

Zeichnung	Wirklichkeit
1 cm	200 cm = 2 m
■	2800 cm = ■ m

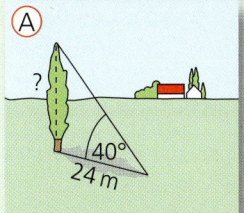
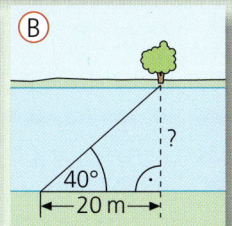
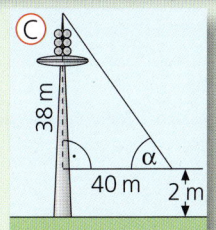

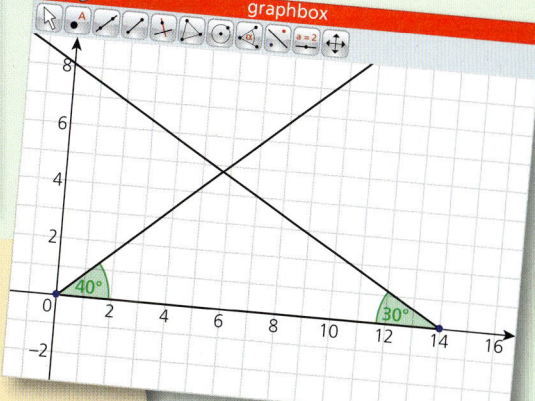

6 Mit Geometrie-Programmen Größen ermitteln
Auf Seite 41 hast du bereits erfahren, wie du mit Programmen geometrische Zeichnungen anfertigen kannst.
 a) Wähle ein Programm und löse die Aufgabe 5 a) im Maßstab 1 : 200 wie in der Abbildung.
 b) Du kannst bereits die ungefähre Breite des Flusses aus der Zeichnung bestimmen. Erkläre.
 c) Versuche, die Aufgaben von Nr. 5 b) mit einem Geometrieprogramm zu lösen.

Winkelsumme bei Dreiecken bestimmen

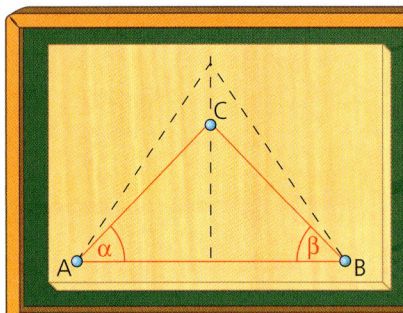

- Wandert Punkt C nach oben, werden die Basiswinkel α und β größer.
- Werden die Basiswinkel größer, wird der Winkel bei C kleiner.
- Wenn Winkel größer werden, werden andere dafür kleiner.

Ich meine, die Winkelsumme bleibt dabei gleich.

1 Stelle wie im Bild aus Karton, Pinnadeln und einem Haushaltsgummi ein gleichschenkliges Dreieck her.
  a) Probiere und überprüfe die Aussagen an der Tafel.
  b) Wie könnte man Ranas Vermutung klären?

TIPP!
Zeichne auf ein Notizblatt.

2 Zeichne ein beliebiges Dreieck und schneide es genau aus. Kennzeichne die Winkel verschiedenfarbig. Reiße nun die Ecken ab und lege sie aneinander. Was stellst du fest? Wie groß ist die Summe der Winkel im Dreieck?

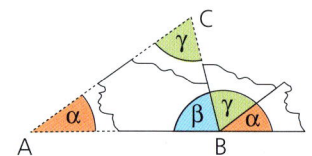

3 Zeichne unterschiedliche Dreiecke. Die Seitenlängen sollen mindestens 5 cm betragen.
  a) Kennzeichne die Winkel mit α, β, γ und miss ihre Größe.
  b) Addiere jeweils die Winkel in den Dreiecken. Erkläre die Ergebnisse.

Winkelsumme im Dreieck

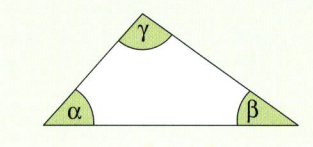

Die Winkelsumme beträgt in jedem Dreieck 180°.
$\alpha + \beta + \gamma = 180°$

Lösungen zu 4 und 6:		
65	75	60
85	50	22
78	90	50
45	90	20
80	34	35

4 Berechne jeweils die fehlende Größe und gib die Dreiecksart an.

Dreieck	a)	b)	c)	d)	e)	f)	g)	h)	i)	j)
α	30°	45°	■	100°	45°	■	35°	53°	121°	■
β	105°	■	70°	15°	45°	38°	■	49°	■	73°
γ	■	60°	20°	■	■	57°	110°	■	37°	73°

5 Zeichne je ein spitzwinkliges, rechtwinkliges und stumpfwinkliges Dreieck. Überprüfe die Aussagen und begründe mit der Winkelsumme.
Ein Dreieck kann haben …
  a) drei spitze Winkel.
  b) zwei stumpfe und einen spitzen Winkel.
  c) drei stumpfe Winkel.
  d) zwei spitze und einen stumpfen Winkel.
  e) drei rechte Winkel.
  f) einen rechten und einen stumpfen Winkel.

6 a) Wie groß sind die Winkel in einem gleichseitigen Dreieck?
  b) In einem gleichschenkligen Dreieck ist ein Winkel 80°. Wie groß sind die anderen Winkel? Es gibt zwei Möglichkeiten.

7 Berechne die fehlenden Winkelgrößen. Die Dreiecke b), c) und d) sind gleichschenklig.

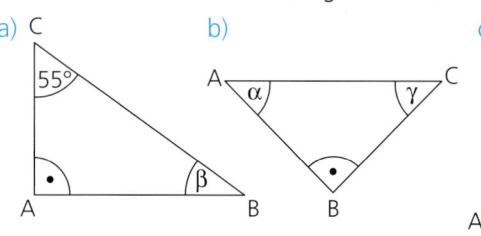
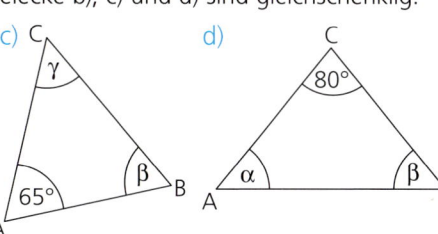

Lösungen zu 7 und 8:		
45	50	50
100	35	30
65	25	35
125	45	50
60	120	

8 Berechne die Winkel.

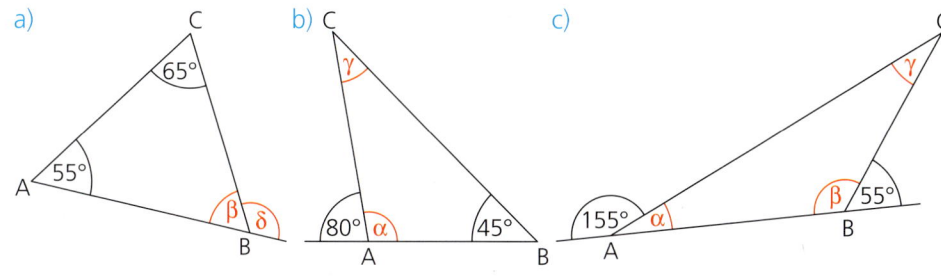

TIPP! Nebenwinkel ergänzen sich zu 180°.

9 Berechne die Größen der rot eingezeichneten Winkel.

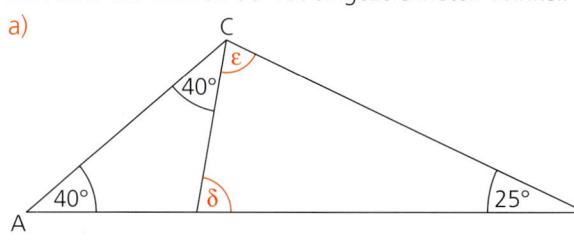
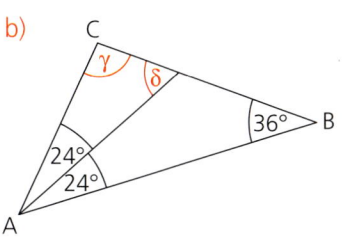

Lösungen zu 9 und 10:		
120	96	75
100	50	30
65	60	65
25	80	60
25	60	80
40	130	50

10 In den Rechtecken sind Dreiecke gekennzeichnet. Berechne jeweils deren Winkel.

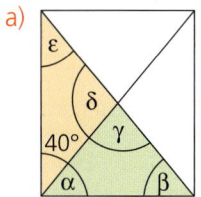
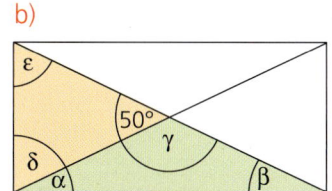
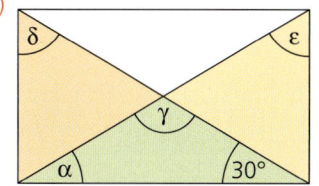

11 Wie groß ist Winkel γ im Dreieck?
a) Alle drei Winkel sind gleich groß.
b) α und β sind zusammen 105°.
c) α ist 40°, β ist doppelt so groß.
d) β ist 30°, α um 90° größer.
e) γ ist so groß wie α und doppelt so groß wie β.
f) γ ist so groß wie α und β zusammen.

Lösungen zu 11 und 12:		
58	30	75
90	60	60
72		

12 Von einem Dreieck wurde die Spitze abgerissen. Die beiden unteren Ecken wurden abgeschnitten. Finde heraus, wie groß der Winkel an der Spitze war.

Prismen erkennen und beschreiben

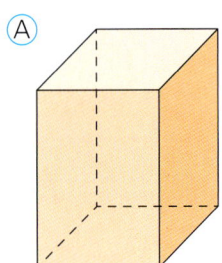 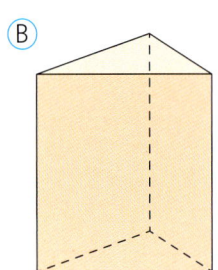 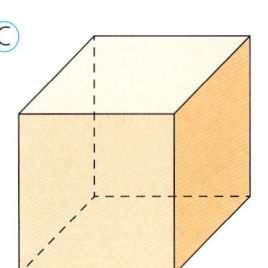 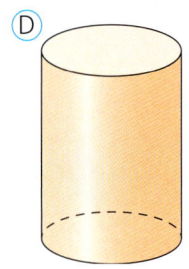 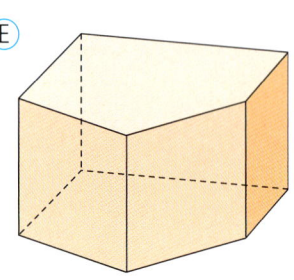

1 a) Benenne die Körper und gib ihre jeweiligen Eigenschaften an.
b) Alle Körper außer Ⓓ sind Prismen. Welche gemeinsamen Eigenschaften haben sie? Worin unterscheiden sie sich?
c) Wo findest du dreiseitige, vierseitige oder fünfseitige Prismen?

gerades Prisma

Bei einem Prisma sind Grundfläche und Deckfläche deckungsgleiche Vielecke.

Die Seitenflächen sind Rechtecke.

Der Name des Prismas ist abhängig von der Eckenanzahl der Grundfläche (dreiseitiges, vierseitiges, … Prisma).

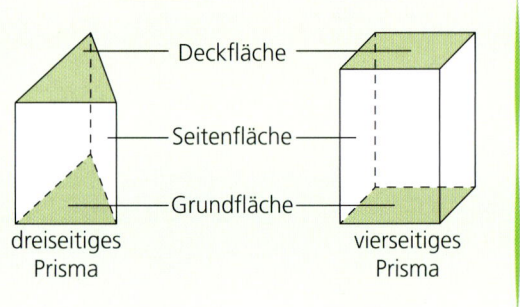

2 a) Welche Grundflächen können zu einem Prisma gehören?
b) Benenne die Prismen möglichst genau.

  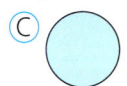   

TIPP!
Die Grund- bzw. Deckfläche eines Prismas kann auch vorne, hinten oder seitlich liegen.

3 Suche die Prismen heraus und notiere die Buchstaben der Reihe nach. Sie ergeben zwei Lösungswörter.

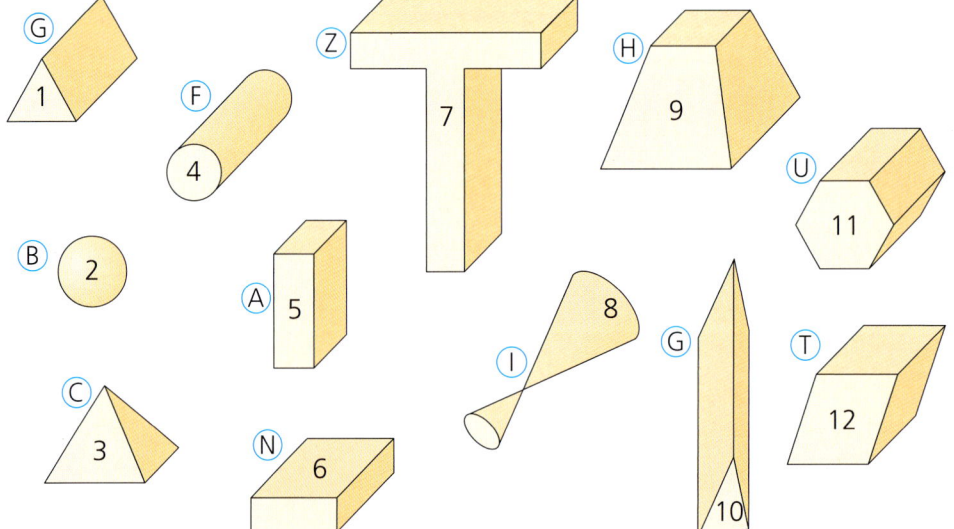

 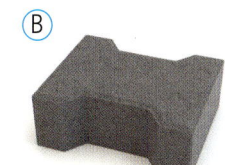   

4 a) Die Gegenstände haben die Form von Prismen. Beschreibe.
b) Finde weitere Beispiele von prismenförmigen Körpern in deiner Umgebung.

5 In eine Schreinerei gehört auch ein Prismenfräser. Versuche anhand der Abbildung zu erklären, woher der Name kommt.

6 Richtig oder falsch? Begründe.
a) Ein Prisma besitzt mindestens zwei zueinander parallele Flächen.
b) Jedes Prisma hat mindestens zwei zueinander parallele Seitenflächen.
c) Ein Prisma mit dreieckiger Grundfläche hat fünf Flächen.
d) Ein Quader ist ein Prisma.
e) Die Grund- und Deckfläche eines Prismas stehen senkrecht zueinander.
f) Jedes Prisma hat eine rechteckige Grundfläche.

7 a) Welche Würfel wurden so zerschnitten, dass die Teile wieder Prismen sind? Benenne die entstandenen Prismen.
b) Beschreibe jeweils die entstandene Schnittfläche.

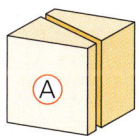 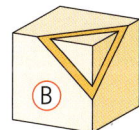 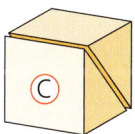 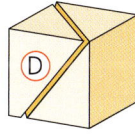 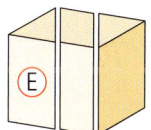 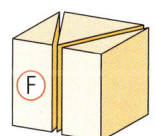

Interessantes

Eulersche Formel

a) Übertrage die Tabelle und fülle sie aus. Was fällt dir auf?

Körper	E	F	K	E + F – K
Quader				
dreiseitiges Prisma				
fünfseitiges Prisma				
sechsseitiges Prisma				

E = Anzahl der Ecken; F = Anzahl der Flächen; K = Anzahl der Kanten

Der Mathematiker LEONHARD EULER entdeckte als erster diesen Zusammenhang zwischen Ecken, Kanten und Flächen bei den meisten eckigen Körpern, also auch bei Prismen.

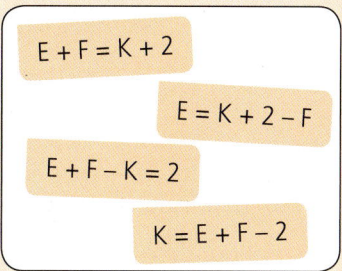

LEONHARD EULER
1707 - 1783

b) Was würdest du Tanja sagen?
c) Bestimme mittels Formel fehlende Werte und benenne die Prismen.

E	F	K	Prisma
14	9		
18		27	
	10	24	

d) Überprüfe die Formel an weiteren eckigen Körpern (Rechteckspyramide, Dreieckspyramide, …).

Welche Formel ist denn nun richtig?

Tanja

Netze von Prismen erkennen und zeichnen

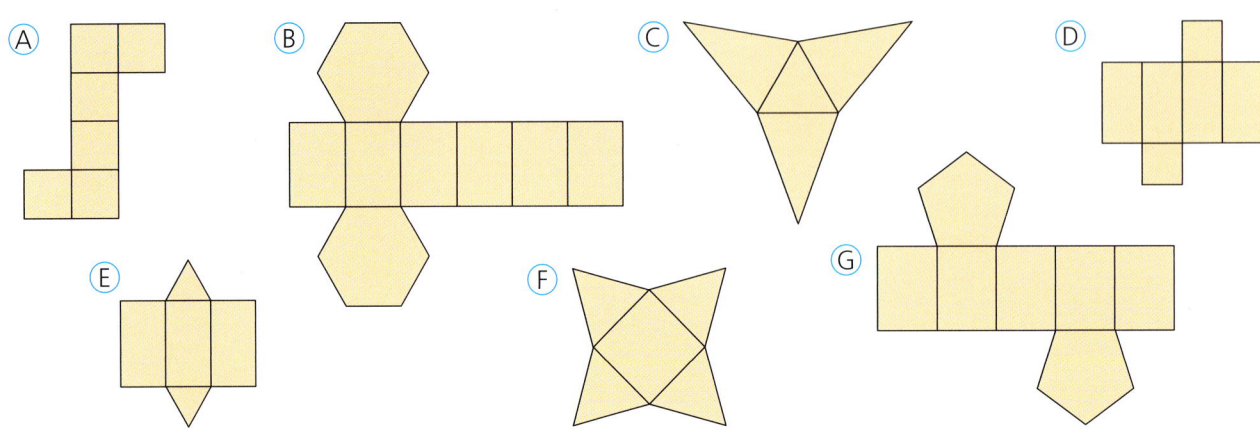

1 a) Benenne die Körper, die aus dem jeweiligen Netz entstehen.
b) Woran hast du die Körpernetze von Prismen erkannt?

TIPP!
Prismen werden häufig auch als Säulen bezeichnet.

Ausschneidebogen Netze: 60007-04

2 a) Welche Netze ergeben ein dreiseitiges Prisma, welche eine Parallelogrammsäule? Schneide aus und überprüfe.
b) Lege mit deinem Nachbarn weitere mögliche Netze.

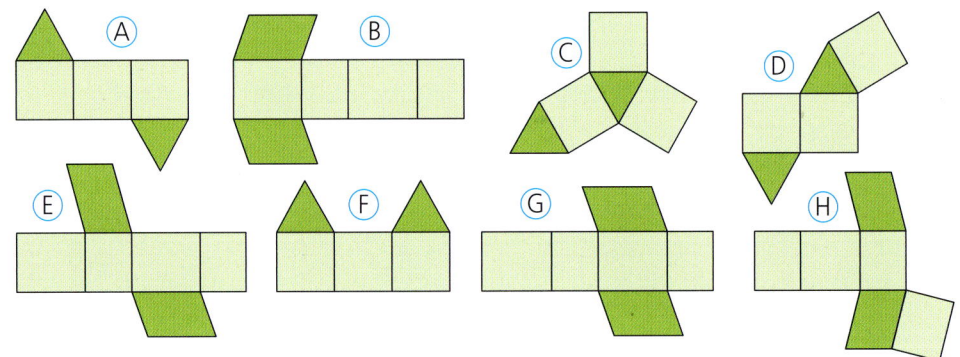

Netze Prismen

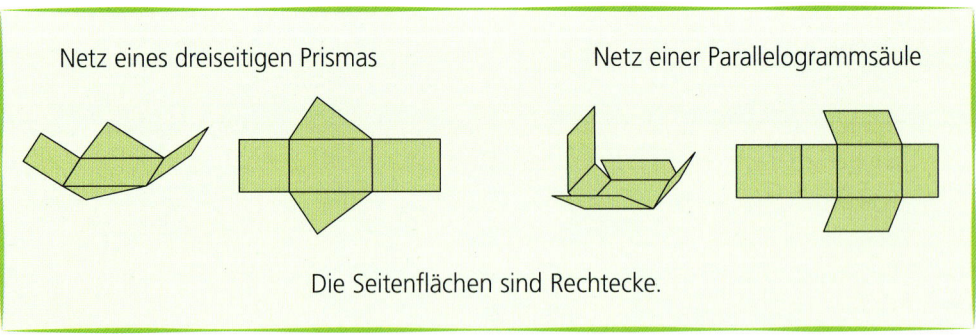

Netz eines dreiseitigen Prismas   Netz einer Parallelogrammsäule

Die Seitenflächen sind Rechtecke.

3 Die dunkle Fläche soll unten liegen. Welche Flächen liegen dann am Prisma oben, vorne, hinten, rechts, links?

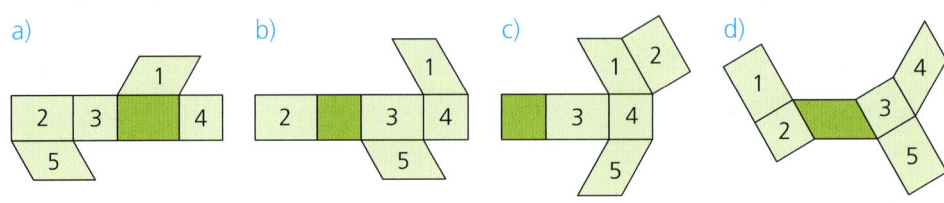

4 Jedes der Prismennetze enthält einen Fehler. Erläutere.

a) 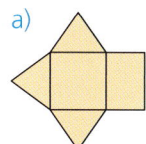 b) 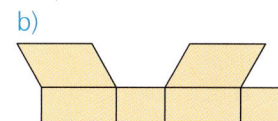 c) 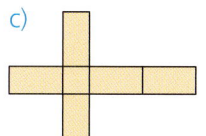 d)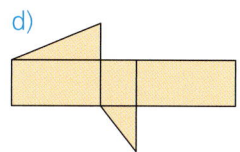

5 Übertrage auf Karopapier und ergänze zu vollständigen Prismennetzen.

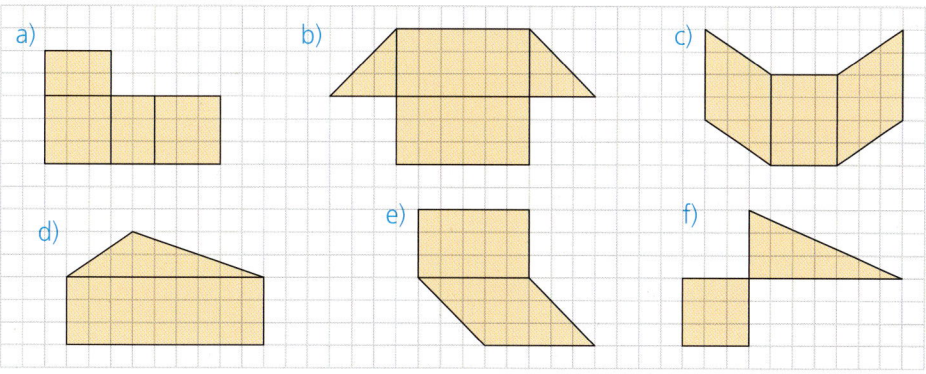

6 Die Figuren sind Grundflächen von Prismen mit einer Körperhöhe von 2 cm. Zeichne jeweils ein Netz.

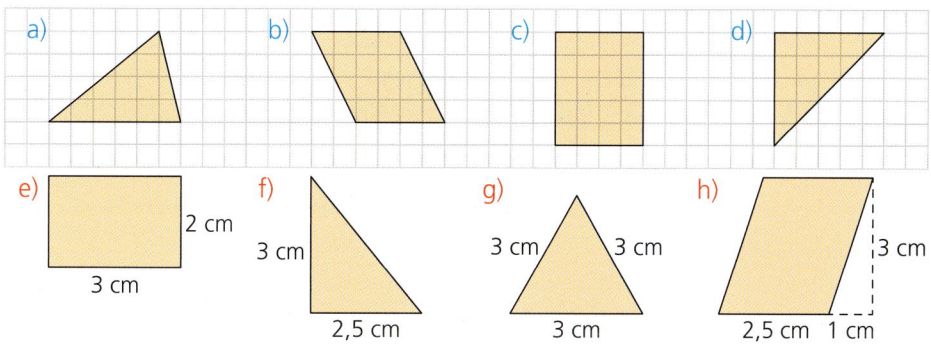

7 Die Prismen haben als Grundfläche ein gleichseitiges Dreieck bzw. ein Quadrat. Zeichne zu jeder Aufgabe jeweils ein mögliches Netz.

	a)	b)	c)	d)	e)	f)
a	3 cm	4,5 cm	5 cm	5,5 cm	6,8 cm	5,7 cm
h	4 cm	3,5 cm	5,5 cm	3 cm	4,5 cm	3,7 cm

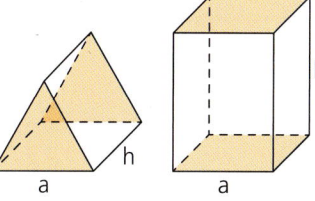

8 Zeichne Netze.
a) Ein Dreiecksprisma hat eine Höhe von 4,5 cm, das Dreieck hat die Maße a = 4,3 cm, b = 5,4 cm, c = 6,8 cm.
b) Ein Prisma hat ein gleichseitiges Dreieck mit einer Kantenlänge von 3 cm als Grundfläche. Seine Höhe beträgt 4,2 cm.

Schrägbilder von Prismen zeichnen

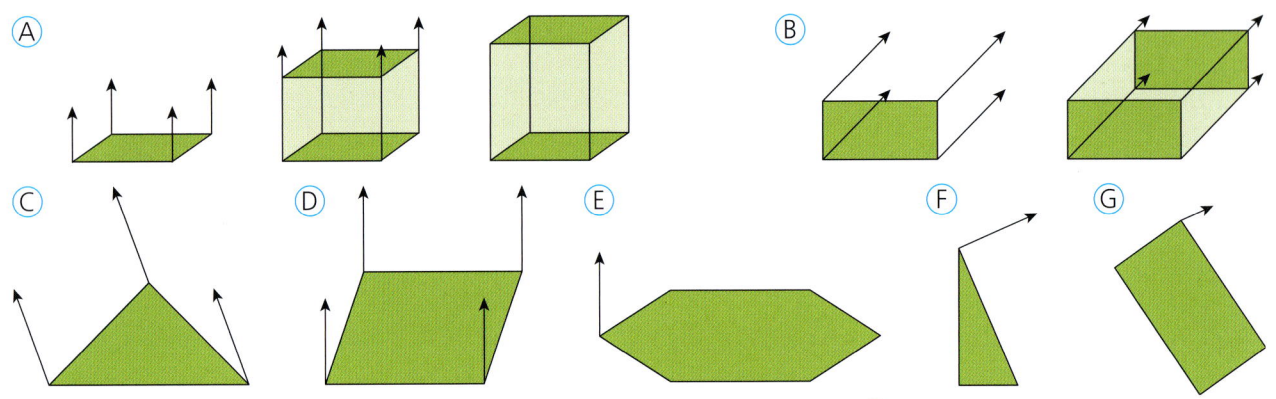

1 a) Erläutere, wie das Schrägbild eines Würfels bei Ⓐ entstanden ist.
b) Von welchen Körpern entstehen bei Ⓑ bis Ⓖ Schrägbilder, wenn die Flächen wie angegeben verschoben werden?

Schrägbild zeichnen

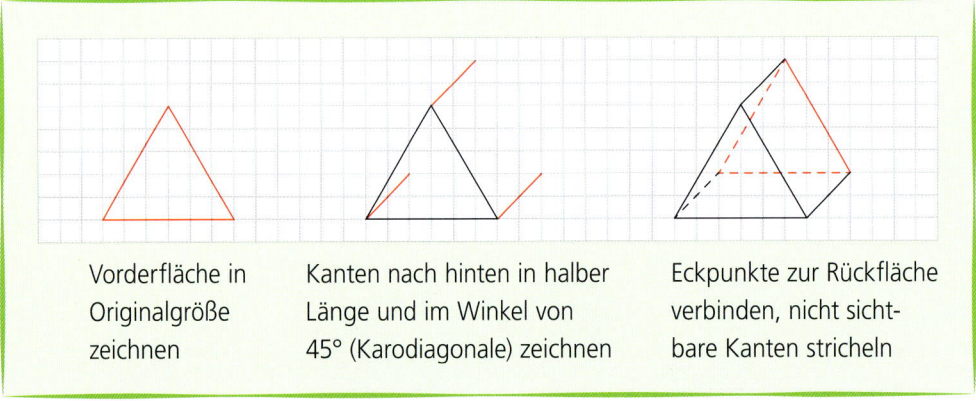

Vorderfläche in Originalgröße zeichnen

Kanten nach hinten in halber Länge und im Winkel von 45° (Karodiagonale) zeichnen

Eckpunkte zur Rückfläche verbinden, nicht sichtbare Kanten stricheln

2 Zeichne zunächst das Schrägbild des dreiseitigen Prismas in der Größe wie im Merkkasten angegeben, dann doppelt so groß.

TIPP! Achte auf die Karodiagonalen.

3 Übertrage und ergänze jeweils das Schrägbild.

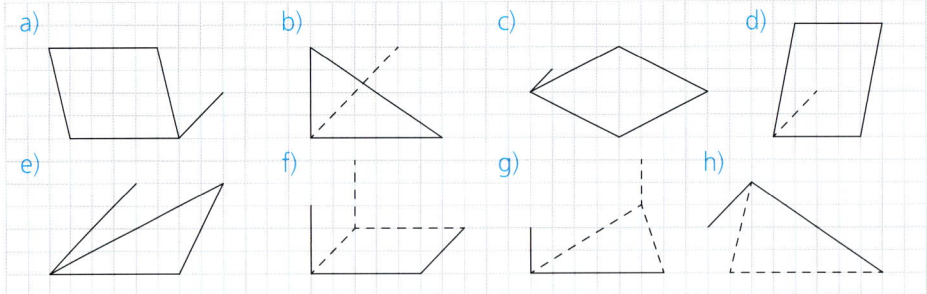

4 Die Schrägbilder wurden falsch gezeichnet. Erkläre die Fehler.

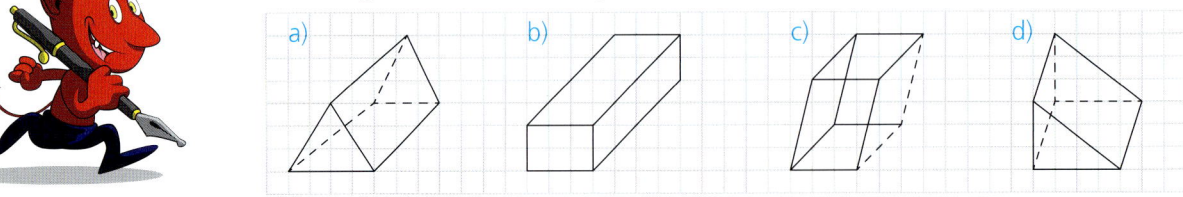

5 Übertrage das Schrägbild des dreiseitigen Prismas in dein Heft und ergänze es zum Schrägbild eines Quaders.

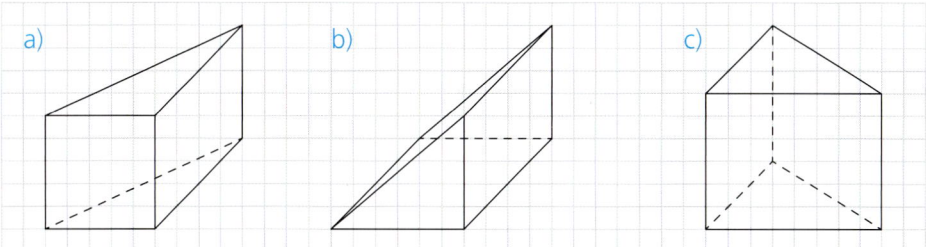

Für Schrägbildzeichnungen genügen oft einfache Skizzen. Dies gilt insbesondere dann, wenn man nur eine Veranschaulichung zum Berechnen braucht.
Dabei werden Karolinien und Karodiagonalen genutzt.

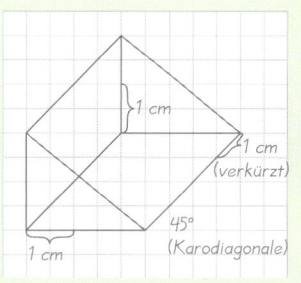

Schrägbildskizze

6 a) Wodurch unterscheiden sich Schrägbildskizze und Schrägbild?
b) Zeichne die Schrägbildskizze des Körpers im Merkkasten wie angegeben und dann in doppelter Größe ins Heft.

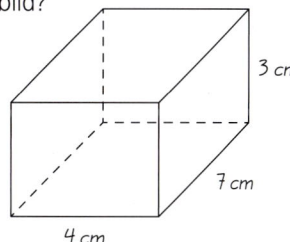

7 Zeichne eine Schrägbildskizze des nebenstehenden Körpers. Bemaße entsprechend.

8 Zeichne Schrägbildskizzen der Prismen (Maße in cm).

a) 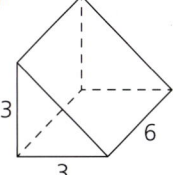   b) 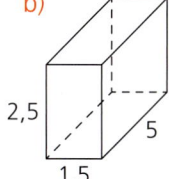   c) 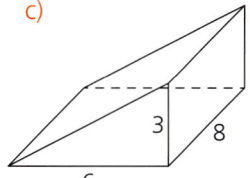   d)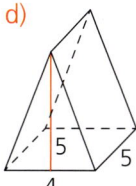

9 Schrägbilder von Prismen können auch auf der Grundfläche stehend gezeichnet werden.
a) Wo findest du auf dieser Doppelseite solche Schrägbilder?
b) Erläutere anhand der Schritte ① bis ④, wie das Schrägbild gezeichnet wird.
c) Zeichne entsprechend mit einer Körperhöhe von 4 cm (6 cm; 7,5 cm) in dein Heft.

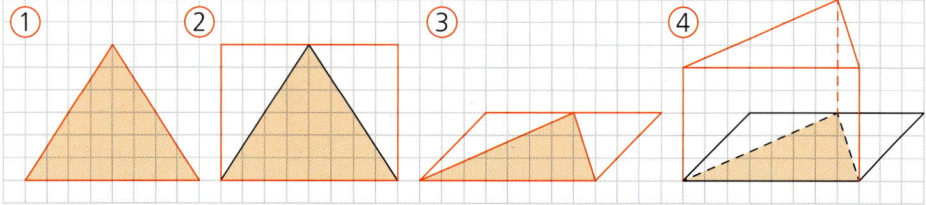

Zwischenrunde

So schätze ich meine Leistung ein.

1 Mittelsenkrechte und Senkrechte zeichnen S. 30, 31

a) Errichte jeweils die Mittelsenkrechte der Strecken.
   Ⓐ $|\overline{AB}| = 7$ cm
   Ⓑ $|\overline{EF}| = 8{,}6$ cm

b) Gegeben sind die Punkte A (2|1), B (10|5) und P (5|9). Trage in ein Koordinatensystem ein (Einheit cm) und errichte in P die Senkrechte zur Geraden g, die durch die Punkte A und B verläuft.

2 Im Maßstab zeichnen und rechnen S. 32, 33

a) Vergrößere die Figuren im Maßstab 4 : 1 in deinem Heft.

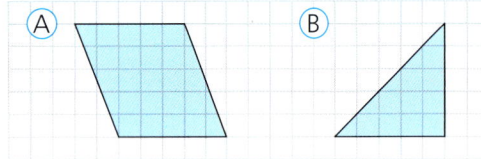

b) Berechne die wirkliche Länge der Fahrzeuge in Meter.

Ⓐ Modelllänge 22 cm, Maßstab 1 : 24
Ⓑ Modelllänge 15 cm, Maßstab 1 : 70

3 Dreiecke beschriften und untersuchen S. 36, 38

a) Übertrage die Dreiecke ins Heft und beschrifte sie vollständig.

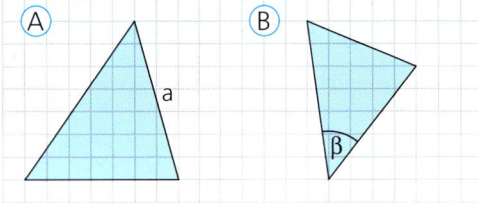

b) Schreibe alle Dreiecke auf, die gleichschenklig, rechtwinklig oder gleichschenklig-rechtwinklig sind.

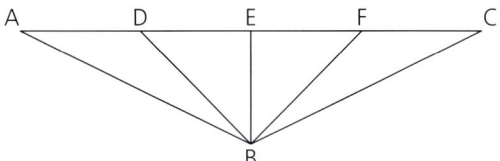

4 Dreiecke zeichnen S. 39, 40, 41

a) Erstelle erst eine Planfigur und zeichne dann das Dreieck.

   Ⓐ $a = 6{,}5$ cm; $b = 7{,}5$ cm; $c = 8{,}5$ cm

   Ⓑ $a = 3{,}5$ cm; $c = 4{,}2$ cm; $\beta = 57°$

   Ⓒ $b = 2{,}7$ cm; $\alpha = 37°$; $\gamma = 106°$

b) Bestimme die gesuchten Größen. Zeichne dazu im passenden Maßstab.

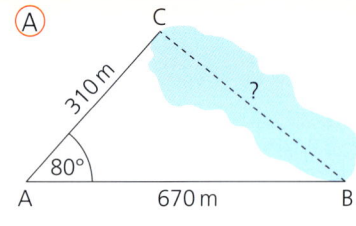

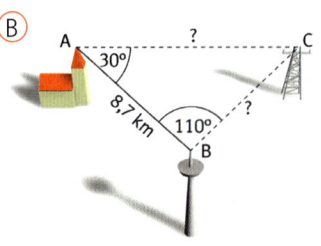

Selbsteinschätzungsbogen: 60007-05

5 Winkelsumme bei Dreiecken bestimmen S. 44, 45

a) Berechne jeweils den fehlenden Winkel.

Dreieck	A	B	C
α	25°	■	104°
β	85°	40°	■
γ	■	79°	52°

b) Berechne die Größe der Winkel α und β.

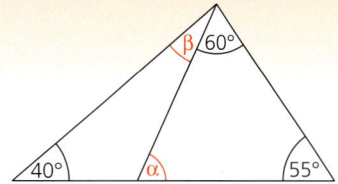

6 Prismen erkennen und beschreiben S. 46, 47

a) Welche Körper sind Prismen?

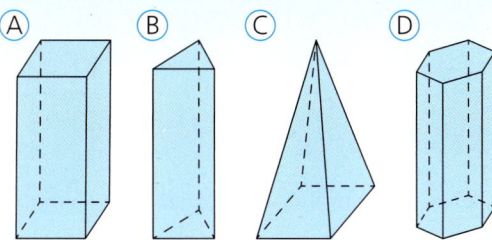

b) Ergänze die Anzahl der Ecken, Kanten, Flächen und die Form der Grundfläche der Prismen im Heft.

	Grundfläche	Ecken	Kanten	Flächen
A	Sechseck	12	■	■
B	■	■	■	12
C	■	■	24	■

7 Netze von Prismen erkennen und zeichnen S. 48, 49

a) Welches Netz lässt sich zu einem Prisma falten? Benenne das Prisma.

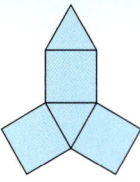 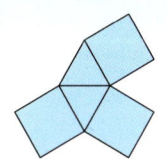

b) Zeichne zu den Grundflächen der Prismen jeweils ein Netz. Die Körperhöhe beträgt 2 cm.

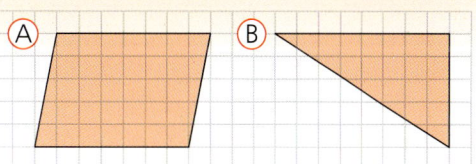

8 Schrägbilder von Prismen zeichnen S. 50, 51

a) Übertrage und ergänze jeweils das Schrägbild.

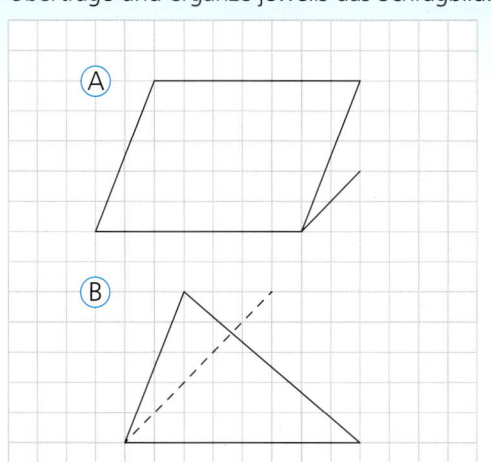

b) Zeichne Schrägbildskizzen der Prismen (Maße in cm).

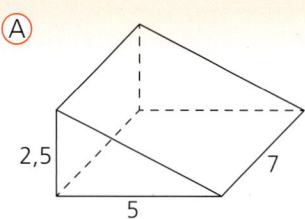

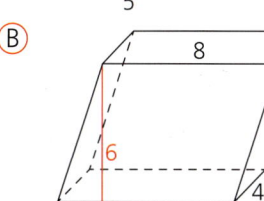

Üben und vertiefen

Auf einen Blick

Mittelsenkrechte und Senkrechte

Mittelsenkrechte   Senkrechte durch P

Maßstab

Verkleinerung		Vergrößerung	
1	: 100	3	: 1
Zeichnung	Wirklichkeit	Zeichnung	Wirklichkeit
1 cm	100 cm	3 cm	1 cm

Dreiecksarten

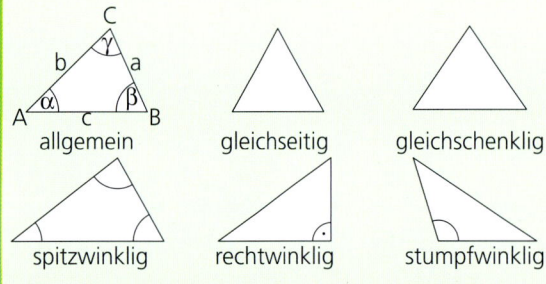

allgemein — gleichseitig — gleichschenklig

spitzwinklig — rechtwinklig — stumpfwinklig

Dreiecke zeichnen

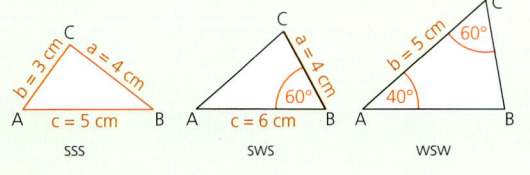

SSS — SWS — WSW

Winkelsumme

$\alpha + \beta + \gamma = 180°$

Prismen

Grund- und Deckfläche sind deckungsgleiche Vielecke. Die Seitenflächen sind Rechtecke.

Netz — Schrägbild — Schrägbildskizze

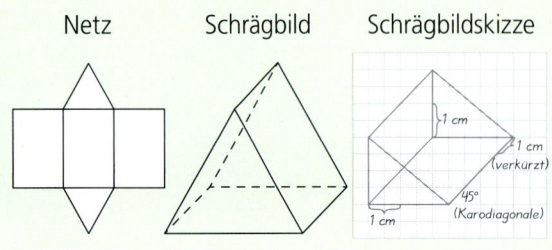

---

1 Zeichne einmal mit dem Zirkel, einmal mit dem Geodreieck die Mittelsenkrechte zu einer Strecke von 8,4 cm (10,6 cm; 13,8 cm).

2

	P	A	B
Ⓐ	(2|3)	(2|1)	(5|4)
Ⓑ	(4|6)	(5|1,5)	(9|5,5)
Ⓒ	(−1|7)	(−0,5|2,5)	(4|7)

a) Zeichne die Gerade g durch die Punkte A und B (Einheit cm) und dann die Senkrechte zu g durch den Punkt P.
Überprüfe: Die Senkrechten verlaufen in der Verlängerung durch die Punkte (5|0), (10|0) bzw. (6|0).

b) Bestimme jeweils den Abstand von P zu g.

3 Das Klassenzimmer einer 7. Klasse hat die Form eines Rechtecks mit 10 m Länge und 7 m Breite. Zeichne es im Maßstab 1 : 200.

4 Zeichne die Figuren im angegebenen Maßstab.

a) 2 : 1   b) 3 : 1   c) 1 : 2

5 Welche Dreiecksarten erkennst du?

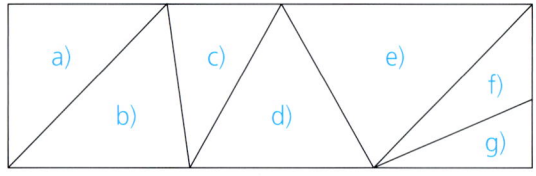

6 Zeichne das Dreieck (Einheit cm) und gib jeweils die Dreiecksart an.

a) A (1|1), B (7|1), C (4|4)
b) A (0|2), B (6|2), C (6|6)

7 Übertrage die Dreiecke ins Heft und beschrifte sie vollständig.

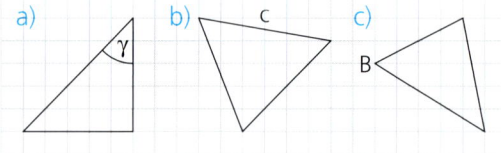

8 Zeichne die Dreiecke nach den Planfiguren.

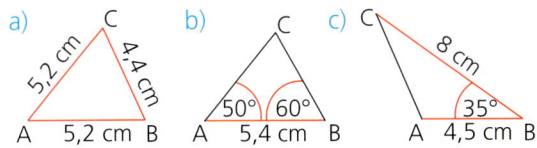

9 Erstelle zuerst eine Planfigur und zeichne dann jeweils ein Dreieck. Schreibe die Dreiecksart dazu.
   a) a = 3,6 cm; b = 4,8 cm; c = 6 cm
   b) c = 5 cm; α = 40°; b = 3,5 cm
   c) c = 5,4 cm; α = 30°; β = 50°

10 Berechne jeweils den fehlenden Winkel und gib die Dreiecksart an.

Dreieck	a)	b)	c)	d)	e)
α	30°	■	95°	65°	■
β	60°	54°	37°	■	45°
γ	■	63°	■	43°	90°

11 In einem Dreieck sind alle Winkel gleich groß.
   a) Gib das Maß jedes Winkels an.
   b) Zeichne ein solches Dreieck und benenne es.

12 Welche Körper sind Prismen? Begründe.

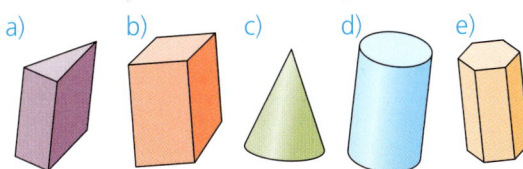

13 Welche Netze gehören zu Prismen? Begründe.

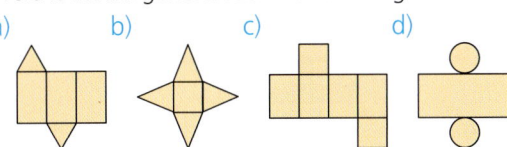

14 Übertrage und ergänze jeweils zum Schrägbild eines Prismas.

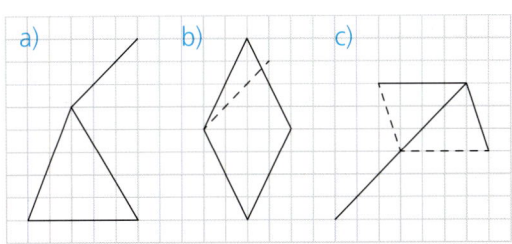

15 Welche Aussage stimmt?
   a) Ein gleichschenkliges Dreieck ist auch ein gleichseitiges Dreieck.
   b) Ein gleichseitiges Dreieck ist auch ein gleichschenkliges Dreieck.

16 Bestimme die Höhe des Baumes und die Länge der Leiter. Zeichne dazu, wenn nötig, ein Dreieck.

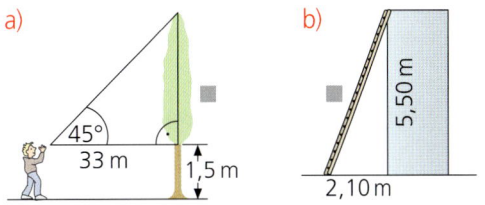

17 Berechne die Winkel α, β und γ.

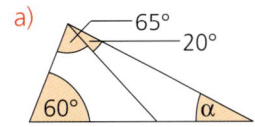 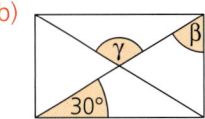

18 Die Figuren sind Grundflächen von Prismen mit der Körperhöhe 3,5 cm. Zeichne jeweils ein Netz.

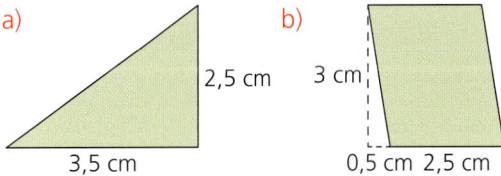

19 Zeichne Schrägbildskizzen (Maße in cm).

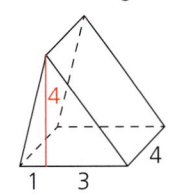 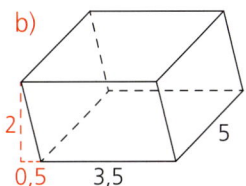

20 Zeichne einen Kreis mit r = 4 cm. Trage den Radius an der Kreislinie ab und verbinde die Schnittpunkte jeweils mit dem Mittelpunkt M zu Dreiecken. Welche Dreiecke entstehen?

21 Igor sammelt Modellautos. In Wirklichkeit ist das Fahrzeug 4,14 m lang. Berechne den Maßstab.

Abschlussrunde

1. a) Zeichne mit Zirkel und Lineal die Mittelsenkrechte der Strecke $\overline{AB}$ mit A (1|1) und B (6|6). (Einheit cm)
   b) In welchem Punkt trifft die Mittelsenkrechte die Rechtswertachse?

2. a) Zeichne eine Gerade g, die durch die Punkte A (1|1) und B (7|7) verläuft.
   b) Zeichne durch den Punkt P (7|1) die Senkrechte zu g.
   c) Bestimme den Abstand von P zu g.

3. Gib die wirkliche Länge der drei Strecken an.

   Maßstab 1 : 6

4. Verbessere so, dass eine richtige Aussage entsteht.
   a) In einem gleichschenkligen Dreieck sind alle Seiten gleich lang.
   b) Ein rechtwinkliges Dreieck hat zwei rechte Winkel.
   c) Ein stumpfwinkliges Dreieck hat drei stumpfe Winkel.
   d) Ein gleichseitiges Dreieck hat zwei gleich lange Seiten.
   e) In einem gleichseitigen Dreieck sind alle Winkel 90°.
   f) Hat ein Dreieck zwei spitze Winkel, so muss auch der dritte ein spitzer sein.

5. Zeichne die Dreiecke. Erstelle zuerst eine Planfigur.
   a) a = 3 cm   b = 4 cm   c = 5 cm
   b) a = 5 cm   c = 6,4 cm   β = 50°

6. Berechne die Größe der fehlenden Winkel.
   a)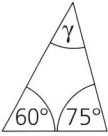
   b)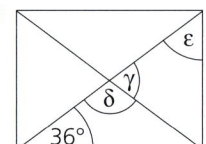
   c)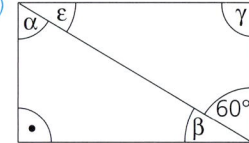

7. Bestimme die gesuchten Größen. Zeichne dazu im passenden Maßstab.
   a)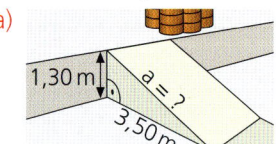
   b)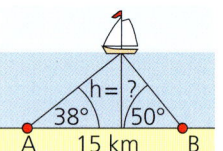

8. Die Formen sind Grundflächen von Prismen mit einer Köperhöhe von 3 cm. Zeichne jeweils eine Schrägbildskizze (Grundfläche vorne) und ein Netz.

   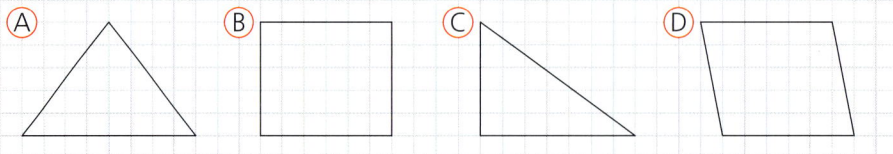

Kreuz & Quer

Zahlen und Operationen

1 Welche Zahlen sind markiert?

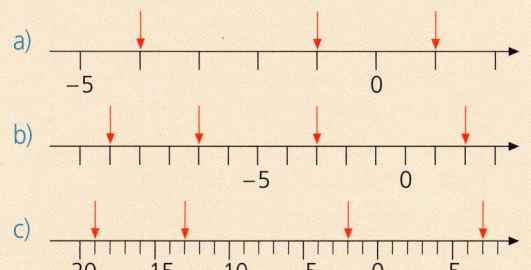

2 Übertrage und ergänze. Rechne dabei im Kopf.

€	− 200	− 150	+ 80	+ 150
−50	−250	−200		
+250				
−300				
+150				

Größen und Messen

1
a) 2,35 km = ▪ m
b) 0,05 km = ▪ m
c) 125 min = ▪ h
d) 8,25 h = ▪ min
e) $\frac{3}{4}$ m² = ▪ cm²
f) $\frac{1}{4}$ cm² = ▪ mm²
g) $\frac{1}{8}$ kg = ▪ g
h) 4 030 kg = ▪ t
i) 12 g = ▪ kg
j) 0,085 t = ▪ kg
k) 3 404 cm³ = ▪ dm³
l) 0,905 cm³ = ▪ mm³

2 Ordne der Größe nach.

a) Beginne mit der kleinsten Länge.

| 0,7 m | 0,07 m | $\frac{1}{2}$ m | $\frac{3}{4}$ m |

b) Beginne mit dem größten Flächeninhalt.

| 3,5 m² | 305 dm² | $3\frac{3}{4}$ m² | 35 m² |

c) Beginne mit dem kleinsten Rauminhalt.

| 7,85 m³ | 385 dm³ | $7\frac{3}{4}$ m³ | 358 m³ |

Raum und Form

1 a) Übertrage und miss die Winkel.

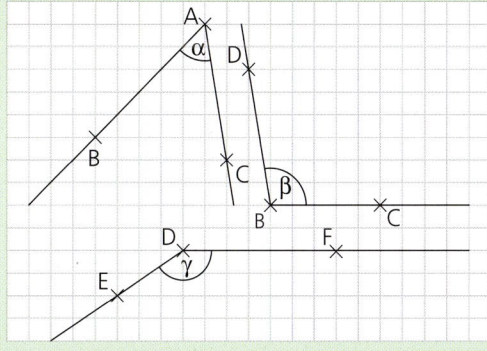

b) Zeichne die Winkel und gib jeweils die Art an.
α = 25°   β = 90°   γ = 142°   δ = 180°

2 Übertrage und ergänze zu Schrägbildern.

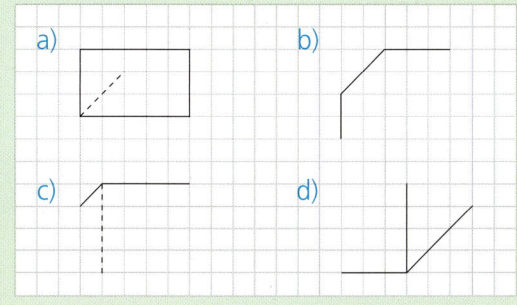

Daten und Zufall

1 Das Säulendiagramm zeigt die Anzahl der Tore, die die Mädchen im Laufe der Fußballsaison erzielt haben.

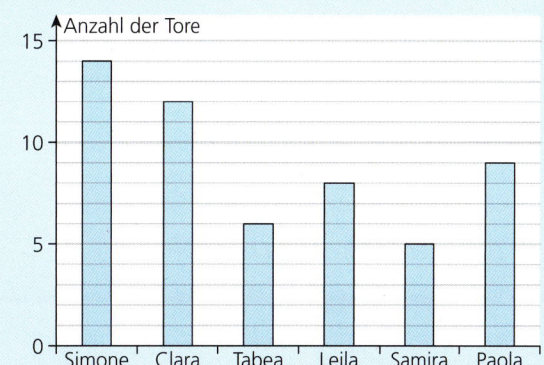

Ergänze im Heft die Sätze zum Diagramm.
a) Die Mädchen haben zusammen ▪ Tore erzielt.
b) Tabea hat ▪ Tore geschossen.
c) Paola hat ▪ Tore geschossen.
d) Die meisten Tore hat ▪ geschossen, die wenigsten ▪.
e) Simone und Clara haben zusammen ▪ Tore geschossen.
f) Paola hat weniger Tore geschossen als ▪, aber mehr als ▪.

Aufwärmrunde

So schätze ich meine Leistung ein.

1 Rationale Zahlen vergleichen und ordnen

a) >, < oder =?

−0,3 ▪ −0,25   −3,7 ▪ 0,1   1,1 ▪ $-1\frac{2}{10}$

0,23 ▪ −0,71   1,11 ▪ 1,09   0,2 ▪ 0,200

b) Welche Zahl ist gemeint?
- Ⓐ um 2,3 größer als das Doppelte von 1,5
- Ⓑ um 4,2 kleiner als −0,7
- Ⓒ um 3,7 kleiner als die Hälfte von 2,4
- Ⓓ um $\frac{4}{10}$ größer als −0,50

2 Rationale Zahlen addieren und subtrahieren

a) Notiere jeweils einen Rechenausdruck und gib das Ergebnis an.

b) Notiere jeweils einen Rechenausdruck und gib das Ergebnis an.

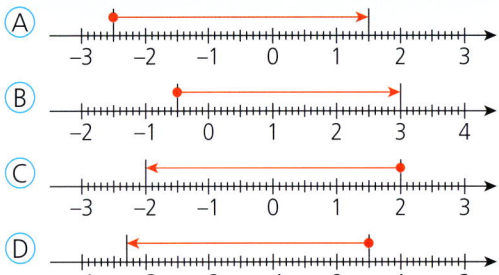
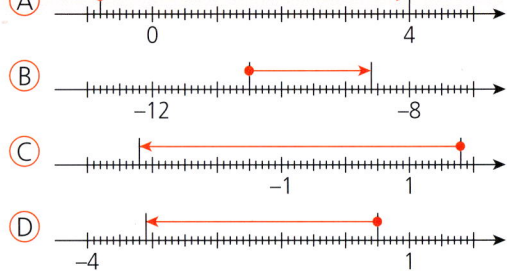

3 Rationale Zahlen multiplizieren und dividieren

a) Ⓐ Stelle einen Rechenausdruck auf und berechne.

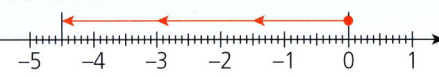

Ⓑ Berechne. Bilde zur Probe die Umkehraufgabe.

−81 : 9 = ▪

b) Ⓐ Stelle die Multiplikation als Pfeilbild dar und berechne.

−4,5 · 2

Ⓑ Berechne. Bilde zur Probe die Umkehraufgabe.

−24,8 : 8 = ▪

4 Zustandsänderungen bestimmen

a) Ordne einander zu.

Ⓐ	Ich habe 12,50 € auf meinem Konto und zahle 50 € ein.	①	Dann hast du 100,34 € Schulden.
Ⓑ	Ich habe 63,70 € auf meinem Konto und hebe 100 € ab.	②	Dann hast du 36,30 € Schulden.
Ⓒ	Ich habe auf meinem Konto 62,50 € Schulden und zahle 120 € ein.	③	Dann hast du 62,50 € Guthaben.
Ⓓ	Ich habe auf meinem Konto 25,34 € Schulden und hebe 75 € ab.	④	Dann hast du 57,50 € Guthaben.

b) Berechne den neuen bzw. alten Kontostand.
- Ⓐ Der Kontostand von Petras Eltern beträgt 2 522,70 H. Vater Klaus überweist den kompletten Betrag für den Sommerurlaub in Höhe von 2 459 €. Zudem wird noch seine letzte Tankfüllung in Höhe von 74,40 € abgebucht.
- Ⓑ Frau Huber hat alle Einkäufe für ihre Geburtstagsfeier mit Karte gezahlt. Jetzt zeigt ihr Konto 52,67 S an. Die Einkäufe kosteten 45,99 €, 22,50 € und 147,55 €.

3 Rationale Zahlen

Einstieg

- Welche Angaben findest du auf einem Kontoauszug? Erkläre.
- Wie sind Ausgaben, wie Einnahmen gekennzeichnet?
- Welchen Kontostand hat Familie Fischer wohl am 07.05.2019? Überschlage zuerst.
- Warum ist der Buchungstext bei einem Kontoauszug wichtig und notwendig? Erkläre.

| Sparbank | IBAN DE12 3456 7890 0000 0001 23 | 07.05.2019 | 10/2019 | 1/1 |

Kontoauszug

Buchungstag	Vorgang	EUR-Konto	
	alter Kontostand vom 18.04.2019	53,80	S
29.04.2019	Einkauf im Super-Spar-Markt	52,93	S
30.04.2019	Bluetoothlautsprecher Onlineshop BG	84,99	S
02.05.2019	Lohn 04/2019 von KürzlAG	1.807,72	H
06.05.2019	Überweisung Oma Geburtstag	250,00	H
	neuer Kontostand vom 07.05.2019		

Ausblick

In diesem Kapitel lernst du
- Grundrechenarten bei rationalen Zahlen mit Pfeildarstellungen zu veranschaulichen.
- allgemeine Regeln bei Addition, Subtraktion, Multiplikation und Division kennen und sie anzuwenden.
- die Rechenregeln auch bei Überschlagsrechnungen und zum vorteilhaften Rechnen zu nutzen.

Grundaufgaben anschaulich darstellen und lösen

A Kontoblatt

Datum	Einzahlung	Auszahlung	Kontostand
01.02.	120,00	———	252,00 H
07.02.	———	105,00	
11.02.	———	71,00	■
15.02.	———	499,00	■
22.02.	350,00	———	■

B Kontoblatt

Datum	Einzahlung	Auszahlung	Kontostand
09.04.	100,00	———	100,00 H
11.04.	———	145,00	■
16.04.	———	50,00	■
17.04.	■	———	80,00 H
24.04.	———	75,00	■

TIPP!
Buchungen sind alle Einträge auf dem Kontoauszug, wie z. B. Einzahlungen, Auszahlungen, Überweisungen.

1 Das sind zwei Kontoblätter von Jakob.
   a) Was ist darauf jeweils zu sehen?
   b) Wofür stehen die Platzhalter? Bestimme fehlende Werte.
   c) Welchen Kontostand hatte Jakob wohl vor dem 01. Februar?

2 Das sind Jakobs Buchungen für März. Erstelle ein Kontoblatt für diesen Monat. Berücksichtige dabei, welchen Kontostand Jakob Ende Februar (Aufgabe 1) hatte.

Datum	04.03.	14.03.	18.03.	21.03.	28.03.
Buchung	Auszahlung 42,60 €	Einzahlung 200 €	Einzahlung 50 €	Auszahlung 76,35 €	Auszahlung 120 €

3 Notiere zu den Pfeilbildern jeweils eine Rechenaufgabe.

a) 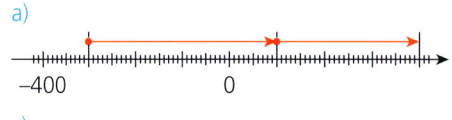 b)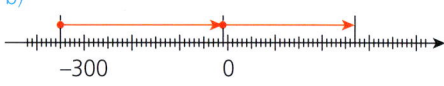

c) 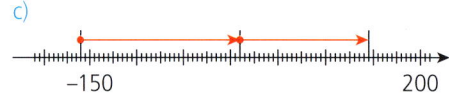 d)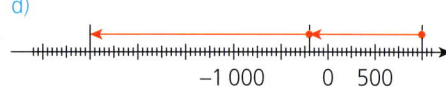

e)  f)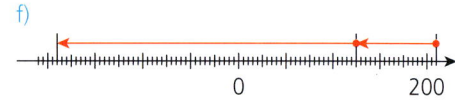

TIPP!
$2 + 2 + 2 = 3 \cdot 2$

4 Bei den folgenden Pfeilbildern gibt es jeweils zwei Möglichkeiten eine Rechenaufgabe zu erstellen. Notiere beide.

a) 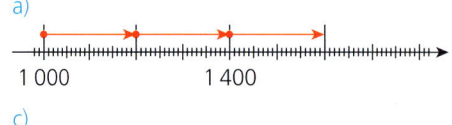 b)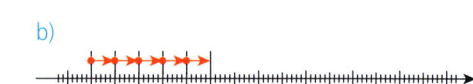

c) 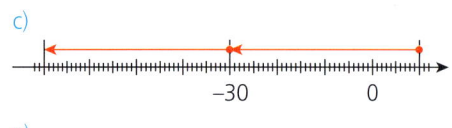 d)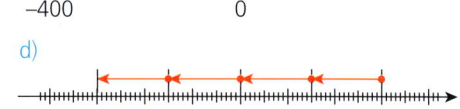

e)  f)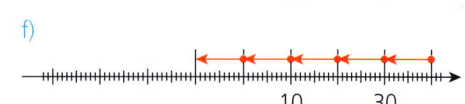

Zahlengerade für Aufgabe 5: 60007-06

Lösungen zu 5:		
6	−0,8	2,8
2,8	0,9	−1
−8,4	−4,1	

5 Zeige an der Zahlengeraden und gib das Ergebnis an.
   a) −3,6 + 2,1 + 2,4   b) 4,1 − 2,5 − 2,6   c) 1,5 + 1,5 + 1,5 + 1,5   d) −2,1 − 2,1 − 2,1 − 2,1
   e) 1,5 − 3,4 − 2,2   f) −3,2 + 5,1 + 0,9   g) 0,7 + 0,7 + 0,7 + 0,7   h) −0,2 − 0,2 − 0,2 − 0,2

6 a) Erkläre die Abbildungen.

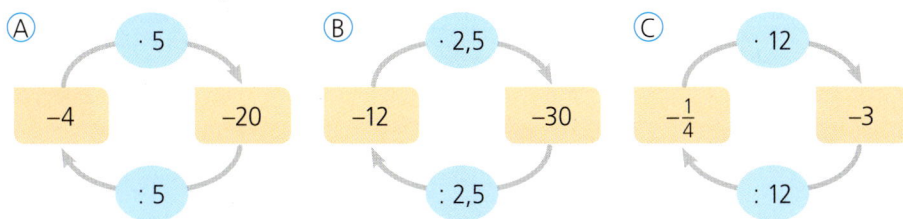

b) Berechne und bilde zu jeder Aufgabe die Umkehraufgabe.
- Ⓐ $-1{,}7 \cdot 4$
- Ⓑ $-2\frac{1}{5} \cdot 5$
- Ⓒ $-7{,}5 \cdot 6$
- Ⓓ $-0{,}4 \cdot 9$
- Ⓔ $-9 \cdot \frac{1}{2}$
- Ⓕ $-4 \cdot 2{,}3$
- Ⓖ $-7 \cdot 1{,}7$
- Ⓗ $-9 \cdot 9{,}2$

Lösungen zu 6b:		
−4,5	−9,2	−11
−6,8	−45	−3,6
−82,8	−11,9	

7 Stelle Rechenfragen und beantworte diese.

Ⓐ Die 8,20 € für den Kinofilm und die 1,40 € für die Busfahrt habe ich mir geliehen. Heute gibt es von Oma 15 €, dann zahle ich zurück.

Ⓑ In meiner Spardose sind 37,24 €. Das neue Computerspiel kostet 49,99 €. Heute gibt es 10 € Taschengeld.

Ⓒ Ich habe bei meinem Bruder noch 7,40 € Schulden. Für die neue CD muss ich mir noch einmal 7,79 € von ihm leihen.

8 Temperaturen in den Vereinigten Staaten

a) Suche die Städte auf der Karte. Was fällt dir auf?
b) Zwischen welchen Städten ist der Temperaturunterschied am geringsten (am größten)?
c) Gib den Temperaturunterschied zwischen Chicago und den anderen Städten an.
d) Ordne die Städte. Beginne mit der „wärmsten".
e) Sucht im Internet die Durchschnittstemperaturen der Städte für August und formuliert Aufgaben dazu. Tauscht diese aus und löst sie.

Stadt	Durchschnittstemperatur im Februar
Washington	4,6 °C
Chicago	−0,4 °C
New York	1,9 °C
Miami	16,3 °C
San Francisco	6 °C
Helena	−2,8 °C

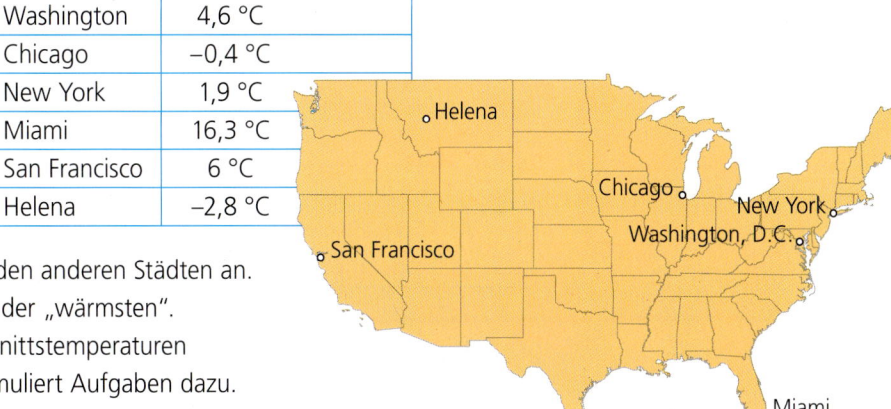

9 Erfinde Aufgaben mit Dezimalbrüchen. Vergleiche mit deinem Nachbarn.
a) Die Summe ist 8.
b) Die Differenz ist 4.
c) Die Summe ist −3.
d) Die Differenz ist −10.
e) Die Summe ist −2,7.
f) Die Differenz ist −0,2.

10 Ergänzt die Zahlen so, dass das Ergebnis stimmt. Findet jeweils drei Möglichkeiten.
a) $(+\blacktriangle) - (+\bullet) = 7$
b) $(-\blacktriangle) - (+\bullet) = -1$
c) $(-\bullet) - (-\blacktriangle) = 2$
d) $(+\bullet) + (-\blacktriangle) = -2{,}5$
e) $(-\bullet) - (+\blacklozenge) + (-\blacktriangle) = -1$
f) $(+\bullet) - (-\blacklozenge) - (-\blacktriangle) = 4{,}5$

Rationale Zahlen addieren

Alina: *15 € Guthaben hab ich schon. Und es kommen noch 5 € dazu.*

Paul: *Ich habe auch 15 € Guthaben. Jetzt kommen 5 € Schulden dazu.*

Julius: *Ich hab 15 € Guthaben und jetzt kommen 10 € Ausgaben dazu.*

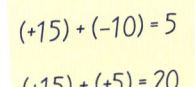 Max

$(+15) + (-10) = 5$
$(+15) + (+5) = 20$
$(+15) + (-5) = 10$

1 Wie berechnet Max die Aufgaben? Ordne die Rechnungen zu und erkläre.

2 a) Welche Aussagen stimmen? Überprüfe an den Rechnungen von Max.
   - Ⓐ Addiere ich zu einer Zahl eine positive Zahl, wird das Ergebnis kleiner.
   - Ⓑ Addiere ich zu einer Zahl eine negative Zahl, wird das Ergebnis kleiner.
   - Ⓒ Beim Addieren einer negativen Zahl geht man auf der Zahlengeraden nach links.
   - Ⓓ Beim Addieren einer positiven Zahl geht man auf der Zahlengeraden nach rechts.

b) Welche Rechenregeln kannst du für das Addieren von negativen Zahlen ableiten?

Positive und negative Zahlen addieren

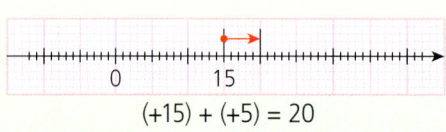
$(+15) + (+5) = 20$
Beim Addieren einer positiven Zahl geht man auf der Zahlengeraden nach rechts.

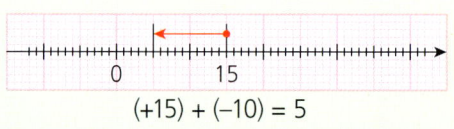
$(+15) + (-10) = 5$
Beim Addieren einer negativen Zahl geht man auf der Zahlengeraden nach links.

3 Notiere zu den Pfeilbildern jeweils eine Addition wie im Merkkasten.

a)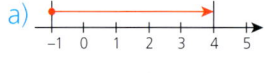
b)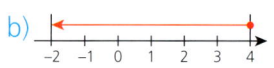
c)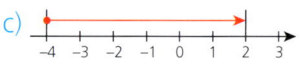
d)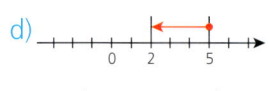
e)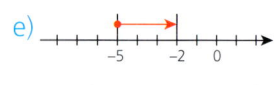
f)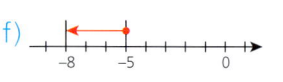
g)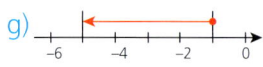
h)
i)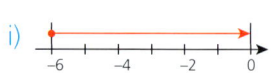

4 Berechne jeweils die Summe mithilfe der Zahlengeraden.

a) $(-2) + (+7)$	b) $(-2) + (+4)$	c) $(-2) + (+2)$	d) $(-2) + 0$	e) $(-2) + (-3)$
$(+4) + (+8)$	$(-4) + (+8)$	$(-4) + (-8)$	$(+4) + (-8)$	$(-4) + 0$
$(+5) + (+8)$	$(+2) + (+8)$	$(-1) + (-7)$	$(-5) + (+9)$	$(+4) + (-6)$
$(-4) + (-2)$	$(+7) + (-6)$	$(+9) + (-10)$	$(+3) + (-3)$	$(-3) + (+2)$

Lösungen zu 4:

−1	0	2
12	10	−4
−2	−4	−6
4	−8	5
4	13	1
−2	−1	−12
0	−5	

5 Ergänze im Heft jeweils so, dass das Ergebnis stimmt.

a) $(+4) + \blacksquare = (+2)$
b) $(-5) + \blacksquare = 0$
c) $(+3) + \blacksquare = (-3)$
d) $\blacksquare + (-4) = (+6)$
e) $\blacksquare + (+8) = (+10)$
f) $\blacksquare + (+5) = (+4)$
g) $(-81) + \blacksquare = (-57)$
h) $\blacksquare + (-25) = (+9)$
i) $\blacksquare + (-17) = (-25)$

Rationale Zahlen subtrahieren

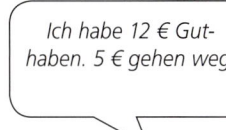

Ich habe 12 € Guthaben. 5 € gehen weg.
Petra

Ich habe 14 € im Geldbeutel und 8 € Guthaben auf dem Konto. Diese 8 € überweise ich jetzt.
Finn

Ich hab 15 € Schulden. Jetzt kommen aber 5 € Schulden weg.
Ole

$(+12) - (+5) = 7$
$(+14) + (+8) - (+8) = 14$
$(-15) - (-5) = -10$

Ilse

1 Diesmal rechnet Ilse. Überprüfe und erkläre.

2 a) Welche Aussagen stimmen? Überprüfe an den Rechnungen von Ilse.
   Ⓐ Subtrahiere ich von einer Zahl eine positive Zahl, wird das Ergebnis kleiner.
   Ⓑ Subtrahiere ich von einer Zahl eine negative Zahl, wird das Ergebnis kleiner.
   Ⓒ Beim Subtrahieren einer negativen Zahl geht man auf der Zahlengeraden nach links.
   Ⓓ Beim Subtrahieren einer positiven Zahl geht man auf der Zahlengeraden nach rechts.
   b) Welche Rechenregeln kannst du für das Subtrahieren von negativen Zahlen herleiten?

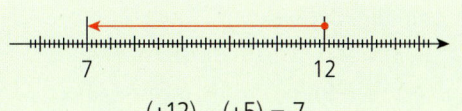

$(+12) - (+5) = 7$

Beim Subtrahieren einer positiven Zahl geht man auf der Zahlengeraden nach links.

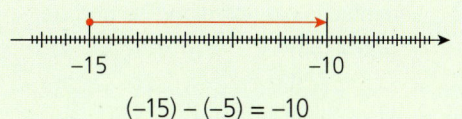

$(-15) - (-5) = -10$

Beim Subtrahieren einer negativen Zahl geht man auf der Zahlengeraden nach rechts.

Positive und negative Zahlen subtrahieren

---

3 Notiere zu den Pfeilbildern jeweils eine Subtraktion wie im Merkkasten.

a) 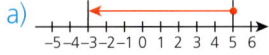   b) 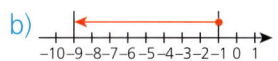   c)

d) 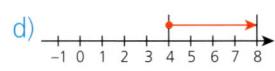   e) 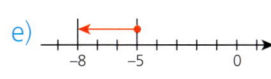   f)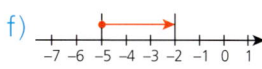

g) 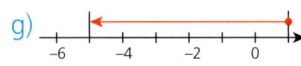   h) 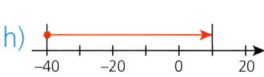   i)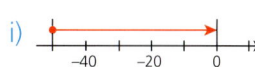

4 Berechne jeweils die Differenz mithilfe der Zahlengeraden.

a) $(+5) - (+7)$ b) $(+2) - (-7)$ c) $(-1) - (-2)$ d) $(-4) - (+4)$ e) $(+2) - (-4)$
   $(+9) - (+6)$ $(-9) - (+6)$ $(+5) - (-3)$ $(-8) - (-10)$ $(-10) + (-7)$
   $(+3) - (+8)$ $(-6) - (+4)$ $(+4) - (-4)$ $(+5) - (-9)$ $(-1) + (-10)$
   $(-2) - (+4)$ $(-1) - (-7)$ $(-10) - (-6)$ $(+8) - (-2)$ $(+7) - (-7)$

Lösungen zu 4:		
6	−4	10
14	−2	9
1	−8	6
3	−15	8
2	−17	−5
−10	8	14
−11	−6	

5 Ergänze im Heft jeweils so, dass das Ergebnis stimmt.

a) $(+12) - (+5) = (\blacksquare 7)$ b) $0 - (+7) = (\blacksquare 7)$ c) $(-6) - (+3) = (\blacksquare 9)$
d) $(-9) - (\blacksquare 5) = (-4)$ e) $(-7) - (\blacksquare 8) = (+1)$ f) $(+3) - (\blacksquare 3) = (+6)$
g) $(+8) - (\blacksquare 8) = (\blacksquare 16)$ h) $(-6) - (\blacksquare 5) = (\blacksquare 11)$ i) $(\blacksquare 4) - (\blacksquare 5) = (\blacksquare 9)$

Rationale Zahlen addieren und subtrahieren

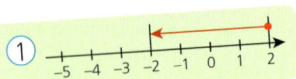
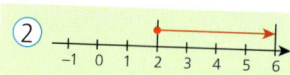

Ⓐ (+2) + (+4) = (+6)   Ⓑ (+2) − (+4) = (−2)   Ⓒ 2 − 4 = −2

Ⓓ (−2) + (−4) = (−6)   Ⓔ (−2) − (−4) = (+2)

Ⓕ −2 + 4 = 2   Ⓖ 2 + 4 = 6   Ⓗ −2 − 4 = −6

1 a) Ordne jeder Zahlengeraden eine Rechnung mit und eine ohne Klammern zu.
b) Wie verändern sich jeweils die Rechenzeichen, wenn keine Klammer gesetzt wird?

Rationale Zahlen addieren und subtrahieren

ausführliche Rechnung	(+5) + (+3) = (+8)	(+5) + (−3) = (+2)
vereinfachte Rechnung	5 + 3 = 8	5 − 3 = 2
ausführliche Rechnung	(−5) − (+3) = (−8)	(+5) − (−3) = (+8)
vereinfachte Rechnung	−5 − 3 = −8	5 + 3 = 8

Ein Rechenzeichen und ein Vorzeichen, die direkt aufeinander folgen, werden durch ein Rechenzeichen ersetzt.

⊕⊕ → ⊕   ⊕⊖ → ⊖   ⊖⊕ → ⊖   ⊖⊖ → ⊕

Lösungen zu 2:

2	10	−7
8	−2	−2
6	−14	−12
−5	0	−9
5	14	−4
−11		

2 Vereinfache die Schreibweise und berechne wie in den Beispielen.
a) (−7) + (−5)   b) (+6) + (+2)   c) (−3) + (+1)   d) (+9) + (−4)
e) (−8) + (+3)   f) (+9) + (−7)   g) (−5) + (−9)   h) (+8) + (+6)
i) (+4) + (+2)   j) (+1) + (−8)   k) (−5) + (−4)   l) (−6) + (+2)
m) (−9) + (+7)   n) (+5) + (+5)   o) (−8) + (+8)   p) (−2) + (−9)

3 Vereinfache die Schreibweise und berechne.
a) (+2,1) + (+3,3)   b) (−7,4) + (+4,1)   c) (−5,8) + (+6,1)
d) (+10,7) − (+9,9)   e) (−1,2) + (− 0,5)   f) (−5,3) − (−2,3)
g) (+4) − (−4,1)   h) (−6,3) − (−8$\frac{2}{5}$)   i) (+9,4) − (−5)

Lösungen zu 4:

−2,7	5,6	2,8
4	−13,1	5,6
5	7,5	

4 Schreibe zuerst ohne Klammern und berechne dann.
a) (+4) + (−3) + (+7) − (+4)   b) (−2) + (+4) − (−6) − (+3)
c) (+3,2) + (+4,7) − (+5,1)   d) (−5,4) − (+3,6) − (+4,1)
e) (−2,8) − (− 5,6) − (−2,8)   f) (+7,6) − (+4,3) + (+4,2)
g) (+1$\frac{2}{10}$) − (−3,2) + (−4) − (−5,2)   h) (+8,1) − (+5$\frac{1}{2}$) + (−8,4) + (+3,1)

5 Übertrage ins Heft und ergänze das richtige Vorzeichen.
a) (+8) − (+12) = (+8) + (■12)   b) (−13) − (+7) = (−13) + (■7)
c) (+4) − (−16) = (+4) + (■16)   d) (−12) − (−8) = (−12) + (■8)
e) (+10) + (−6) = (+10) − (■6)   f) (−20) + (−2) = (−20) − (■2)

6 Wo sind die Fehler? Finde und verbessere sie.

Ⓐ 8 − (−3) = 11   Ⓑ (−3) −(−4) − (+3) = −2   Ⓒ (+3) + (−4) = −7

Ⓓ +7,4 + (−2) = 9,4   Ⓔ (+4) + (+3,2) − (−2) = 5,2   Ⓕ (3,5) − (−2) + 2 = 0,5

7 Bilde acht Additions- und Subtraktionsaufgaben, wie es die Beispiele zeigen. Nimm dazu jeweils eine Zahl aus dem grünen und eine aus dem gelben Feld.

−7,4 + (+3,5) = −7,4 + 3,5 = −3,9   −7,4 − (+3,5) = −7,4 − 3,5 = −10,9

grünes Feld: −7,4; 4,2; −6,5; 5,5; 3,8; −0,2; −0,9; 8,8

gelbes Feld: 3,5; 3,2; 6,5; −5,5; 2,2; −4,2; −1,1; 8,1

8 Ordne jeweils Rechenausdruck und Aufgabe einander passend zu und berechne.

Ⓐ Ein Tauchprofi befindet sich in einer Tiefe von 8 m. Er taucht langsam noch 10 m tiefer.

Ⓑ Peters Konto befindet sich gegen Ende des Monats 8 € im Minus. Er hebt einen Betrag von 10 € ab.

Ⓒ Die Temperatur in Regensburg beträgt 8 °C. In der Nacht wird es 10 °C kälter.

① +8 + (−10)   ② −8 − (+10)   ③ −8 + (−10)

9 Bei einer Spielshow können Kandidaten viel Geld gewinnen. Es werden ihnen 10 Fragen gestellt. Für jede richtige Antwort dürfen sie einen Ball von oben durch das Labyrinth schicken. Die Beträge werden anschließend addiert. Aber Achtung: Es gibt auch „Nieten".

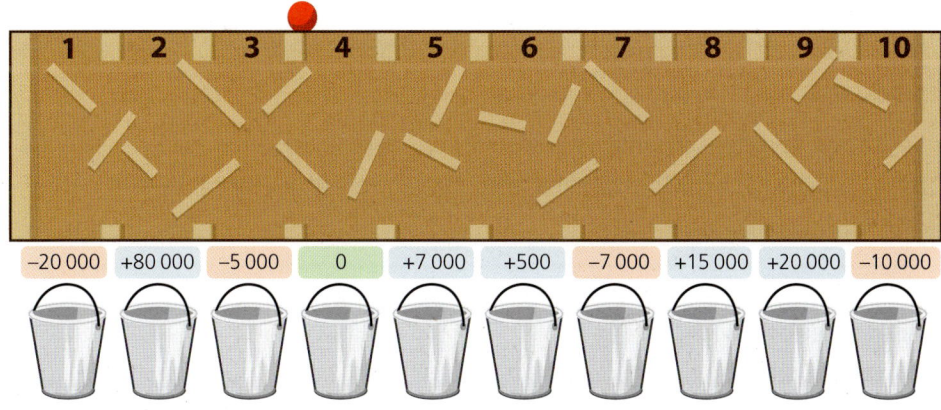

−20 000 +80 000 −5 000 0 +7 000 +500 −7 000 +15 000 +20 000 −10 000

a) Wie viel Geld können Kandidaten bei 10 Versuchen maximal bekommen?
b) Die Kandidaten nehmen häufiger die Luken 5 bis 10. Warum glaubst du tun sie das?
c) Gewonnen oder verloren? In den Feldern findest du die Nummern, die die Kandidaten getroffen haben. Erläutere, wie der aktuelle Stand auf dem Leuchtband erscheint. Stelle dann ebenso die Terme auf und berechne.

Jürgen/Hans: −20 000 + (−5 000) + (+15 000) + (+20 000)

Ⓐ Jürgen/Hans: Eimer 1; 3; 8 und 9

Ⓑ Valeri/Olga: Eimer 1; 2; 4; 5 und 9

Ⓒ Bert/Karl: Eimer 2; 3; 4; 5; 6 und 7

Ⓓ Leo/Simon: Eimer 1; 5; 6 und 10

d) Finde fünf weitere Aufgaben und lasse sie von deinem Nachbarn lösen.

Rationale Zahlen multiplizieren

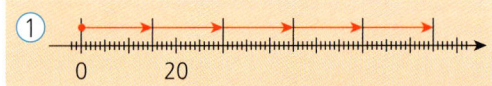

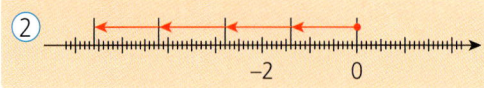

A	−1,4	B	4 · (−1,4)	D	+15
	−1,4				+15
	−1,4				+15
	−1,4	C	5 · (+15)		+15
					+15

1 a) Ordne die verschiedenen Darstellungen zu und erkläre.
b) Finde jeweils zu den Darstellungen einen passenden Sachverhalt.

Das weiß ich schon:
(−2) · 2 = −4
Aber wie rechnet man:
(−2) · (−2)?

2 a) Ergänze die Aufgabenreihen.
b) Wie ist Valeris Frage zu beantworten?
c) Welche Rechenregel könntest du formulieren?

A (+2) · (+2) = (+4)
   (+2) · (+1) = (+2)
   (+2) · 0 = 0
   (+2) · (−1) = (−2)
   (+2) · (−2) = (−4)
   …
   (+2) · (−5) = (■)

B (−2) · (+2) = (−4)
   (−2) · (+1) = (−2)
   (−2) · 0 = 0
   (−2) · (−1) = (+2)
   (−2) · (−2) = (+4)
   …
   (−2) · (−5) = (■)

3 Welche Aussagen stimmen? Überprüfe an den obigen Rechnungen.
a) Multipliziere ich zwei positive Zahlen, so ist das Ergebnis auch positiv.
b) Multipliziere ich eine positive und eine negative Zahl, so ist das Ergebnis positiv.
c) Multipliziere ich zwei negative Zahlen, so ist das Ergebnis positiv.

Rationale Zahlen multiplizieren

(+3) · (−2) = (−6)   (−3) · (+2) = (−6)   (+3) · (+2) = (+6)   (−3) · (−2) = (+6)
(+) · (−) = (−)   (−) · (+) = (−)   (+) · (+) = (+)   (−) · (−) = (+)

Bei der Multiplikation zweier Zahlen mit verschiedenen Vorzeichen ist das Ergebnis negativ.

Bei der Multiplikation zweier Zahlen mit gleichen Vorzeichen ist das Ergebnis positiv.

Lösungen zu 4:

7,5	12,8	21
−12,6	−27	−16
−3,5	−6,25	−3
16	12,25	−2,8

4 Berechne nach Möglichkeit im Kopf.
a) (+3) · (+7)   b) (−2) · (+8)   c) (−4) · (−4)   d) (−3) · (+9)
e) (−2,1) · (+6) f) (+3,2) · (+4) g) (0,7) · (−4) h) (−2,5) · (−3)
i) (−1,5) · (+2) j) (+0,5) · (−7) k) (2,5) · (−2,5) l) (−3,5) · (−3,5)

5 Wähle die Zahlen so aus, dass ihre Multiplikation zum angegebenen Ergebnis führt. Finde jeweils möglichst viele Aufgaben.
a) 12   b) 36
c) −16 d) −24

−2 +18 +1 −16 −12 +2 −1
+8 −3   +4 −6   −4   −18 +6

6 a) Wählt zwei Zahlen von Nr. 5 so aus, dass ihr Produkt die Vorgabe erfüllt.
A möglichst groß   B möglichst klein
C möglichst nahe bei 0   D möglichst nahe bei (+/−100)
b) Erfüllt die Vorgaben von a) für das Produkt mit drei Zahlen.

Rationale Zahlen dividieren

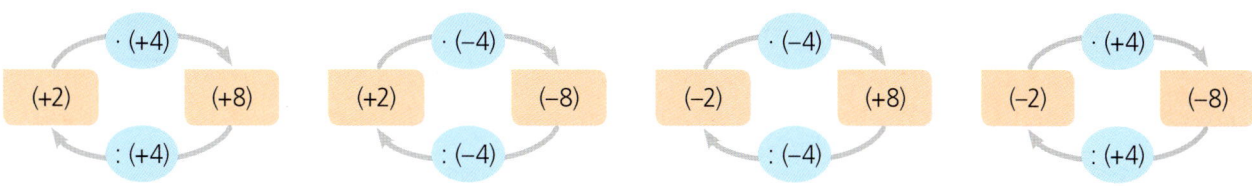

1 a) Die Division ist die Umkehraufgabe der Multiplikation. Erkläre anhand der Beispiele.
b) Notiere die Umkehraufgaben und überprüfe damit die folgenden Aussagen.
  Ⓐ Dividiere ich zwei positive Zahlen, so ist das Ergebnis auch positiv.
  Ⓑ Dividiere ich zwei negative Zahlen, so ist das Ergebnis auch negativ.
  Ⓒ Dividiere ich eine positive durch eine negative Zahl, so ist das Ergebnis negativ.
  Ⓓ Dividiere ich zwei negative Zahlen, so ist das Ergebnis positiv.
  Ⓔ Dividere ich eine negative durch eine positive Zahl, so ist das Ergebnis negativ.
  Ⓕ Dividiere ich eine positive durch eine positive Zahl, so ist das Ergebnis negativ.

TIPP! *Denke an die Regeln für die Multiplikation rationaler Zahlen.*

2 Formuliere mithilfe von Aufgabe 1b) Regeln für die Division rationaler Zahlen.

(+3) : (−1,5) = (−2)   (−3) : (+1,5) = (−2)   (+3) : (+1,5) = (+2)   (−3) : (−1,5) = (+2)
(+) : (−) = (−)   (−) : (+) = (−)   (+) : (+) = (+)   (−) : (−) = (+)

Bei der Division zweier Zahlen mit verschiedenen Vorzeichen ist das Ergebnis negativ.

Bei der Division zweier Zahlen mit gleichen Vorzeichen ist das Ergebnis positiv.

Rationale Zahlen dividieren

---

3 Übertrage in dein Heft und vervollständige wie in den Beispielen.

(+24) : (−4) = (−6)   (+49) : (+7) = (+7)
(−6) · (−4) = (+24)   (+7) · (+7) = (+49)

a) (+30) : (−6) = (■)   (■) · (■) = (+30)   b) (−48) : (−6) = (■)   (■) · (■) = (−48)
   (−56) : (+8) = (■)   (■) · (■) = (−56)   (−63) : (−9) = (■)   (■) · (■) = (−63)
   (−35) : (+7) = (■)   (■) · (■) = (−35)   (+72) : (+6) = (■)   (■) · (■) = (+72)

4 Berechne nach Möglichkeit im Kopf. Überprüfe mit der Umkehraufgabe.

a) (+42) : (+7)   b) (+54) : (+9)   c) (−55) : (+5)   d) (+60) : (−12)
   (−42) : (+7)   (−54) : (+9)   (+77) : (−7)   (−90) : (+15)
   (+42) : (−7)   (+54) : (−9)   (−44) : (−4)   (−64) : (−16)
   (−42) : (−7)   (−54) : (−9)   (−99) : (−9)   (+95) : (−5)

TIPP! *Überlege immer zunächst, ob das Ergebnis positiv oder negativ ist. Berechne anschließend.*

5 Petra und Ole haben die gleiche Startzahl (+64), aber verschiedene Aufgaben bekommen.
a) Übertrage und vervollständige ihre Rechnungen.
b) Vergleiche sie miteinander. Finde Gemeinsamkeiten und Unterschiede.
c) Petra meint: „Wir haben nach der letzten Rechnung beide das gleiche Ergebnis. Also ist es letztlich doch egal, ob ich : (−2) oder : (+2) rechne." Hat sie Recht? Begründe anhand der Rechnungen.

Petra
1. (+64) : (+2) = (+32)
2. (+32) : (+2) = (+16)
3. ■ : (+2) = ■
4. ■ : (+2) = ■

Ole
1. (+64) : (−2) = (−32)
2. (−32) : (−2) = ■
3. ■ : (−2) = ■
4. ■ : (−2) = ■

Rationale Zahlen multiplizieren und dividieren

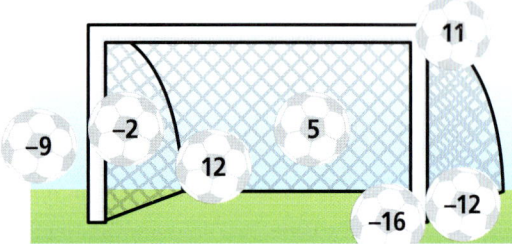

1 Bei welchen Aufgaben geht der Ball ins Tor?
Rechne im Kopf. Du darfst Zwischenergebnisse notieren.

2 Vergleiche und setze die Zeichen <, > oder = ein.
a) (−1,5) · (+4) ■ (+1,5) · (−4)   b) (+6,3) · (−2) ■ (−2,1) · (+4)
c) (−7,5) · (+4) ■ (−2,5) · (−4)   d) (−3,1) · (+12) ■ (−10,3) · (−3)
e) (−10,5) · (+0,1) ■ $(-\frac{1}{2})$ · (−50)   f) (−0,5) · (−2) ■ $(+15\frac{5}{10})$ · (−4)

3 Bestimme die fehlenden Zahlen.
a) (−4) · (■) = (−24)   b) (■) · (+6) = (−42)   c) (−15) · (−12) = (■)
d) (+12) · (■) = (−48)   e) (■) · (−9) = (−81)   f) (−11) · (+11) = (■)
g) (−16) · (■) = (+64)   h) (■) · (+8) = (+96)   i) (+13) · (−12) = (■)

4 Setze die richtige Zahl ein.
a) (+27) : ■ = (−9)   b) ■ : (+13) = (−5)   c) (−18) : (+9) = ■
   (−27) : ■ = (−9)   ■ : (−13) = (+5)   ■ : (−8) = (−9)
   (−27) : ■ = (+9)   ■ : (+13) = (+5)   ■ : (+5) = (−7)
   (+27) : ■ = (+9)   ■ : (−13) = (−5)   (+36) : ■ = (−6)

TIPP! *Punkt vor Strich und Klammer zuerst!*

5 Berechne.
a) (−23) + 11 · (−7)   b) (−3) · 15 + 82 − 5 · (−9)
c) 68 − (−606) : 101 − 75   d) 42 : (−14) − 30 : 6 + (−30) : 5
e) (15 − 21) · (9 − 22)   f) (12 − 36) : (15 − 9)
g) (−125) · (4 − 12) : (−50)   h) 144 − 7 · (−8) + 162 : (−18)

Lösungen zu 5:

−1	78	−20
−14	−100	−4
82	191	

6
A Multipliziere die Differenz aus +12,3 und +7,8 mit +5.
B Dividiere die Summe aus −28,4 und −31,6 durch −20.
C Addiere zum Quotienten aus −90,6 und −3 das Produkt aus −3,5 und −4.

7 Setze die Zahlenfolgen um jeweils fünf Zahlen fort.
a) (+3); (+6); (+18); (+36); (+108);…   b) (−4); (−2); (−8); (−4); (−16); (−8);…
c) (+2); (+1); (−4); (−2); (+8); …   d) (+2); (−16); (−8); (+64); (+32); …

Lösungen zu 8:

−5	4	−11
−3	−8	−10
−3	5	−43
−4	−5,5	−5

8 Mit welchen Zahlen wurde jeweils multipliziert bzw. dividiert?

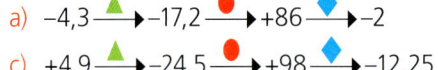
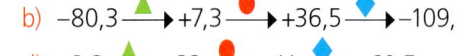

a) −4,3 ▲ −17,2 ● +86 ♦ −2   b) −80,3 ▲ +7,3 ● +36,5 ♦ −109,5
c) +4,9 ▲ −24,5 ● +98 ♦ −12,25   d) +3,3 ▲ −33 ● +11 ♦ −60,5

Mit dem Taschenrechner rechnen

1 Neben Ziffern und Rechenzeichen gibt es auf einem Taschenrechner auch Funktionstasten.
  a) Welche findest du auf deinem Taschenrechner?
  b) Erkläre, soweit dir bekannt, an Beispielen, was sie bewirken.
  c) Erkundige dich, welche Bedeutung dir noch unbekannte Funktionstasten haben.

Rechenzeichen
Ziffernblock

2 Löse erst ohne Taschenrechner und überprüfe dann mit diesem.
  a) $6 + 4 \cdot 2$
  b) $(4 + 9) \cdot 10$
  c) $(12 - 4) : 4$
  d) $220 : (95 + 15)$
  e) $17 + 36 : 6$
  f) $(35 - 11) \cdot 3$
  g) $47 \cdot (551 - 549)$
  h) $81 : (27 - 18)$
  i) $2,5 \cdot (10 - 8)$
  j) $(3,1 - 1,6) \cdot 30$
  k) $1,2 + 2,5 \cdot 4 - 11$
  l) $1,5 \cdot 2 + 7 - 9$

> Wer das Kopfrechnen beherrscht, wird ein Leben lang davon profitieren. Er hat in vielen Situationen, wo es um mathematisches Verstehen geht, große Vorteile. So erkennt der gute Kopfrechner, dass ein Ergebnis nicht richtig sein kann, weil z. B. eine Ziffer falsch eingegeben wurde. Nütze deshalb auch immer wieder dein Köpfchen und glaube dem TR nicht alles. Er ist nur ein Hilfsmittel beim Rechnen.

Taschenrechner – ein Hilfsmittel

3 Berechne.
  a) $712,22 - (11,15 - 3,8) \cdot 5$
  b) $155,6 - (874,72 - 404,02) : 6$
  c) $2,18 \cdot (1,9 + 0,3) - 0,95$
  d) $3,5 \cdot (8,4 - 6,3) + 33 \cdot (0,25 + 0,15)$
  e) $(9,97 - 5,5) \cdot 12\frac{4}{10} + (15,3 - 2,02) : 4$
  f) $1,24 \cdot (7,1 - 6,6) - \frac{3}{10} \cdot 7$

Lösungen zu 3:		
3,846	675,47	–1,48
58,748	77,15	20,55

4 Rechne zweimal, zur Kontrolle mit der Umkehraufgabe.

Beispiel:
$18,4 + 4,32 = 22,72$
$22,72 - 4,32 = 18,4$

  a) $-2,45 + 0,98$
  b) $4,88 \cdot 2,1$
  c) $1\,131,29 : 78,02$
  d) $3,21 - 8,77$
  e) $987,458 - 0,257$
  f) $8,2 \cdot 991,3$
  g) $0,05 + 788,988$
  h) $45,8675 : (-0,07)$

5 Sind die Ergebnisse gleich? Erkläre zuerst, dann überprüfe durch Rechnung.
  a) $64 : 8 + 88 : 8$
     $(64 + 88) : 8$
  b) $4,5 \cdot 7 + 4,5 \cdot 8$
     $(7 + 8) \cdot 4,5$
  c) $34 \cdot 12 + 34 \cdot 14$
     $34 \cdot (12 + 14)$
  d) $1,23 \cdot 3 - 1,23 \cdot 4$
     $1,23 \cdot (3 - 4)$
  e) $155,2 : 4 - 76,8 : 4$
     $(155,2 - 76,8) : 4$
  f) $6,6 \cdot 0,25 + 6,6 \cdot 1,25$
     $(0,25 + 1,25) \cdot 6,6$
  g) $12,25 \cdot 6,8 - 12,25 \cdot 5,1$
     $12,25 \cdot (6,8 - 5,1)$
  h) $10,05 \cdot 8,01 - 10,05 \cdot 8,02$
     $(8,01 - 8,02) \cdot 10,05$

6 Können Klammern weggelassen werden? Berechne und überprüfe.
  a) $(1,3 \cdot 2,4 - 4,5) \cdot (26,1 - 2,5 \cdot 3,2)$
  b) $(6,15 - 3,55) \cdot 2,9 - (3,9 : 1,3 - 2)$
  c) $(9,9 - 3,3 \cdot 3,5) \cdot (17 - 12,3 + 8,30)$
  d) $(13,2 : 2) + 4,54 - (3\frac{1}{5} + 2,1)$
  e) $(6,3 \cdot 3 + 1,1) : (5\frac{2}{10} \cdot 4 - 16,8)$
  f) $4 + (13 - 7,25) - (6,3 - 1,9) - 13,7$

Lösungen zu 6:		
5	–21,45	5,84
–8,35	–24,978	6,54

Thema: Entdeckungen am Taschenrechner

1 Geheimsprache entschlüsseln
Julian füllt den Fragebogen mit geheimnisvollen Antworten aus. Tippe die Ziffern ein und versuche die Einträge zu entschlüsseln. Du darfst den Taschenrechner auch mal auf den Kopf stellen.

Lieblingsfarbe	8739
Lieblingsblume	31717
Lieblingsinstrument	39139

2 In Geheimsprache schreiben
a) Entschlüssle, was Ute schreibt.
b) Nebenan siehst du einige Wörter, die man in Geheimsprache schreiben kann. Finde die passende Eingabe.
c) Versuche es mit einer Aufgabe, die zum jeweiligen Wort führt.
d) Schreibe auch wie Ute einen Geheimtext.

„Meine große **38 317** sind Tiere. Freilich, 7187 + 166 mag ich nicht so. Ein wunderschönes Tier ist die 2 539 250 + 1 234 567. Stachelig wird es bei dem 11 903 − 4512."

SIEG   SILBE   SESSEL
HOSE   LOB   ESSIG
EI   LIEGE   EIS
LOGO   BIBEL   HEILIG

3 Gegen den Taschenrechner gewinnen
Kannst du die vorgegebenen Aufgaben schneller lösen als der Taschenrechner? Dein Partner tippt, du rechnest im Kopf. Auf „Los!" geht's los. Wer war schneller? Versuche zu erklären.

a) 10 000 − 9999,9
b) 12,00 + 4,30
c) 10 · 300
d) $\frac{2}{5}$ von 100
e) 250 : 25
f) 36 000 + 788
g) 46,55 + 53,45
h) 777 777 : 7

4 Eigenartige Ergebnisse
a) Multipliziere die jeweilige Zahl mit 37 und anschließend das Ergebnis mit 3. Was stellst du fest?
b) Übertrage die Tabelle in dein Heft und fülle sie aus.
c) Ist das „Zauberei" oder kannst du das erklären?

Multipliziere die Zahl	2	3	4	5	6
mit 37 und 3	■	333	■	555	■
mit 11 und 101					
mit 41 und 271					

„37 · 3 = 111. Na klar."

5 Sonderbare Ergebnisse erklären
a) Welche sonderbaren Ergebnisse ergeben sich?
b) Welche Erklärung schlägt Mike für die Ergebnisse bei zweistelligen Zahlen vor?

Wähle eine 2-stellige Zahl und multipliziere sie wie angegeben.

```
 21 · 101
 2 100
   000
    21
 2 121
```

2-stellige Zahl · 101 → ■

6 Mit dem Taschenrechner Gedanken lesen
a) Untersuche an mehreren Beispielen, ob das Ergebnis immer zur 3 führt.
b) Welche Erklärung findet ihr für diese kleine „Zauberei"?

„Immer 3"
1. Wähle eine ganze Zahl zwischen 1 und 10 aus.
2. Multipliziere diese mit 1,25.
3. Multipliziere das Ergebnis mit 8.
4. Dividiere das Ergebnis durch deine ausgewählte Zahl.
5. Subtrahiere vom Ergebnis die Zahl 7.
6. Dein Endergebnis ist 3.

1.	9
2.	9 · 1,25 = 11,25
3.	11,25 · 8 = 90
4.	90 : 9 = 10
5.	10 − 7 =
6.	3

Zwischenrunde

So schätze ich meine Leistung ein.

1 Rationale Zahlen einordnen und benennen S. 58

a) Welche Zahlen sind gekennzeichnet?

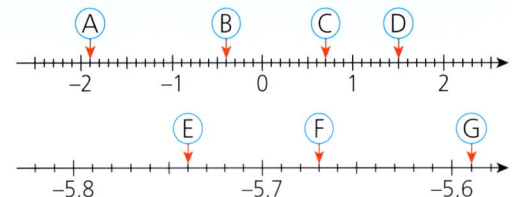

b) Welche Zahl ist gemeint?
- Ⓐ um 6 kleiner als 0
- Ⓑ um 8 größer als −12
- Ⓒ um 4 größer als −8
- Ⓓ um 7 kleiner als −14
- Ⓔ um 8 größer als 2
- Ⓕ um 8 kleiner als −8

2 Grundaufgaben anschaulich darstellen und lösen S. 60, 61

a) Notiere den jeweiligen Rechenausdruck und berechne.

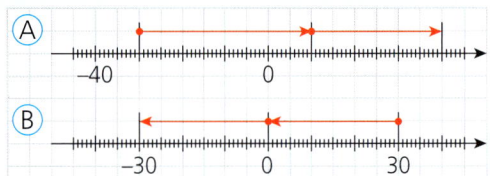

b) Stelle den jeweiligen Rechenausdruck an der Zahlengeraden (Karokästchen) dar und gib das Ergebnis an.

- Ⓐ $6 \cdot 1{,}5$
- Ⓑ $-2{,}5 + 3{,}5 + 0{,}5$
- Ⓒ $-350 + 200 + 250$
- Ⓓ $-0{,}5 - 0{,}5 - 0{,}5$

3 Rationale Zahlen addieren und subtrahieren S. 62, 63, 64

a) Berechne.
- Ⓐ $(+0{,}2) + (-2)$
- Ⓑ $(+3{,}2) - (+5{,}2)$
- Ⓒ $(-3) + (-1) + (-1{,}2)$
- Ⓓ $(+0{,}9) - (+\frac{3}{2}) - (-4)$

b) Berechne die fehlende Zahl.
- Ⓐ $(-3{,}7) + (\blacksquare) = (-6{,}2)$
- Ⓑ $(+3{,}3) + (\blacksquare) = (-0{,}2)$
- Ⓒ $(-3{,}4) - (\blacksquare) = (-3{,}3)$
- Ⓓ $(-\frac{1}{5}) - (\blacksquare) = (+6{,}4)$

4 Rationale Zahlen multiplizieren S. 66

a) Vergleiche die Ergebnisse mit <, > oder =.
- Ⓐ $(-2{,}5) \cdot (+4)$ ■ $(-2{,}5) \cdot (-4)$
- Ⓑ $(+3{,}2) \cdot (+4)$ ■ $(-3{,}2) \cdot (-4)$
- Ⓒ $(+0{,}9) \cdot (-4)$ ■ $(-1{,}1) \cdot (+4)$
- Ⓓ $(+\frac{5}{2}) \cdot (-4)$ ■ $(+0{,}5) \cdot (-4)$

b) Berechne die fehlende Zahl.
- Ⓐ $(-21) \cdot (+3) = \blacksquare$
- Ⓑ $\blacksquare \cdot (-9) = (-72)$
- Ⓒ $(+6) \cdot (-6{,}1) = \blacksquare$
- Ⓓ $\blacksquare \cdot (-2\frac{1}{2}) = (+10)$

5 Rationale Zahlen dividieren S. 67

a) Nebeneinanderliegende Steine werden dividiert. Übertrage ins Heft und ergänze.

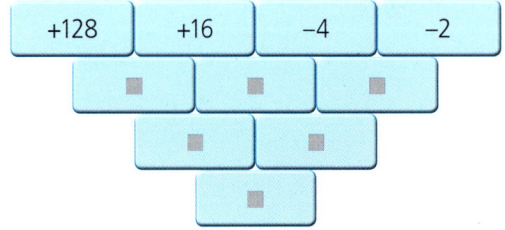

b) Nebeneinanderliegende Steine werden dividiert. Übertrage ins Heft und ergänze.

Selbsteinschätzungsbogen: 60007-07

6 Sachaufgaben mit rationalen Zahlen lösen → S. 61, 65

a) Ina, Leo und Ria haben bei einem Mathe-Kartenspiel die angegebenen Punkte erzielt. Wer hat die meisten Punkte erreicht?

	1. Spiel	2. Spiel	3. Spiel	4. Spiel	Summe
Ina	+12,2	−7,7	−8,4	+9,9	
Leo	−6,1	−7,0	+11,4	+4,1	
Ria	−18,0	+15,4	−4,7	−2,2	

b) Albion führt gewissenhaft die Klassenkasse der 7c.

Stand Anfang Januar 17,32 €
Beiträge + 22,00 €
Geschenke − 12,95 €
Frühstück − 9,80 €
Flohmarkt _____ €
Stand Ende Januar 47,69 €

7 Kopfrechenaufgaben lösen → S. 64, 65

a) Löse im Kopf.

Ⓐ (−25) + (−25) − (−50) =

Ⓑ (−8,1) − (+1,9) − (−9) =

Ⓒ (+2,2) · (−2) + (−2) · (−2,2) =

Ⓓ (+3,3) + (−4,4) − (−6,5) =

b) Rechne geschickt im Kopf.

Ⓐ (−1,1) − (+4,4) + (+5,5) − (−2,2) =

Ⓑ (−6,3) + (+4,2) − (+3,7) − (−10) =

Ⓒ (+17,4) − (−3,9) + (−7,4) − (+3,9) =

Ⓓ (−3,1) · 2 − (+100) + (+99) + (+12,4) : 2 =

8 Aufgaben mit dem Taschenrechner lösen → S. 69

a) Berechne. Notiere dabei gegebenenfalls Zwischenergebnisse.

Ⓐ 2665 : 5 + 550 : 11 − 17 · 10 =

Ⓑ 177 − 26 · 5 + 160 − 6 · 12 =

b) Berechne. Notiere dabei gegebenenfalls Zwischenergebnisse.

Ⓐ −54000 : (−1800) − (−140) + 1225 : (−245)

Ⓑ −2,5 · (−4) − (−10) − 77 : 11 + 17 : 8,5

9 Zahlenrätsel lösen → S. 61, 62, 63, 66

a) Setze die Ziffern jeweils entsprechend ein. Achte auf Rechenregeln.

2   5   3

Ⓐ Das Ergebnis soll möglichst klein sein.
Ⓑ Das Ergebnis soll möglichst groß sein.
Ⓒ Das Ergebnis soll +7 sein.

(−■) + (■) · (■)

b) Setze die Ziffern jeweils entsprechend ein.

4   3   9   1

Ⓐ Das Ergebnis soll möglichst klein sein.
Ⓑ Das Ergebnis soll möglichst groß sein.
Ⓒ Das Ergebnis soll −3 sein.

(−■) + (−■) − (−■) + (+■)

Üben und vertiefen

Auf einen Blick

Rationale Zahlen

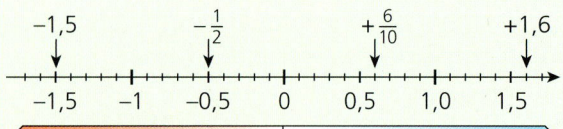

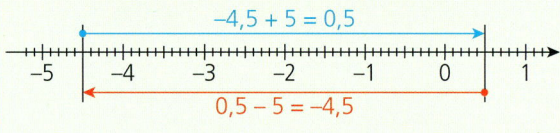

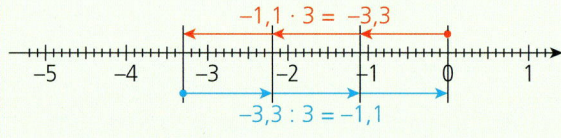

Addition und Subtraktion

$\oplus \ (\oplus) \rightarrow \oplus$ $4 + (+3) = 4 + 3 = 7$
$\ominus \ (\ominus) \rightarrow \oplus$ $4 - (-3) = 4 + 3 = 7$

$\oplus \ (\ominus) \rightarrow \ominus$ $4 + (-3) = 4 - 3 = 1$
$\ominus \ (\oplus) \rightarrow \ominus$ $4 - (+3) = 4 - 3 = 1$

Ein Rechenzeichen und ein Vorzeichen, die direkt aufeinander folgen, werden durch ein Rechenzeichen ersetzt.

Multiplikation und Division

$\oplus \cdot \oplus = \oplus$ $(+8) \cdot (+2) = (+16)$
$\ominus \cdot \ominus = \oplus$ $(-8) \cdot (-2) = (+16)$
$\oplus : \oplus = \oplus$ $(+8) : (+2) = (+4)$
$\ominus : \ominus = \oplus$ $(-8) : (-2) = (+4)$

Multipliziert bzw. dividiert man zwei Zahlen mit gleichen Vorzeichen, so ist das Ergebnis immer positiv.

$\oplus \cdot \ominus = \ominus$ $(+8) \cdot (-2) = (-16)$
$\ominus \cdot \oplus = \ominus$ $(-8) \cdot (+2) = (-16)$
$\oplus : \ominus = \ominus$ $(+8) : (-2) = (-4)$
$\ominus : \oplus = \ominus$ $(-8) : (+2) = (-4)$

Multipliziert bzw. dividiert man zwei Zahlen mit unterschiedlichen Vorzeichen, so ist das Ergebnis immer negativ.

---

1 Lies die Zahlen ab und notiere sie.

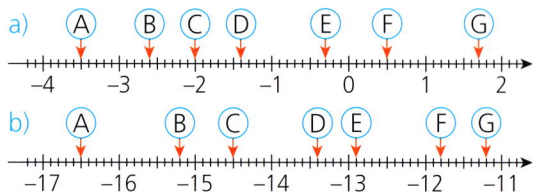

2 Zeichne jeweils eine Zahlengerade und trage ein.

a) $+3,5 \quad -2,5 \quad -0,5 \quad +1,5 \quad -1 \quad 0$

b) $-1,75 \quad +2,5 \quad -2\frac{1}{2} \quad +\frac{3}{4} \quad +2\frac{1}{2} \quad +\frac{2}{4}$

3 Ordne die Zahlen der Größe nach.

a) $-0,8 \quad 0,9 \quad -0,7 \quad 0,08 \quad -0,09 \quad 0,7$

b) $\frac{1}{5} \quad -\frac{1}{4} \quad \frac{1}{2} \quad -\frac{1}{5} \quad \frac{1}{4} \quad -\frac{1}{2}$

c) $3,33 \quad -0,333 \quad -33,3 \quad 0,333 \quad -3,33 \quad 3,3$

4 Zwischen welchen benachbarten Zahlen mit einer Kommastelle liegen die angegebenen Zahlen?

| +7,3 | +0,4 | −0,8 | −11,1 | −13,4 |

| −4,1 | −2,6 | +10,6 | +12,2 |

5 Notiere jeweils einen Rechenausdruck und berechne.

a) 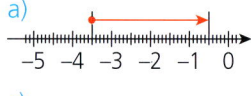   b)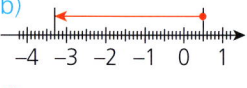

c) 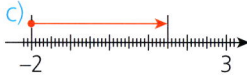   d)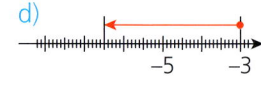

6 Ordne Aufgabe und Ergebnis richtig zu. Achtung: Drei Ergebnisse sind zu viel!

−7,2 − (−5,1)	(+0,5) · 8	−4,1	+4,1
			+7,5
(−2,5) · 3	+6,4 − (−1,1)	+2,1	
		−7,5	+4,0
−81 : 9 + 8	(−1) − (−2)	−4	
		−1	+1
	(−12,3) : 3		−2,1

7

Alter Kontostand	Gutschrift (+) Lastschrift (–)	Neuer Kontostand
1 235,52 H	+ 145,66 €	■
900,00 H	– 266,14 €	■
■	– 251,20 €	355,69 S
■	+ 999,32 €	88,35 H
553,22 H	■	7,88 S
12 845,29 H	■	10,77 S

8 a) Der Kontostand auf dem Girokonto von Frau Leiter beträgt 1 472,58 H. Berechne diesen, nachdem sie folgende Beträge abgehoben bzw. überwiesen hat.

520 €   360 €   750 €   300 €

b) Herr Reimer lässt sich bei seiner Bank einen Kontoauszug ausdrucken. Der aktuelle Kontostand beträgt 254,43 H. Folgende Buchungen sind bis dahin ausgeführt worden:

+ 1 542 €   – 872,99 €   – 220 €   + 689 €

Berechne den Kontostand vor diesen Buchungen.

9 Überlege zunächst, ob das Ergebnis positiv oder negativ ist. Berechne anschließend.
a) $(+7{,}1) \cdot (-3{,}5)$
b) $(+0{,}375) \cdot (-0{,}2)$
c) $(-2{,}5) \cdot (-0{,}4)$
d) $(-0{,}8) \cdot (+0{,}3)$
e) $(-9{,}3) : (-3{,}1)$
f) $(-13{,}2) : (-2{,}4)$
g) $(+0{,}24) : (-0{,}6)$
h) $(-0{,}88) : (+0{,}02)$

10 Berechne geschickt im Kopf.
a) $(-14) - (+13) - (-27)$
b) $(+161) + (+176) + (-161)$
c) $(+45) - (-56) + (-45) + (-56)$
d) $(+39) + (-20) - (+39)$
e) $(-234) - (-135) + (+234)$

11 Jede Aufgabe enthält einen Fehler. Rechne richtig.
a) $(-35) - (-12) = -35 - 12 = -47$
b) $(+33) - (-17) = 33 - 17 = 16$
c) $(-13) - (-12) = 13 + 12 = 25$
d) $(-24) - (-10) = -24 + 10 = 14$

12 Ergänze passende Zahlen, sodass die Rechnungen stimmen.
a) $26 - ■ = -13$
b) $■ - (-63) = -10$
c) $-15 + (■) = -13$
d) $■ - 32 = -22$
e) $■ + (-27) = -50$
f) $■ - (+12) = 50$
g) $-36 + ■ = 30$
h) $-22 - ■ = -50$
i) $■ - (-35) = 85$
j) $92 - ■ = -7$

13 Setze passende Vorzeichen ein. Wo gibt es mehrere Lösungen?
a) $(■3{,}7) + (-8{,}4) = (■12{,}1)$
b) $(■36{,}8) + (■8{,}4) = (-28{,}4)$
c) $(■32{,}9) + (■7{,}2) = (■40{,}1)$

14 Gib alle Lösungen an.
a) Zwei Zahlen unterscheiden sich um 10. Die erste ist –6.
b) Zwei Zahlen unterscheiden sich um 12. Die erste ist 4.
c) Zwei Zahlen unterscheiden sich um 7,5. Die erste ist –2,5.

15 Welche Zahl liegt jeweils genau in der Mitte der angegebenen Zahlen?
a) –2,4 und +3,2
b) –4,4 und +4,0
c) –8,3 und –7,7
d) +0,1 und –1,5
e) –2,5 und +2,3
f) –1,2 und +9,4

16 Der letzte Kontoauszug von Frau Fritsch weist ein Soll von 973,16 € auf, obwohl ihr eine Gutschrift in Höhe von 1 452,09 € angekündigt war. Bei Nachforschungen stellt sich heraus, dass die Bank die Gutschrift irrtümlich als Soll gebucht hat. Berechne den richtigen Kontostand.

17 Finde die gedachte Zahl.

Jan denkt sich eine Zahl. Er addiert zu dieser –56 und subtrahiert dann vom Ergebnis die Zahl –44. Das ergibt schließlich 100.

Mia denkt sich eine Zahl. Sie subtrahiert von dieser 25 und addiert dann zum Ergebnis die Zahl –25. Sie multipliziert noch mit 2 und erhält 100.

Abschlussrunde

1 Benenne die gekennzeichneten Zahlen.

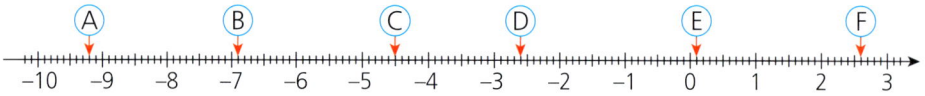

2 Setze die Zahlenfolgen um jeweils fünf Zahlen fort.
a) (+0,1); (+0,3); (+0,5); …   b) (−1,2); (−2,4); (−4,8);…   c) (−4); (−3,9); (−3,7); …

3 Notiere jeweils die Aufgabe und berechne.

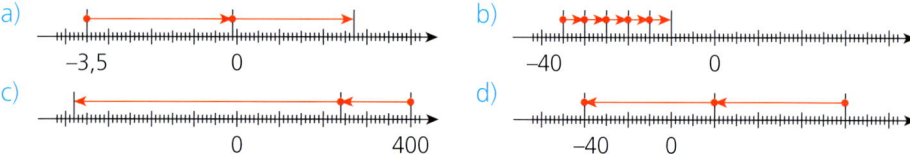

4 Bestimme die gesuchte Zahl.
a) um 0,4 größer als −6,3   b) um 1,5 kleiner als $\frac{2}{4}$ c) um $\frac{3}{4}$ größer als −9,75
d) um 7,4 kleiner als −6,15   e) um 2,44 größer als −0,03   f) um 0,01 kleiner als 0,74

5 Übertrage ins Heft und setze <, > oder = ein.
a) (−1,5) − (−4)   ■   (+2,5) − (+13)   b) (+0,3) · (−2)   ■   (−0,1) · (+4)
c) (−7,5) + (+4)   ■   (−2,5) + (−4)   d) (+4) · (+12,5)   ■   (−10,2) · (−5)
e) (−48) : (+6)   ■   (+56) : (−7)   f) (−91,7) : (−7)   ■   (+76,8) : (+6)

6 Bestimme zuerst das Vorzeichen des Ergebnisses. Rechne im Kopf.
a) (+ 2,5) · (−2) · (−10)   b) (−4,0) · (−3) : (+8)   c) (−121) : (+11) · (+2)

7 Das Girokonto von Frau Geiger weist ein Soll von 390,65 € auf. Sie erwartet eine Gutschrift ihres Gehaltes in Höhe von 1 959,78 €. Kann sie nach Abhebung des Haushaltsgeldes alle Überweisungen ihres Notizzettels tätigen, wenn das Konto höchstens um 500 € überzogen werden soll?

Abbuchungen
- *Hauhaltsgeld*   600,− €
- *Heizöl*   892,56 €
- *KFZ-Steuer*   224,60 €
- *Anzahlung für die Urlaubsreise* 275,− €
- *Rechnung Chic-Moden*   170,20 €

8 Stelle den Rechenausdruck auf und berechne.
a) Addiere zum Quotienten aus −110,46 und −26,3 das Produkt aus −0,35 und −12.
b) Bilde die Differenz aus dem Produkt der Zahlen +7,3 und −6,8 und dem Quotienten von −42,7 und +6,1.
c) Dividiere die Summe aus −36,15 und +68,95 durch die Differenz aus −8 und −16.

Kreuz & Quer

Zahlen und Operationen

1 Berechne.

a)	78,603 + 9,89	b)	98,75 − 29,093
c)	104,97 · 3,03	d)	16,555 : 4,3

2 Schreibe als Dezimalbruch und in Prozent.

| $\frac{3}{10}$ | $\frac{7}{50}$ | $\frac{3}{4}$ | $\frac{3}{25}$ | $\frac{4}{5}$ | $\frac{150}{1000}$ | $\frac{3}{20}$ |

3 a) Im Sonderangebot werden Skateboards um 25 % billiger angeboten. Judith hat dabei 24 € gespart. Wie viel hat das Skateboard ursprünglich gekostet?

b) In einer Klasse mit 26 Schülern sitzen 14 Jungen und 12 Mädchen. Wie hoch ist der Prozentanteil der Jungen bzw. der Mädchen? Runde auf ganze Prozent.

c) Familie Kern hat im Monat ca. 2 800 € Ausgaben. Der Anteil für die Miete macht dabei 22 % aus.

Größen und Messen

1 Wandle um.

a)	in cm	804 mm	0,46 dm	0,07 m
b)	in m	6 708 mm	46 dm	0,07 km
c)	in km	7 000 m	700 m	14 300 m
d)	in cm²	500 mm²	385 mm²	78 mm²
e)	in dm²	800 cm²	650 cm²	75 cm²
f)	in m²	300 dm²	605 dm²	35 dm²
g)	in cm³	600 mm³	0,5 dm³	2,8 dm³
h)	in dm³	900 cm³	0,5 m³	2,09 m³
i)	in m³	6 000 dm³	560 dm³	5 600 dm³

2 Ergänze fehlende Größen.

Anfangstemperatur	−8 °C	■	6 °C
Temperaturveränderung	+ 5 °C	− 7 °C	■
Endtemperatur	■	−3 °C	−5 °C

Raum und Form

1 a) Übertrage und ergänze jeweils zu einem Parallelogramm.
b) Gib die Koordinaten der fehlenden Eckpunkte an.

Ⓐ 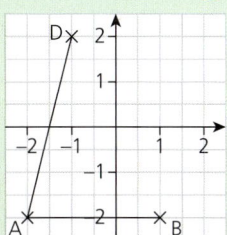 Ⓑ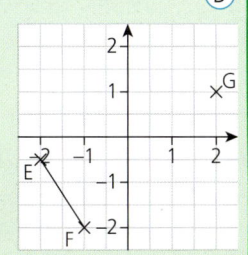

2 Berechne das Volumen der Körper durch geschicktes Zerlegen oder Ergänzen.

a) 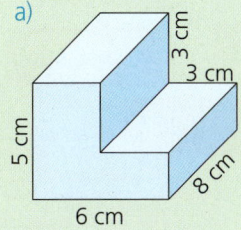 b)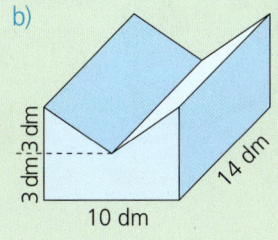

Daten und Zufall

1 Ermittle die Einwohnerzahlen der bayerischen Regierungsbezirke (gerundet auf Hunderttausender) und stelle sie in einem geeigneten Säulendiagramm dar.

Schwaben  Oberpfalz

Niederbayern  Mittelfranken

Unterfranken Oberfranken

Oberbayern

 = 100 000 Menschen

Aufwärmrunde

So schätze ich meine Leistung ein.

1 Mit Formeln zu Umfang und Flächeninhalt rechnen

a) Berechne die fehlenden Größen.

Rechteck	A	B	C
Länge	4 cm	6 cm	■
Breite	7 cm	■	7 cm
Flächeninhalt	■	24 cm²	49 cm²
Umfang	■	■	■

b) Berechne die fehlenden Größen.

Rechteck	A	B	C
Länge	5 cm	4 cm	■
Breite	■	■	5 cm
Flächeninhalt	35 cm²	■	■
Umfang	■	32 cm	42 cm

2 Oberflächeninhalt von Quadern berechnen

a) Wie groß ist der Oberflächeninhalt des Quaders?

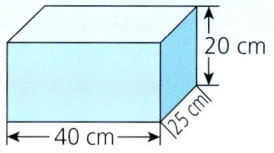

b) Das ist das Netz eines Quaders. Wie groß ist sein Oberflächeninhalt?

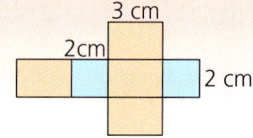

3 Flächen- und Volumeneinheiten kennen und umrechnen

a) Ⓐ Wandle in die nächstgrößere Einheit um.
   200 mm²   5000 cm²   6500 dm²

   Ⓑ Wandle in die nächstkleinere Einheit um.
   7 dm³   12 cm³   60 m³

b) Ⓐ Setze richtig ein.
   12 cm² = ■ mm²   5000 dm² = ■ m²
   35 m² = ■ cm²   1,30 dm² = ■ cm²

   Ⓑ Schreibe in cm³.
   6 dm³ 500 cm³   6,46 dm³   4 dm³ 6 cm³

4 Volumen von Quadern berechnen

a) Berechne die fehlenden Größen.

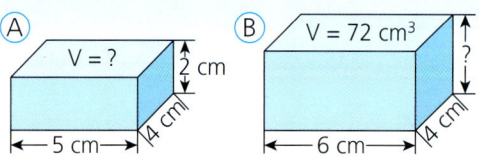

b) Wie hoch steht das Wasser im Aquarium, wenn 144 l eingefüllt sind?

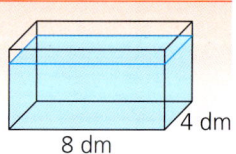

5 Sachaufgaben bearbeiten

a) Die Firma Haubner will 8 quaderförmige Blumenkästen mit Erde füllen. Die Kästen sind 8 dm lang, 2 dm breit und 2 dm hoch. Wie viele Liter Blumenerde werden benötigt?

b) In der Gärtnerei gibt es folgende Angebote für Blumenerde. Was wäre ein sinnvoller Einkauf und wie viel müsste dafür bezahlt werden?

10 l   2,99 €   40 l   8,99 €
20 l   4,99 €

4 Geometrie 2

Einstieg

Ein interessantes Bodenmosaik. Es wurde eigentlich nur mit einem gleichförmigen Fliesenstück gearbeitet.
– Welche Form hat das Grundelement?
– In welchen Winkeln wurde wohl der Mosaikstein geschnitten? Versuche an Beispielen zu begründen.
– Welche Muster sind aus mehreren Fliesenstücken entstanden? Beschreibe.
– Welche Figuren haben jeweils den gleichen Flächeninhalt? Finde Bespiele.

Ausblick

In diesem Kapitel lernst du
– den Flächeninhalt von Parallelogrammen, Dreiecken und daraus zusammengesetzten Figuren zu berechnen.
– Oberflächeninhalte von geraden Dreiecksprismen und zusammengesetzten Körpern zu berechnen.
– das Volumen von geraden Prismen zu berechnen.
– Aufgaben aus Anwendungsbereichen zu bearbeiten.

Flächeninhalte vergleichen und bestimmen

 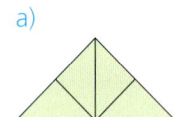 a)  b) 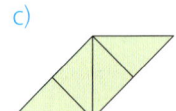 c) 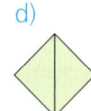 d) 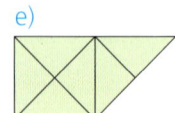 e)

1 Vergleiche den Flächeninhalt der roten Figur mit dem der anderen Figuren.

2 a) Die Flächen Ⓐ bis Ⓒ sind mit den Legeplättchen ausgelegt. Haben sie jeweils den gleichen Flächeninhalt? Erkläre.
b) Übertrage die Figuren Ⓓ bis Ⓕ ins Heft und skizziere eine Aufteilung mit den Legeplättchen. Vergleiche die Flächeninhalte.

Ausschneidebogen für die Aufgaben 2, 6 und 7: 60007-08

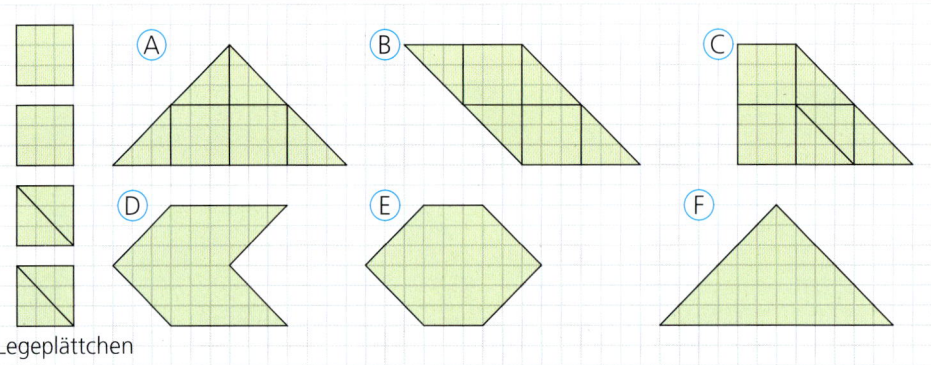

Legeplättchen

3 a) Die Figuren Ⓐ und Ⓕ aus Aufgabe 2 bezeichnet man als deckungsgleich, die anderen als zerlegungsgleich. Erkläre.
b) Zeichne ein Quadrat (Rechteck), das mit dem Dreieck Ⓐ zerlegungsgleich ist. Trage die Zerlegung ein.

deckungsgleiche, zerlegungsgleiche Figuren

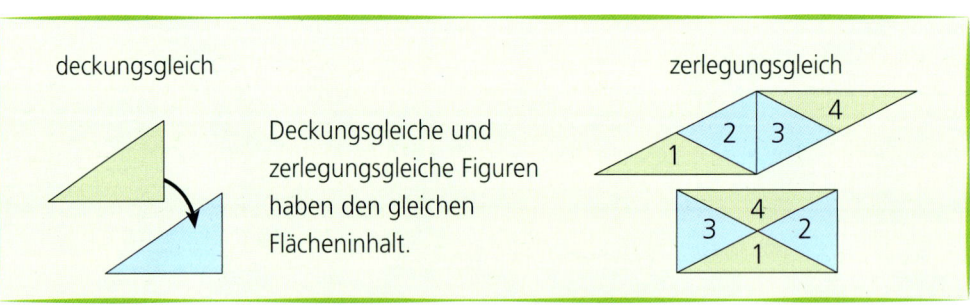

Deckungsgleiche und zerlegungsgleiche Figuren haben den gleichen Flächeninhalt.

4 Weise nach, dass alle Figuren den gleichen Flächeninhalt haben. Übertrage dazu ins Heft, zerlege in die angegebenen Teile und nummeriere entsprechend.

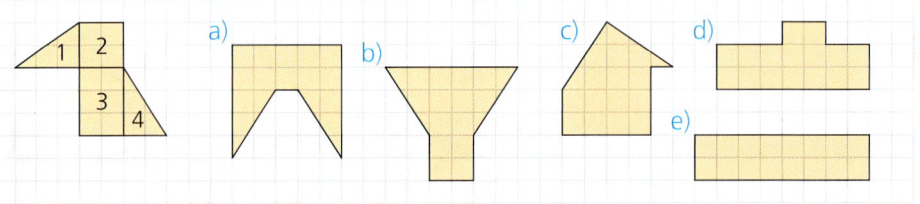

5 Zeichne ein Quadrat mit dem gleichen Flächeninhalt wie Figur a) in Aufgabe 4.

6 Übertrage die blauen Figuren auf Karopapier. Zerschneide sie so, dass sich die entstehenden Teile jeweils zur grünen Figur zusammensetzen lassen. Klebe das Rechteck jeweils ein und schreibe den Flächeninhalt dazu.

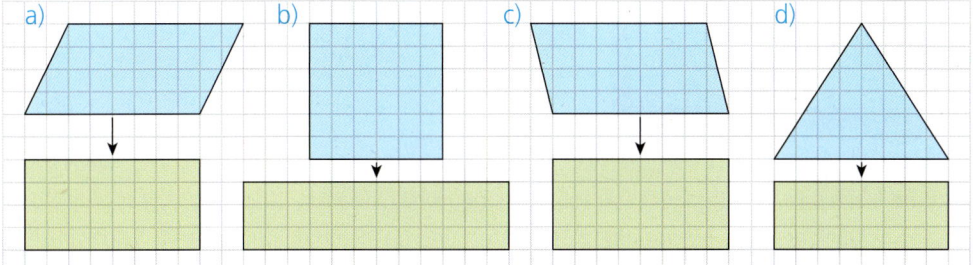

7 Denke dir die Teile der jeweiligen Figuren so umgelegt, dass ein Rechteck entsteht. Berechne dann den Flächeninhalt.

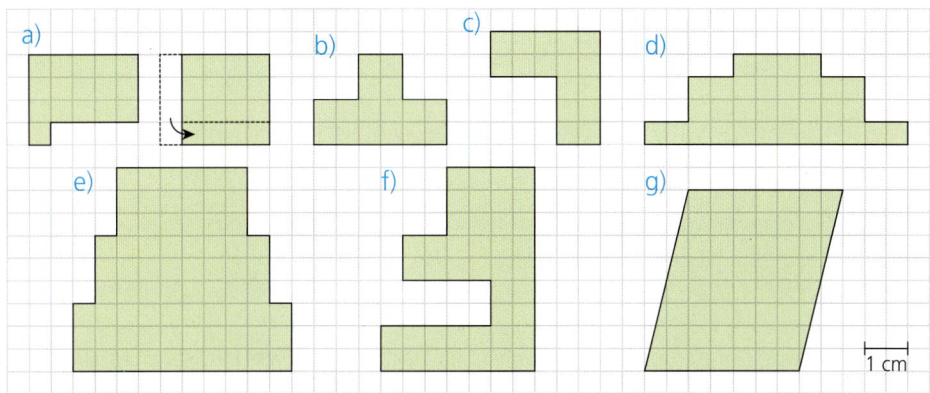

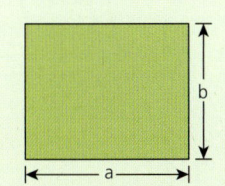
A_R = Länge · Breite
A_R = a · b
A_R = 2,5 cm · 2 cm
A_R = 5 cm²

A_Q = Seite · Seite
A_Q = a · a
A_Q = 2 cm · 2 cm
A_Q = 4 cm²

Flächeninhalt
Rechteck
Quadrat

8

	a)	b)	c)	d)	e)	f)	g)	h)
Länge a	14 cm	2,5 m	11 cm	■	0,20 m	■	23 dm	0,50 m
Breite b	8 cm	46 m	■	12 dm	■	0,80 m	■	■
Fläche A	■	■	440 cm²	108 dm²	2,80 m²	0,96 m²	1 495 dm²	350 dm²

Lösungen zu 8:
40	112	115
9	1,20	7
65	14	

9
a) Welche Teile sind flächengleich, weil sie deckungsgleich sind?
b) Welche Teile sind flächengleich, weil sie zerlegungsgleich sind?
c) Wie kann man nachweisen, dass A, D und H den gleichen Flächeninhalt haben?
d) Wie groß sind die einzelnen Flächen?

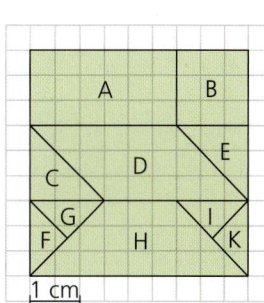

Vergleicht und besprecht eure Ergebnisse in der Gruppe.

Flächeninhalt von Parallelogrammen berechnen

1 Johannes hat ein Modell. Er zieht den grünen Streifen heraus und behauptet, dass das Parallelogramm A_1 und das Rechteck A_2 immer den gleichen Flächeninhalt haben.
Wie könnte man das nachweisen?

Ausschneidebogen Parallelogramme: 60007-09

2 Zum Nachweis in Aufgabe 1 hat Johannes bei verschiedenen Modellen jeweils eine Kopie des Parallelogramms hergestellt, zerschnitten und das Rechteck überdeckt. Sind Parallelogramm und Rechteck jeweils zerlegungsgleich? Probiere selbst und erkläre.

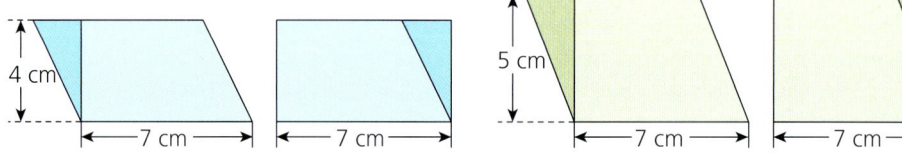

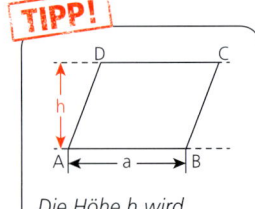

Die Höhe h wird immer senkrecht zur entsprechenden Seite gemessen.

3 Arbeitet zu zweit. Prüft den folgenden Satz an den bisherigen Beispielen nach.

Parallelogramme und Rechtecke haben bei gleicher Grundseite a und gleicher Höhe h den gleichen Flächeninhalt.

4 Welche Parallelogramme haben den gleichen Flächeninhalt wie Rechteck Ⓐ, welche wie Rechteck Ⓑ? Begründe.

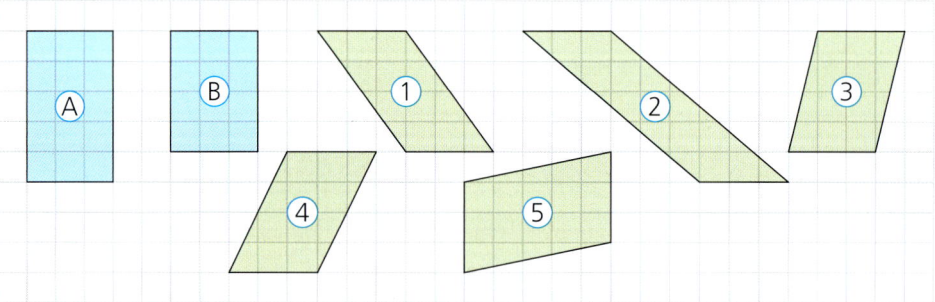

5 Zwischen den Parallelen sind zwei Parallelogramme und ein Rechteck eingezeichnet.
  a) Warum haben die drei Figuren jeweils den gleichen Flächeninhalt?
  b) Wie groß ist jeweils der Flächeninhalt des Rechtecks und der Parallelogramme? Entnimm notwendige Maße den Zeichnungen.

6 Zeichne ein Rechteck mit den Seitenlängen 6 cm und 4 cm (5 cm und 3 cm) und dazu zwei inhaltsgleiche Parallelogramme. Gib den Flächeninhalt aller Figuren an.

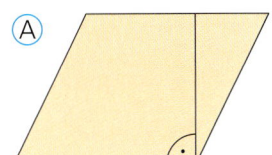 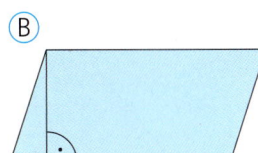 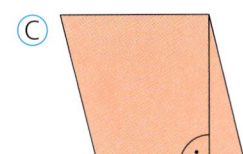 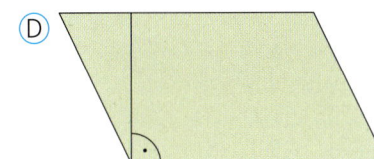

7 Über das zugehörige flächeninhaltsgleiche Rechteck lässt sich der Flächeninhalt des jeweiligen Parallelogramms berechnen. Entnimm notwendige Maße und berechne so die Flächeninhalte.

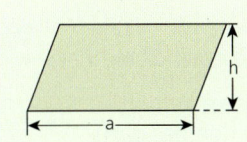
Grundseite: a $a = 6$ cm
zugehörige Höhe: h $h = 3$ cm

$A_P = a \cdot h$
$A_P = 6 \text{ cm} \cdot 3 \text{ cm}$
$A_P = 18 \text{ cm}^2$

Flächeninhalt Parallelogramm

8 Wie verändert sich der Flächeninhalt des Parallelogramms im Merkkasten?
a) Grundseite a wird verdoppelt.
b) Grundseite a und die Höhe h werden verdoppelt.

9 Es ist jeweils das gleiche Parallelogramm.
a) Berechne beide Male den Flächeninhalt.
b) Warum ist der Weg von Benno vorteilhafter?

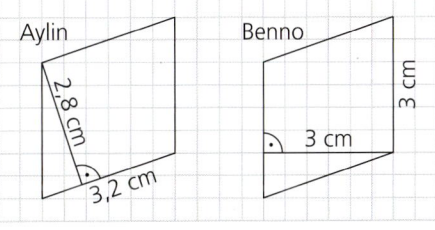

Lösungen zu 9 bis 12:		
15	6	9
7,5	9	8
2 088	6	≈ 9
4 680	44,1	1,11
5 760	12	9,9
9,72	13	0,375

10 Zeichne immer zwei Parallelogramme in ein Koordinatensystem (Einheit cm). Wähle geschickt Grundseite und Höhe und berechne den Flächeninhalt.
a) A (1|1) B (5|1) C (7|3) D (3|3)
b) A (4|4) B (7|4) C (5|6) D (2|6)
c) A (1|2) B (3|0) C (3|3) D (1|5)
d) A (4|1) B (7|1,5) C (7|6,5) D (4|6)
e) A (1|1) B (4|2) C (4|4,5) D (1|3,5)
f) A (−4|1) B (−1|1) C (−2|4) D (−5|4)

11

Parallelogramm	a)	b)	c)	d)	e)	f)	g)
Grundseite a	4,5 cm	9,8 cm	1,8 m	1,5 m	■	12 cm	$\frac{3}{4}$ m
Höhe h	2,2 cm	4,5 cm	5,4 m	74 cm	17 cm	■	0,5 m
Flächeninhalt A_P	■	■	■	■	221 cm²	144 cm²	■

TIPP!
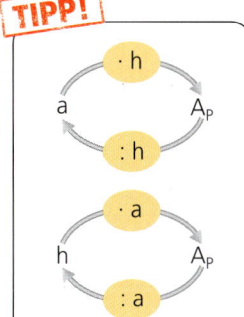

12 Durch zwei rechteckige Grundstücke wird eine Straße verlegt.
a) Wie viel m² Grund muss für die Straße abgetreten werden?
b) Wie groß ist die verbleibende Fläche eines jeden Grundstücks?

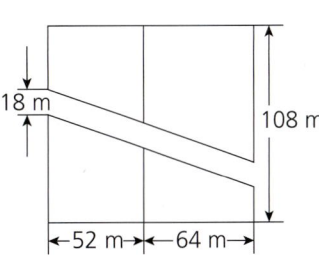

Flächeninhalt von Dreiecken berechnen

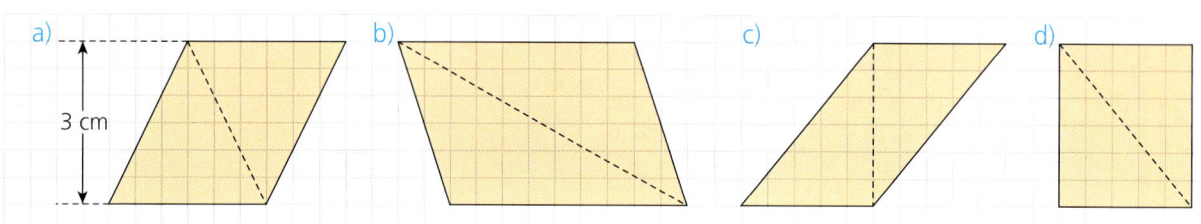

1 Übertrage die Parallelogramme auf Karopapier. Zerschneide sie längs der Diagonalen. Vergleiche jeweils die Flächeninhalte von Parallelogramm und Dreieck.

2 a) Aus welchen Parallelogrammen können die jeweiligen Dreiecke durch Zerschneiden längs einer Diagonalen entstanden sein? Ordne richtig zu.
b) Berechne jeweils den Flächeninhalt des Parallelogramms, dann den des dazugehörigen Dreiecks.

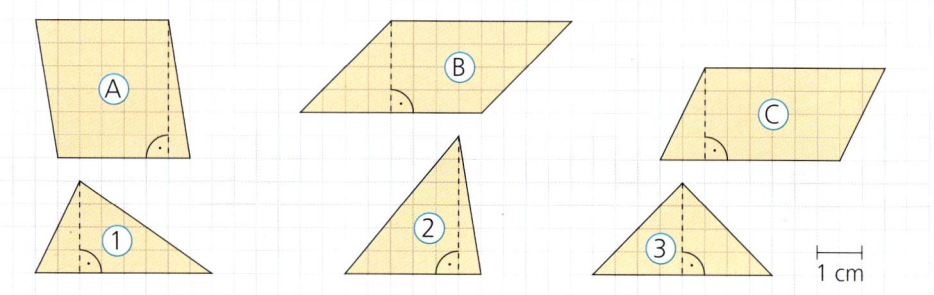

Flächeninhalt Dreieck

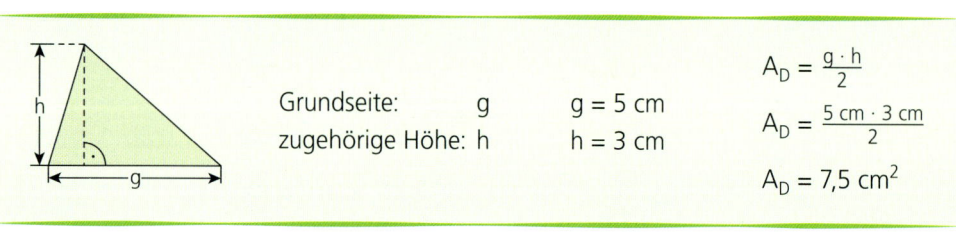

Grundseite: g   g = 5 cm
zugehörige Höhe: h   h = 3 cm

$A_D = \dfrac{g \cdot h}{2}$

$A_D = \dfrac{5\,cm \cdot 3\,cm}{2}$

$A_D = 7{,}5\,cm^2$

3 a) Erkläre die Berechnung des Flächeninhalts vom Dreieck im Merkkasten.
b) Wie verändert sich der Flächeninhalt, wenn man die Grundseite (die Höhe) verdoppelt?

4 Berechne den Flächeninhalt.

	a)	b)	c)	d)	e)	f)	g)	h)
g	14 cm	23 cm	9 dm	24 m	2,8 m	0,35 m	5 dm	7 dm
h	6 cm	14 cm	16 dm	18 m	3 m	0,40 m	15 cm	0,70 m

Lösungen zu 4:
4,2	375	0,07
72	161	24,5
216	42	

5 Wie groß sind die Flächeninhalte dieser Dreiecke? Begründet die Besonderheit. Entnimm notwendige Maße der Zeichnung.

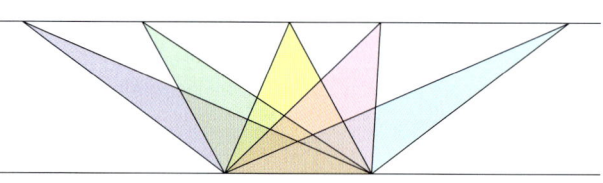

6 Wähle jeweils geschickt die Grundseite g und die Höhe h (vgl. a) und b)) und berechne den Flächeninhalt.

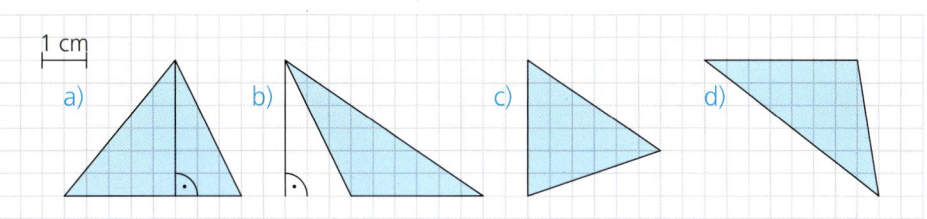

Lösungen zu 6 bis 8:		
15	9	12,5
21	4,5	8
6	10,5	12,5
5,25	7,5	4,5
12,5	15	

7 Zeichne jedes Dreieck in ein Koordinatensystem (Einheit cm) und berechne den Flächeninhalt.
a) A (1|1) B (8|1) C (6|7) b) A (1|5) B (6|1) C (6|7)
c) A (4|1) B (6|6) C (1|6) d) A (1|2) B (6|1) C (6|6)
e) A (1|6) B (6|1) C (6|6) f) A (1|1) B (7|2) C (1|6)

8 Bei vier Dreiecken reichen die Angaben aus, um den Flächeninhalt zu berechnen. Finde diese und berechne jeweils den Flächeninhalt.

TIPP! Die Höhe muss senkrecht stehen.

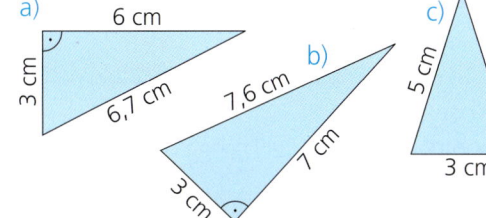 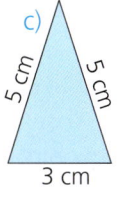 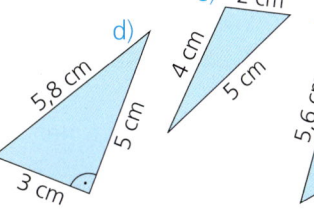 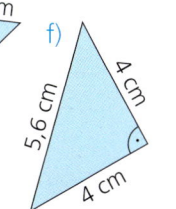

9

Dreieck	a)	b)	c)	d)	e)	f)	g)	h)
Grundseite g	5,5 m	6 m	▪	23 m	1,4 m	▪	42 dm	2,3 m
Höhe h	4 m	▪	18 cm	▪	▪	1,2 m	▪	▪
Flächeninhalt A_D	▪	24 m²	135 cm²	138 m²	1,96 m²	0,42 m²	17,64 m²	12,88 dm²

TIPP!

$g \xrightarrow{\cdot h \; : 2} A_D$

$\xrightarrow{: h \; \cdot 2}$

$\xrightarrow{\cdot g \; : 2}$

$h \xrightarrow{} A_D$

$\xrightarrow{: g \; \cdot 2}$

10 Die Diagonalen einer Raute messen 3 cm und 4 cm (5 cm und 7 cm; 8 cm und 11 cm). Berechne den Flächeninhalt.

Raute

11 Herr Schulz will den Giebel seines Hauses mit Brettern verkleiden. Er hat sich folgende Angaben notiert:

Fenster: 2,10 m x 1,10 m
Unterlattung: 10,90 € pro m²
Bretterverschalung: 81,50 € pro m²

(Haus: 8,70 m gesamt, 5,20 m Wand, 10 m Breite)

Erstellt Aufgaben und löst sie.

12 Welche Breite muss ein Rechteck von 30 m Länge haben, damit es den gleichen Flächeninhalt besitzt wie ein Dreieck mit g = 45 m und h = 20 m?

Flächeninhalt von Vielecken berechnen

1 a) Wie teilt man die Grundstücksfläche geschickt auf, um deren Flächeninhalt zu ermitteln? Vergleicht und bewertet eure Vorschläge.
b) Berechnet die Größe des Grundstücks auf unterschiedliche Art.

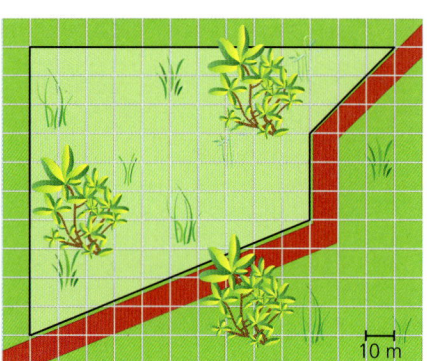

2 Otto: „Ich zerlege solche Vielecke einfach in Dreiecke und Vierecke, deren Flächeninhalte ich berechnen kann. So kann ich den Flächeninhalt jedes Vielecks berechnen."
Hat Otto Recht? Probiert Aufteilungen an verschiedenen Vielecken.

Flächeninhalt Vieleck

Jedes Vieleck lässt sich in Dreiecke und spezielle Vierecke wie Rechteck, Quadrat oder Parallelogramm zerlegen. Die Flächeninhalte der einzelnen Teilflächen ergeben zusammen den Flächeninhalt des Vielecks.

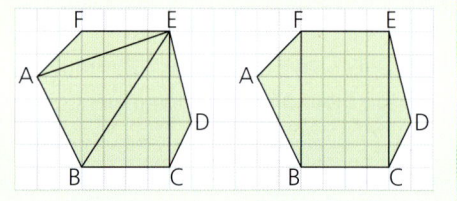

3 a) Übertrage die Figuren ins Heft. Zerlege in berechenbare Teilflächen und bestimme den Flächeninhalt.
b) Übertrage die Figuren nochmals, zerlege anders und berechne.

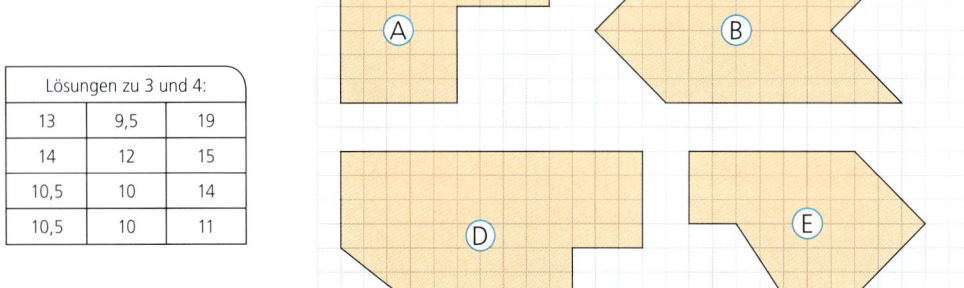

Lösungen zu 3 und 4:

13	9,5	19
14	12	15
10,5	10	14
10,5	10	11

4 Trage die Punkte ein und verbinde sie zu Vielecken. Zeichne immer zwei Vielecke in ein Koordinatensystem (Einheit cm). Zerlege geschickt und berechne die Flächeninhalte.

Vieleck 1	A (1|1)	B (5|1)	C (5|4)	D (3|5)	E (1|4)
Vieleck 2	A (6|1)	B (10|1)	C (12|4)	D (10|5)	E (8|4)
Vieleck 3	A (1|1)	B (4|2)	C (6|4)	D (4|5)	E (1|4)
Vieleck 4	A (7|2)	B (9|3)	C (11|3)	D (9|6)	E (7|6)
Vieleck 5	A (1|2)	B (3|1)	C (5|4)	D (3|6)	E (1|5)
Vieleck 6	A (7|2)	B (9|4)	C (11|2)	D (11|5)	E (7|6,5)

5 Berechne die Flächeninhalte (Maße in cm).

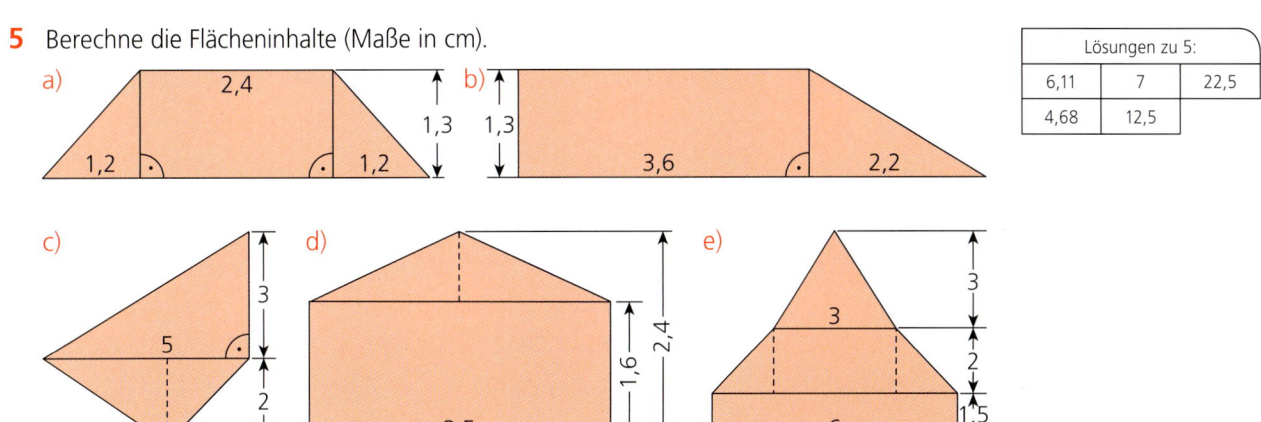

Lösungen zu 5:		
6,11	7	22,5
4,68	12,5	

6 Um sich Formen von Ländern besser einprägen und auch deren Flächengröße leichter berechnen zu können, legt man mitunter geometrische Formen darüber.

a) Wie könnte man das Gebiet Bayerns beschreiben?

b) Decken die beiden Parallelogramme die Fläche von Bayern annähernd ab? Vergleiche Einbuchtungen und Überstände.

c) Berechne die Fläche Bayerns über die Parallelogramme. Vergleiche sie mit der wirklichen Größe Bayerns (70 550 km²).

d) Vergleicht eure Lösungen bei c) in der Klasse. Wodurch kommen evtl. unterschiedliche Ergebnisse zustande?

e) Besorgt euch eine Karte eures Landkreises bzw. eurer kreisfreien Stadt. Umrahmt mit einer geometrischen Figur und berechnet ebenso. Vergleicht mit der wirklichen Größe.

Maßstab: 1 : 2 500 000

Umfang und Flächeninhalt berechnen

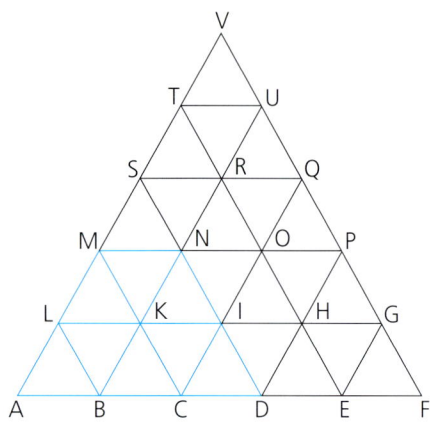

1 Die kleinen gleichseitigen Dreiecke bilden verschiedene Figuren.
  a) Viereck ADNM ist ein symmetrisches (gleichschenkliges) Trapez. Fahre nach und überprüfe. Benenne nun diese Vierecke.

  ACQS   LGPM   LIQS   BCQU   ABUT
  DEHI   KHPM   OPUT   CDPM   DETS

  b) Die Verbindungsstrecke zwischen zwei benachbarten Punkten soll 2,5 cm betragen. Wie groß ist dann der Umfang der Figuren in a)?
  c) Findet gleichseitige Dreiecke in fünf verschiedenen Größen. Gebt die Eckpunkte und den jeweiligen Umfang an.

Der Umfang ist die Summe aller Seitenlängen.

2 a) Benenne richtig mit Raute, gleichseitiges Dreieck, symmetrisches (gleichschenkliges) Trapez, Parallelogramm, gleichschenkliges Dreieck.

Ⓐ	Ⓑ	Ⓒ	Ⓓ	Ⓔ
a = 2,4 cm b = 3,6 cm	a = 3,6 cm	a = 3,4 cm c = 2,7 cm	a = 3,8 cm	a = 4,2 cm b = d = 2,4 cm c = 2,7 cm

  b) Wie ist die Fläche und wie ist der Umfang dargestellt?
  c) Berechne mithilfe der angegebenen Maße jeweils den Umfang.
  d) Ordne die folgenden Formeln zur Umfangberechnung richtig zu.

  $u = 3 \cdot a$ $u = 2 \cdot a + 2 \cdot b$ $u = 2 \cdot (a + b)$

  $u = a + c + 2 \cdot b$ $u = 2 \cdot a + c$ $u = 4 \cdot a$

Lösungen zu 3:

2,25	11	3,4
23,8	14,4	7,8
3,6	55	3
6,1		

3 Berechne die fehlenden Größen.

  a) gleichschenkliges Dreieck

		Ⓐ	Ⓑ	Ⓒ
	c	5,2 cm	5,4 m	▪
	a	4,6 cm	▪	7,2 m
	u	▪	12,2 m	25,4 m

  b) gleichseitiges Dreieck

		Ⓐ	Ⓑ
	a	0,75 m	▪
	u	▪	23,4 m

  c) Parallelogramm

		Ⓐ	Ⓑ	Ⓒ
	a	8 cm	▪	65 cm
	b	3,9 cm	2,4 dm	▪
	u	▪	12 dm	240 cm

  d) Raute

		Ⓐ	Ⓑ
	a	0,75 m	▪
	u	▪	24,4 m

4 a) Bestimme zuerst die fehlenden Längen der Werkstücke. Berechne dann den Umfang.
b) Wie groß ist jeweils der Flächeninhalt?

Lösungen zu 4:		
92	92	76
112	128	148
656	512	258
288		

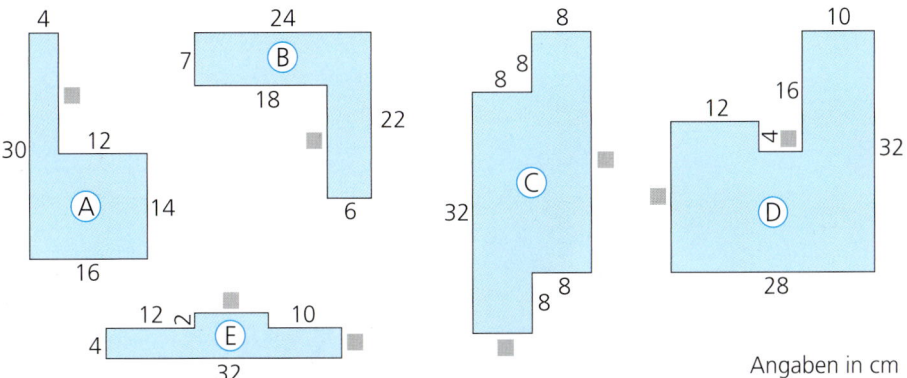

Angaben in cm

5 Stellt euch vor, ein Zündholz wäre genau einen Meter lang. Wie könnte man mit 12 Zündhölzern eine Fläche von 9 m² umzäunen, wie eine Fläche von 5 m² bzw. von 6 m²? Probiert, skizziert und vergleicht eure Lösungen.

6 Eine Firma stanzt aus Blechen Schablonen wie nebenan aufgezeichnet.
a) Berechne geschickt den Flächeninhalt. Entnimm die Maße der Zeichnung.
b) Wie viele Schablonen können höchstens aus einem Blechstück hergestellt werden, wenn die Firma dazu Bleche benützt, die 350 cm lang und 210 cm breit sind?

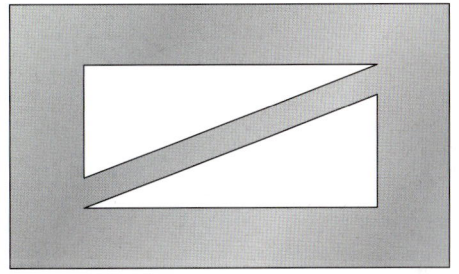

Lösungen zu 6 bis 8:		
15	1050	2,21
3500	1110	3,20
3,60		

7 Herrn Müllers Bauplatz ist 42 m lang und 25 m breit. Der Bauplatz von Herrn Schulze hat den gleichen Umfang, ist aber 30 m breit. Beide Flächen haben die Form von Rechtecken. Wer hat den größeren Platz? Vermute zuerst.

8 Ein Hersteller bietet Tische in Form gleichschenkliger Dreiecke an. Eine Schule kauft 8 Tische. Die Fachlehrerin möchte sie für ein Büfett entlang einer Wand in Form eines Parallelogramms aneinanderreihen.
a) Wie viele m² stehen für das Büfett zur Verfügung?
b) Wie lang ist eine Grundseite dieser Tischreihe?
c) Reicht eine Wandlänge von 3,50 m für die Tischreihe aus?

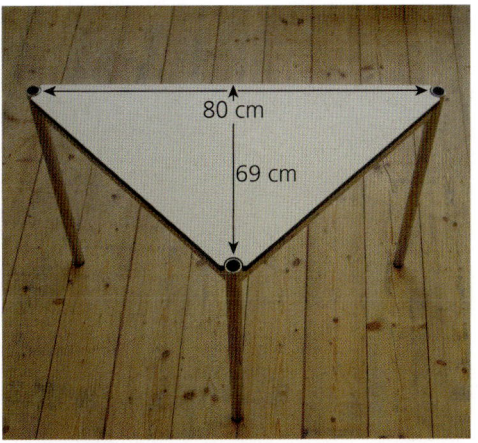

TIPP!
In der Abbildung von Aufgabe 1 lässt sich die Aufstellung gut veranschaulichen.

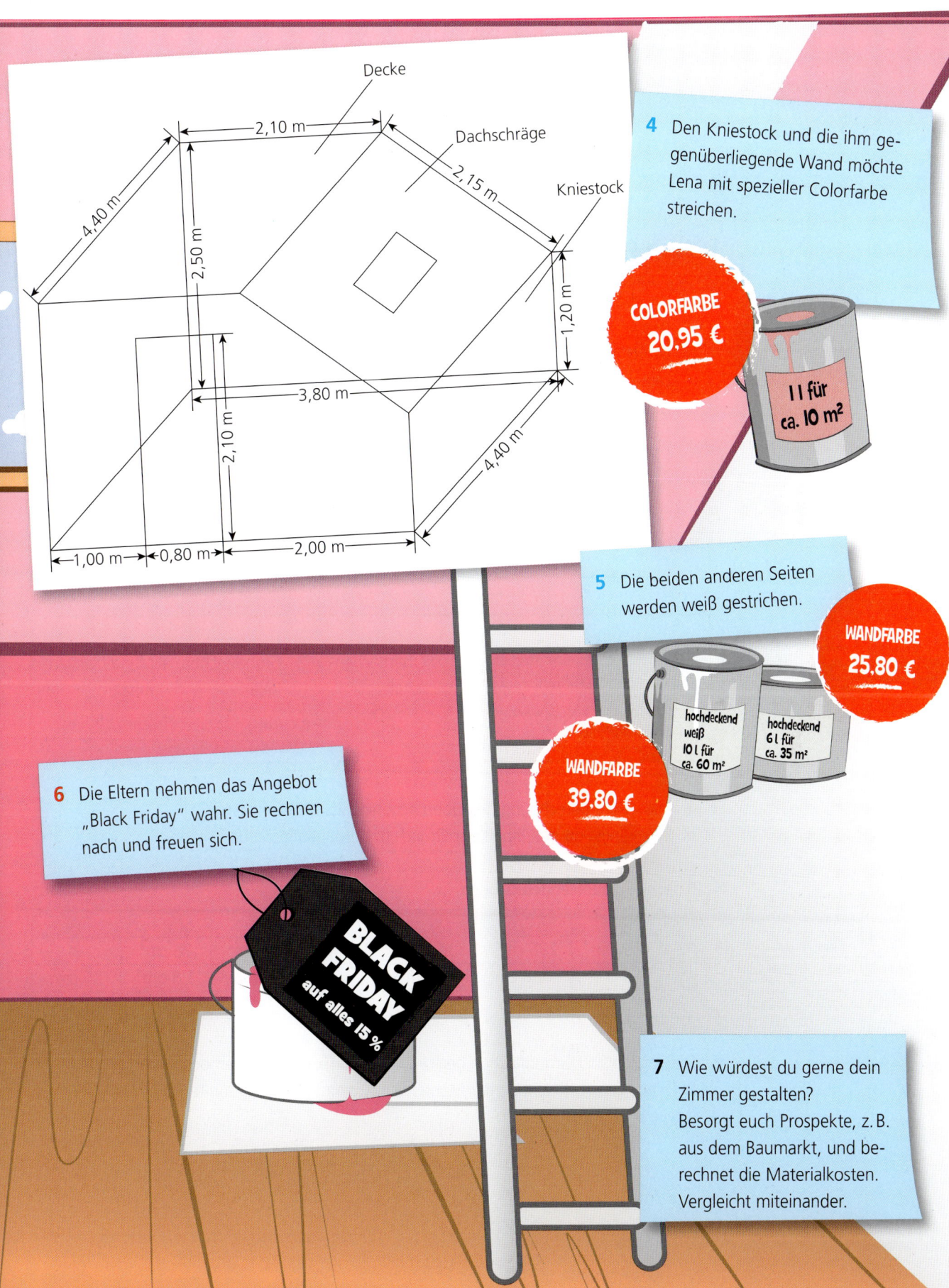

Oberflächeninhalt von Prismen berechnen

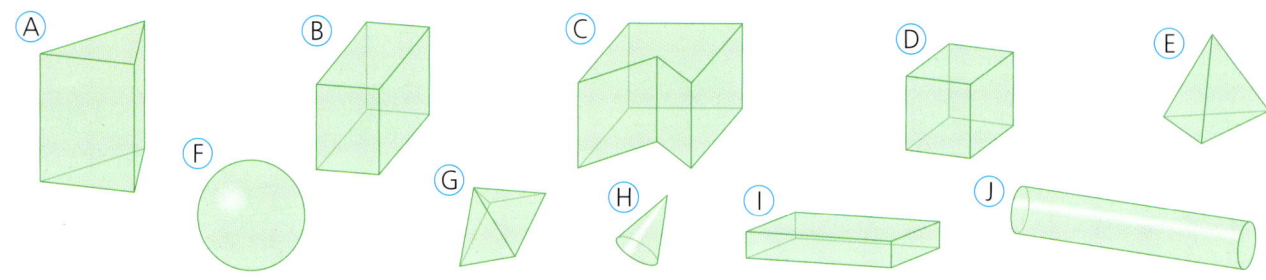

1 Welche der Körper sind Prismen? Erkläre.

2 a) Welche Prismen entstehen aus den Netzen? Welche Form haben die blauen Mantelflächen?
b) Berechne vorteilhaft den Flächeninhalt der jeweiligen Mantelfläche, dann den der gesamten Oberfläche.

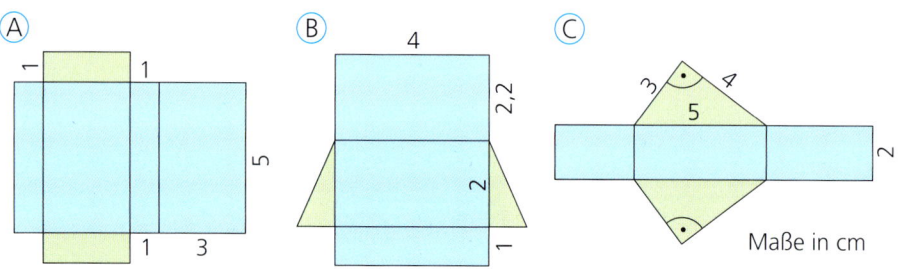

Oberflächeninhalt dreiseitiges Prisma

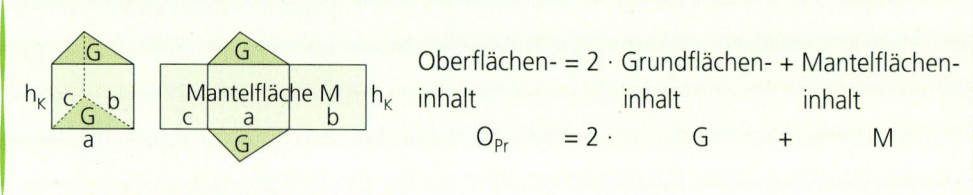

Oberflächen- = 2 · Grundflächen- + Mantelflächeninhalt   inhalt   inhalt
O_{Pr} = 2 · G + M

3 a) Erkläre die Berechnung des Oberflächeninhalts im Merkkasten.
b) Wie kannst du den Inhalt der Grund- bzw. Mantelfläche berechnen?

Lösungen zu 4 und 5:

12,5	7,4	100
152	108	2820
62,6	1480	3,36
139,8	57,6	120
128	96	12

4 Berechne die fehlenden Größen.

	a)	b)	c)	d)	e)	f)	g)
G	25 cm²	236 cm²	704 cm²	1,4 m²	2,5 cm²	78 cm²	■
M	50 cm²	1008 cm²	1412 cm²	■	750 mm²	1,8 dm²	80 cm²
O_{Pr}	■	■	■	10,2 m²	■	■	24,8 dm²

5 Die Flächen sind Grundflächen gerader Prismen mit einer Körperhöhe von 8 cm. Berechne zuerst den Inhalt der Mantelfläche, dann den der gesamten Oberfläche. (Maße in cm)

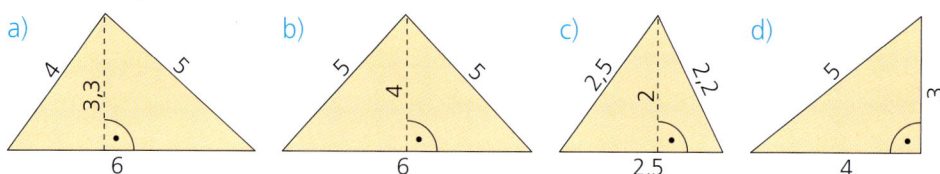

6 a) Der Umfang der Grundfläche eines geraden Prismas (Körperhöhe h_K = 15 cm) beträgt 20 cm. Berechne den Mantelflächeninhalt.
b) Die Mantelfläche eines geraden Prismas (Körperhöhe h_K = 32 cm) hat einen Inhalt von 272 cm². Berechne den Umfang der Grundfläche.
c) Die Grundfläche hat einen Umfang von 48 cm. Der Mantelflächeninhalt beträgt 1 104 cm². Berechne die Höhe des Prismas.

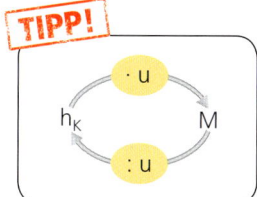

7 Auch bei zusammengesetzten Körpern können wir den Mantelflächeninhalt geschickt berechnen.
a) Erkläre, wie Linda den Mantelflächeninhalt der linken Figur berechnet.
b) Berechne den Mantelflächeninhalt der rechten Figur.
c) Berechne den Oberflächeninhalt von jeder Figur.

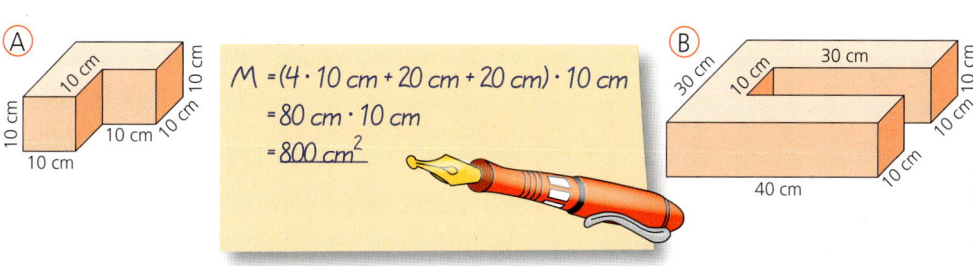

Lösungen zu 6 und 7:		
23	300	2 000
1 400	3 800	8,5

Wissen

Wie groß ist deine Körperoberfläche?

Auch unser Körper hat eine Oberfläche. Hast du schon einmal nachgedacht, wie viel Haut deinen Körper bedeckt? Wie viel schätzt du? Wie kommst du zu diesem Ergebnis?
Die Größe der Körperoberfläche hängt vom Körpervolumen ab: Je größer das Volumen, desto größer ist auch die Oberfläche. Das leuchtet ein. Aber wie bestimme ich das Körpervolumen? Stecke ich einen Menschen dazu in einen großen Messbecher, in ein Überlaufgefäß? Schwierig.

Wissenschaftler haben herausgefunden, dass man das Körpervolumen annähernd bestimmen kann, wenn man weiß, wie groß und wie schwer jemand ist. Die Berechnungsformel ist freilich nicht einfach, deshalb findest du im Internet Haut- oder Körperoberflächenberechner, z. B. wie in der Abbildung. Bestimme damit einmal deine Werte. Vergleiche mit deiner Schätzung.

Volumen von Prismen berechnen

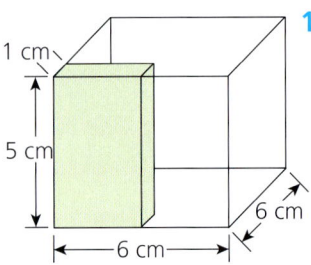

1. a) Wie viele quaderförmige Schachteln (Maße: a = 5 cm, b = 3 cm, c = 1 cm) passen in die angegebene Verpackung?
   b) Genauso viele quaderförmige Schachteln sollen in eine andere Verpackung passen. Welche Maße könnte sie haben?
   c) Welche Maße könnte ein Paket haben, in das doppelt so viele (halb so viele) quaderförmige Schachteln passen?
   d) Wie groß ist der Rauminhalt einer Schachtel, wie groß der der gesamten Verpackung?

Volumen Quader

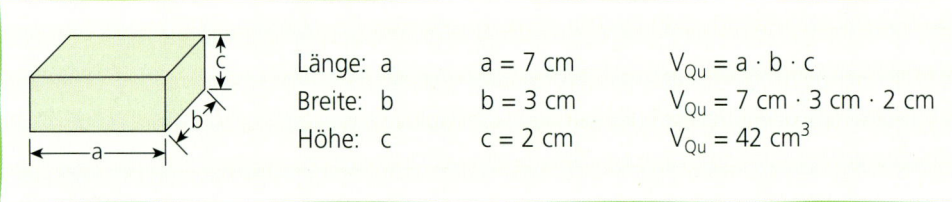

Länge: a   a = 7 cm $V_{Qu} = a \cdot b \cdot c$
Breite: b   b = 3 cm $V_{Qu} = 7$ cm $\cdot 3$ cm $\cdot 2$ cm
Höhe: c   c = 2 cm $V_{Qu} = 42$ cm³

2. Wie verändert sich das Volumen des Quaders im Merkkasten?
   a) Die Länge a wird verdoppelt.
   b) Die Länge a und die Breite b werden verdoppelt.
   c) Alle Kantenlängen werden verdoppelt.

Lösungen zu 3:

114,75	55 000	111,972
0,125	1 125	60
180 000		

3.

	a)	b)	c)	d)	e)	f)	g)
a	5 cm	50 cm	25 cm	8,6 m	0,25 m	2,5 mm	1,53 m
b	6 cm	40 cm	20 cm	4,2 m	0,40 m	15 mm	25 dm
c	2 cm	90 cm	110 cm	3,1 m	1,25 m	30 mm	0,3 dm
V_{Qu}	■	■	■	■	■	■	■

Lösungen zu 4 und 5:

1800	4,5	4500
4800	6,4	1500
1,6	1536	9000
3600	3000	9
3072	2400	

4. Berechne aus den angegebenen Maßen das Volumen der Quader. Wie groß ist jeweils das Volumen des eingezeichneten dreiseitigen Prismas?

a) 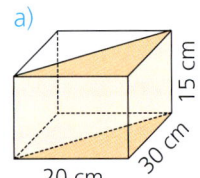   b) 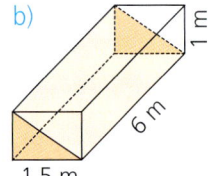   c) 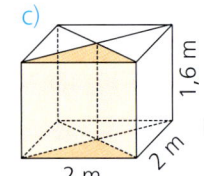   d)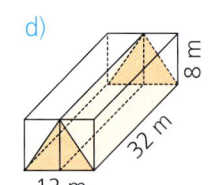

5. a) Ergänze jeweils das rote Prisma zu einem Quader. Vergleiche die Ergänzungsprismen mit Teilen des roten Prismas. Berechne dann jeweils über das Volumen des Quaders das Volumen des roten Prismas.
   b) Berechne das Volumen der roten Prismen wie im folgenden Merksatz. Vergleiche mit den entsprechenden Ergebnissen aus a).

Ⓐ 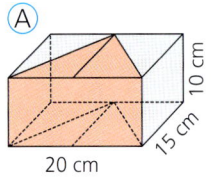   Ⓑ 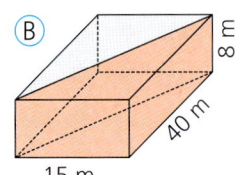   Ⓒ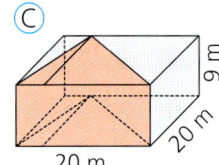

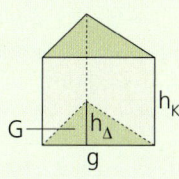
Volumen$_{Prisma}$ = Grundflächeninhalt mal Höhe$_{Körper}$

$V_{Pr} = G \cdot h_K$

$V_{Pr} = \dfrac{g \cdot h_\Delta}{2} \cdot h_K$

Volumen dreiseitiges Prisma

6 Berechne das Volumen der Prismen in Aufgabe 4 über die Formel. Vergleiche mit den Ergebnissen über die Berechnung des Quaders.

7 Berechne das Volumen folgender dreiseitiger Prismen.

	a)	b)	c)	d)	e)	f)	g)
Länge der Grundseite	12 cm	4,25 cm	5,5 m	$5\frac{1}{4}$ m	$6\frac{1}{2}$ cm	2,25 m	7,25 m
Höhe des Dreiecks	8,5 cm	3,8 cm	1,2 m	3,75 m	32 mm	17 dm	13 dm
Höhe des Körpers	6 cm	5,2 cm	3,2 m	10 m	5,2 cm	15 dm	2,5 m

Lösungen zu 7:
98,44	54,08	11,78
41,99	2 868,75	306
10,56		

8 a) In folgendem Merkkasten ist die Berechnung eines vierseitigen Prismas (Grundfläche Parallelogramm) aufgezeigt. Erklärt die Berechnung.
b) Max meint: „Im Prinzip geht die Berechnung bei allen Prismen gleich."
Was meint er damit? Erläutert an verschiedenen Beispielen.

TIPP!
Unterscheide:
- *Höhe h der Grundfläche*
- *Höhe h_K des Körpers*

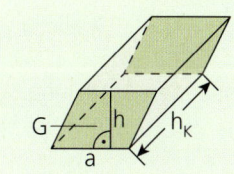
Volumen$_{Prisma}$ = Grundflächeninhalt mal Höhe$_{Körper}$

$V_{Pr} = G \cdot h_K$

$V_{Pr} = a \cdot h \cdot h_K$

Volumen vierseitiges Prisma (Grundfläche Parallelogramm)

9 Die Grundflächen der Prismen sind angegeben. Die Körperhöhe beträgt jeweils 6 cm. Bestimme jeweils das Volumen.

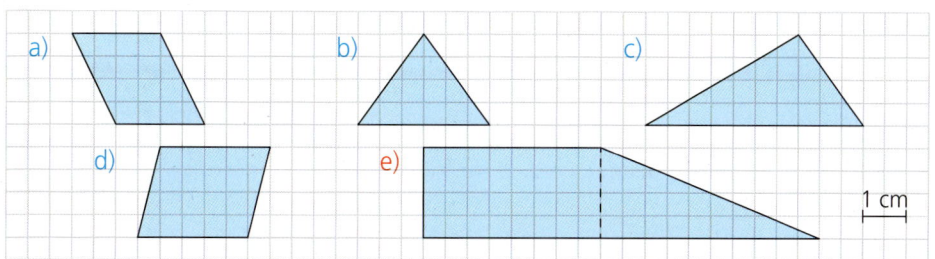

10 Berechne die fehlenden Größen bei folgenden Prismen. Sind es dreiseitige oder vierseitige Prismen? Begründe.

	a)	b)	c)	d)	e)	f)	g)
G	115 cm²	■	8,1 dm²	■	■	0,4 dm²	35 dm²
h_K	13 cm	17,5 m	■	0,75 cm	12,4 m	■	■
V_{Pr}	■	1 085 m³	145,8 dm³	2,55 cm³	279 m³	1,4 dm³	0,49 m³

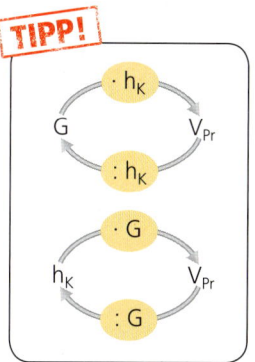

TIPP!

Oberflächeninhalt und Volumen von Prismen berechnen

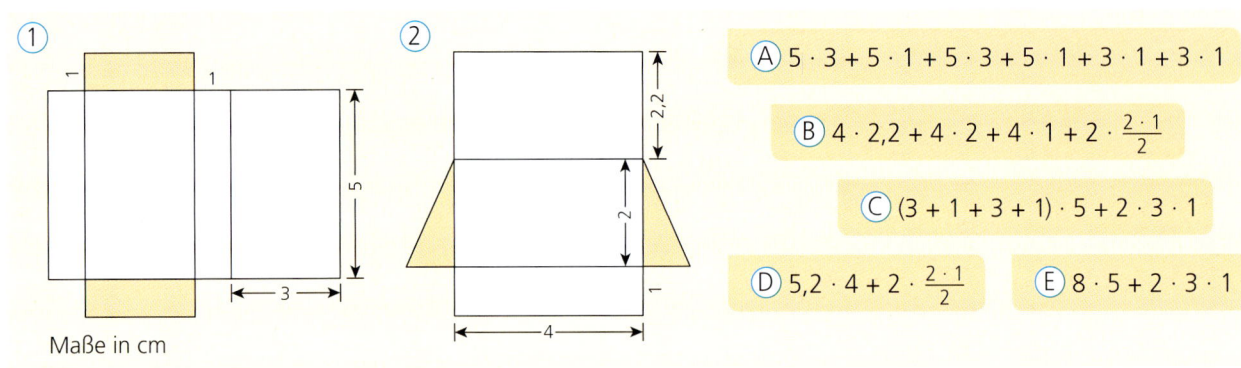

Maße in cm

- Ⓐ $5 \cdot 3 + 5 \cdot 1 + 5 \cdot 3 + 5 \cdot 1 + 3 \cdot 1 + 3 \cdot 1$
- Ⓑ $4 \cdot 2{,}2 + 4 \cdot 2 + 4 \cdot 1 + 2 \cdot \frac{2 \cdot 1}{2}$
- Ⓒ $(3 + 1 + 3 + 1) \cdot 5 + 2 \cdot 3 \cdot 1$
- Ⓓ $5{,}2 \cdot 4 + 2 \cdot \frac{2 \cdot 1}{2}$
- Ⓔ $8 \cdot 5 + 2 \cdot 3 \cdot 1$

1 a) Mit welchen Termen Ⓐ bis Ⓔ wird der Oberflächeninhalt von Prisma ①, mit welchen der von Prisma ② berechnet? Erkläre.
b) Bestimme jeweils nach einem Lösungsweg den Oberflächeninhalt der beiden Körper.

Lösungen zu 2:		
121,2	83,4	97,96
43,2	18,72	74,4
43,2	43,68	48,2
86,4	15	92,4
75,84	69,6	88,8

2 Die Drei- und Vierecke sind Grundflächen von Prismen mit einer Körperhöhe von 6 cm.
a) Berechne erst den Inhalt der Mantelfläche, dann den der gesamten Oberfläche.
b) Berechne das Volumen.

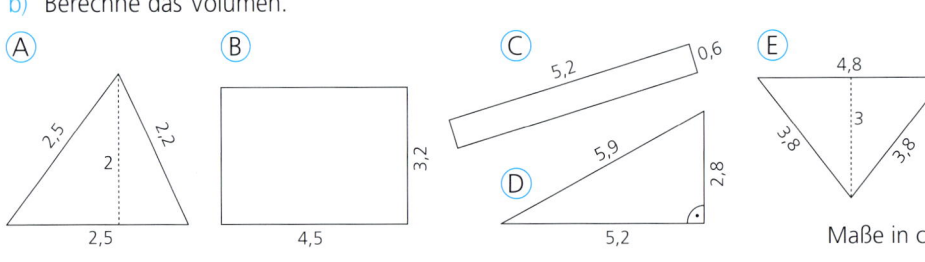

3 Berechne das Volumen des grünen Körpers nach der jeweils angegebenen Aufteilung.

a) 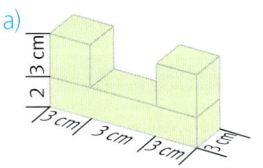   b) 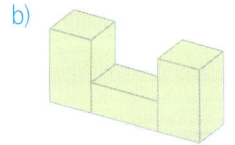   c)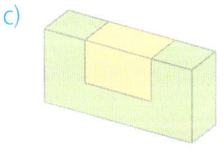

4 Übertrage den Körper dreimal ins Heft. Färbe die Skizzen dann nach den angegebenen Rechenwegen.

$V = 2\,\text{cm} \cdot 4\,\text{cm} \cdot 6\,\text{cm} + 2\,\text{cm} \cdot 4\,\text{cm} \cdot 4\,\text{cm} + 4\,\text{cm} \cdot 4\,\text{cm} \cdot 2\,\text{cm}$

$V = 8\,\text{cm} \cdot 4\,\text{cm} \cdot 2\,\text{cm} + 4\,\text{cm} \cdot 4\,\text{cm} \cdot 2\,\text{cm} + 2\,\text{cm} \cdot 4\,\text{cm} \cdot 2\,\text{cm}$

$V = 8\,\text{cm} \cdot 4\,\text{cm} \cdot 6\,\text{cm} - 4\,\text{cm} \cdot 4\,\text{cm} \cdot 2\,\text{cm} - 6\,\text{cm} \cdot 4\,\text{cm} \cdot 2\,\text{cm}$

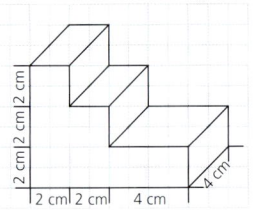

5 Berechne die Mantelfläche und das Volumen der Prismen (Maße in cm).

Lösungen zu 5:		
5 517	180	144
66 000	5 600	72
33 000	80	

a) 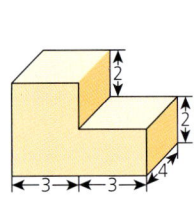   b) 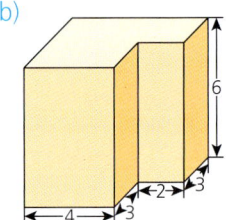   c) 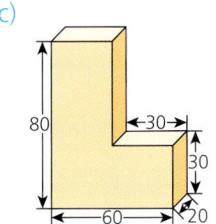   d)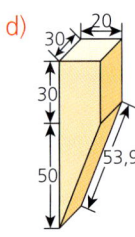

6 Berechne den umbauten Raum der Gebäude (Maße in m).

a) 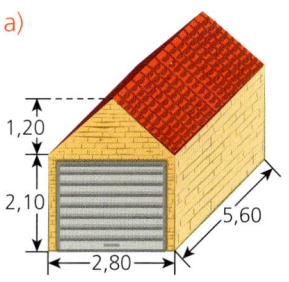   b) 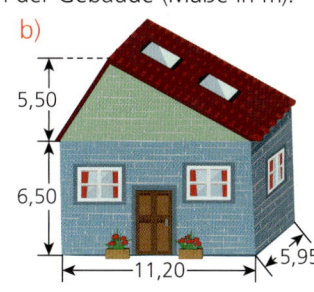   c)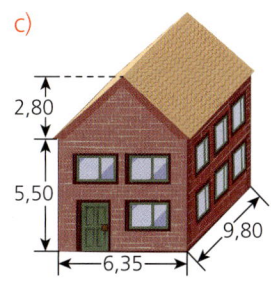

TIPP! Das Volumen von Gebäuden bezeichnet man als umbauten Raum.

7 Der Dachraum des Hauses soll ausgebaut werden. Geplant sind drei gleich große Räume. In der Mitte führt eine Treppe in einen Flur. Von dort geht jeweils eine Tür in ein Zimmer.
Wie groß ist der umbaute Raum des gesamten Dachgeschosses, wie groß der eines Zimmers?

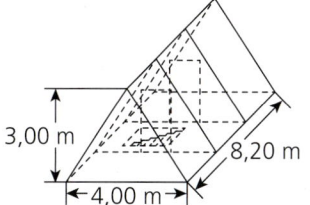

Lösungen zu 6 und 7:		
616,42	16,4	49,2
429,387	42,336	

8 Welches Gewicht haben die Werkstücke (Maße in cm), wenn sie aus Eisen sind? Es fehlt noch eine Angabe. Suche im Internet.

a) 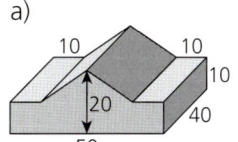   b) 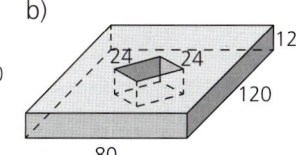   c)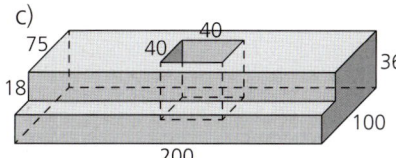

Methode

Prismen mit dem Computer berechnen

Auch bei Prismen kann man Berechnungen mithilfe des Computers ausführen.
– Welche Angaben waren wohl gegeben?
– Was wurde berechnet? Erkläre die Formeln.
– Erstelle in ähnlicher Weise ein Tabellenblatt für die dreiseitigen Prismen aus Aufgabe 2 von Seite 96. Berechne dann entsprechend.

	A	B	C	D	E	F
1	Dreiseitiges Prisma					
2						
3	Gegeben			Gesucht	Lösung	
4	a =	5	cm	Grundflächeninhalt G	9	cm²
5	b =	4	cm	Mantelflächeninhalt M	120	cm²
6	c =	6	cm	Oberflächeninhalt O	138	cm²
7	h =	3	cm	Volumen V	72	cm³
8	h_K =	8	cm			

= B6 * B7/2
= (B4 + B5 + B6) * B8
= E5 + E4 * 2
= E4 * B8

Zwischenrunde

So schätze ich meine Leistung ein.

1 Flächeninhalte vergleichen und bestimmen ⇒ S. 80

a) Übertrage die Figuren ins Heft. Unterteile sie in gleiche Teilflächen und vergleiche die Flächeninhalte.

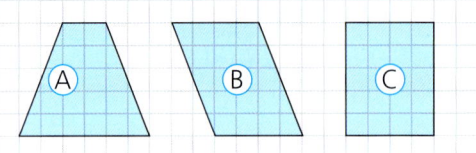

b) Welche Aussagen sind richtig?
   Ⓐ Wenn zwei Figuren deckungsgleich sind, dann haben sie den gleichen Flächeninhalt.
   Ⓑ Wenn zwei Figuren den gleichen Flächeninhalt haben, dann sind sie deckungsgleich.
   Ⓒ Wenn zwei Figuren zerlegungsgleich sind, dann haben sie den gleichen Flächeninhalt.

2 Flächeninhalt von Parallelogrammen berechnen ⇒ S. 82, 83

a) Berechne geschickt die Flächeninhalte der Parallelogramme.

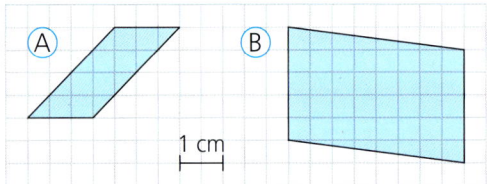

b) Der Flächeninhalt des Parallelogramms beträgt 17,6 cm². Berechne die Höhe.

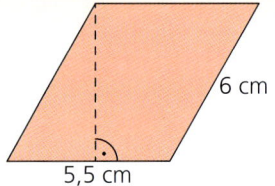

3 Flächeninhalt von Dreiecken berechnen ⇒ S. 84, 85

a) Berechne den Flächeninhalt der Dreiecke, die du mit diesen Angaben berechnen kannst.

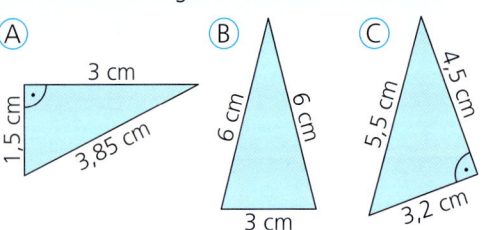

b) Berechne fehlende Größen.

	Ⓐ	Ⓑ	Ⓒ
Grundseite g	4,5 cm	6 cm	■
Höhe h	4,2 cm	■	12,4 m
Flächeninhalt A_D	■	9,6 cm²	37,2 m²

4 Flächeninhalt von Vielecken berechnen ⇒ S. 86, 87

a) Die Giebelseite der Lagerhalle soll gestrichen werden. Wie viele m² sind das?

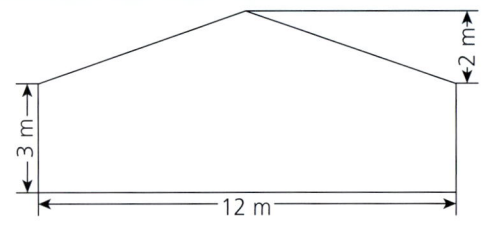

b) Die Schablone wird auf Vorderseite und Rückseite beschichtet. Wie groß ist die beschichtete Fläche?

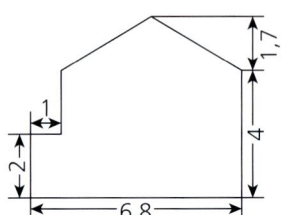

Maße in cm

5 Oberflächeninhalt von Prismen berechnen ⇨ S. 92

a) Angegeben sind die Grundflächen von Prismen mit einer Körperhöhe von 6 cm. Berechne jeweils den Mantelflächeninhalt. (Maße in cm)

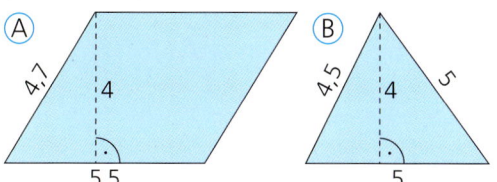

b) Berechne den Oberflächeninhalt des Werkstücks.

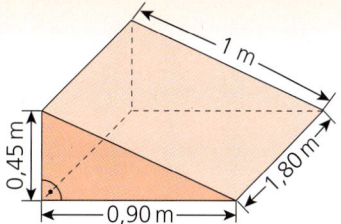

6 Volumen von Prismen berechnen ⇨ S. 94, 95

a) Berechne das Volumen des Prismas. (Maße in cm)

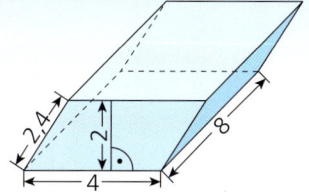

b) Das Prisma hat ein Volumen von 2100 cm³. Wie groß ist die Höhe h der Grundfläche?

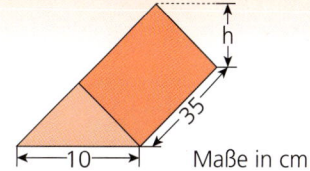

7 Größen mit dem Computer berechnen ⇨ S. 97

a) Worum geht es? Überprüfe die Formeln ① und ② sowie die zugehörigen Ergebnisse.

b) Welche Formeln sind bei ③ und ④ einzugeben?

	A	B	C	D	E	F	G	H
1	Vierseitiges Prisma							
2	(Grundfläche: Parallelogramm)							
3							① = B5 * B7	
4	Gegeben			Gesucht	Lösung			
5	a =	4,8	cm	Grundflächeninhalt G	24	cm²	② = (2 * B5 + 2 * B6) * B8	
6	b =	6	cm	Mantelflächeninhalt M	118,8	cm²		
7	h_a =	5	cm	Oberflächeninhalt O	166,8	cm²		
8	h_K =	5,5	cm	Volumen V	132	cm³	③	
9								
10				④				
11								
12								

8 Größen an zusammengesetzten Körpern berechnen ⇨ S. 96, 97

a) Berechne das Volumen des Körpers.

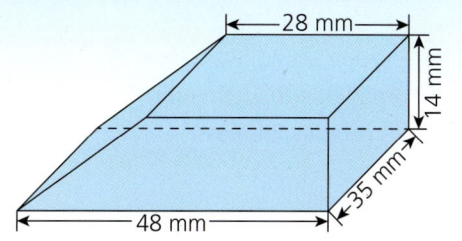

b) Wie schwer ist das Werkstück aus Eisen, wenn 1 cm³ 7,8 g wiegt?

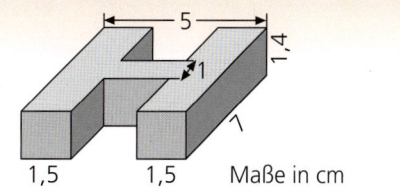

Auf einen Blick

Flächeninhaltsgleiche Figuren

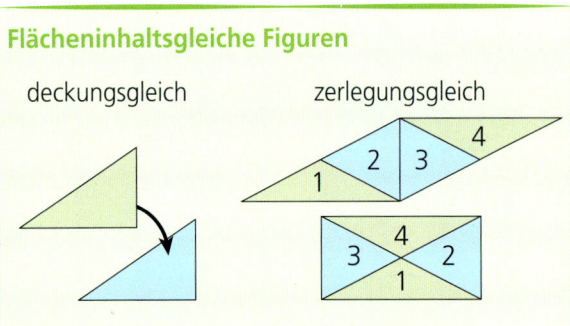

deckungsgleich   zerlegungsgleich

Flächeninhalt von Vierecken und Dreieck

$A_R = a \cdot b$ \qquad $A_Q = a \cdot a$

$A_P = a \cdot h$

$A_D = \dfrac{g \cdot h}{2}$

Volumen und Oberflächeninhalt von Prismen

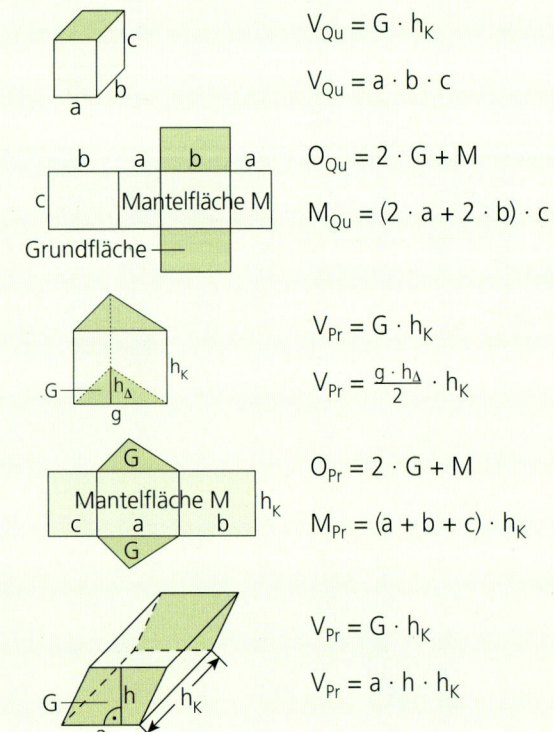

$V_{Qu} = G \cdot h_K$

$V_{Qu} = a \cdot b \cdot c$

$O_{Qu} = 2 \cdot G + M$

$M_{Qu} = (2 \cdot a + 2 \cdot b) \cdot c$

$V_{Pr} = G \cdot h_K$

$V_{Pr} = \dfrac{g \cdot h_\Delta}{2} \cdot h_K$

$O_{Pr} = 2 \cdot G + M$

$M_{Pr} = (a + b + c) \cdot h_K$

$V_{Pr} = G \cdot h_K$

$V_{Pr} = a \cdot h \cdot h_K$

---

1 Übertrage die drei Figuren einer Reihe ins Heft. Weise nach, dass sie jeweils den gleichen Flächeninhalt haben. Zerlege und nummeriere entsprechend.

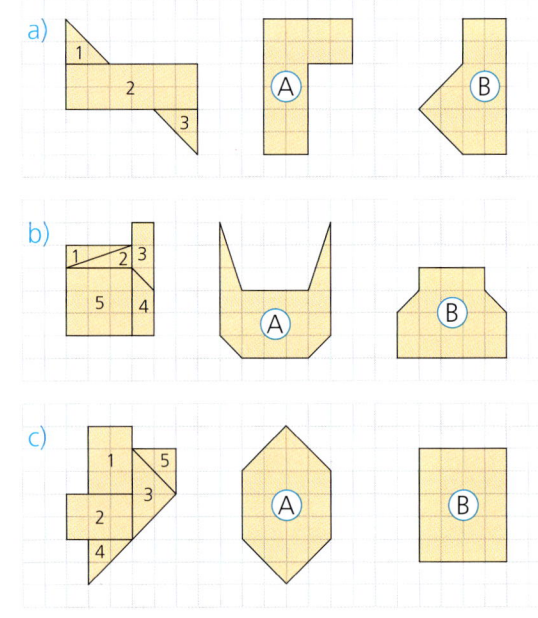

2 a) Berechne Umfang und Flächeninhalt der Rechtecke. Rechne im Kopf.
b) Wie heißt das Rechteck, das bei gleichem Umfang den größten Flächeninhalt hat?

	A	B	C	D
Länge	16 cm	14 cm	12 cm	10 cm
Breite	4 cm	6 cm	8 cm	10 cm

3 Übertrage die Dreiecke.
Berechne den Flächeninhalt jeweils über die angegebene Grundlinie und die dazugehörige Höhe. Entnimm die Maße der Zeichnung.

a) 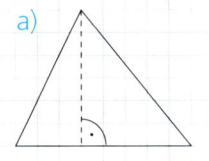 \qquad b)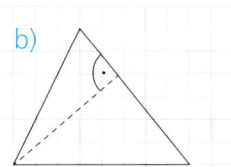

4 Berechne aus Grundfläche und Körperhöhe ($h_K = 60$ mm) das Volumen des Prismas.

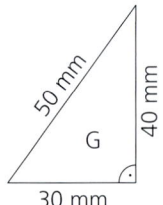

50 mm, 40 mm, 30 mm, G

5 a) Übertrage die Figuren. Berechne Umfang und Flächeninhalt.

b) Wie groß sind jeweils Umfang und Flächeninhalt, wenn die Figuren im Maßstab 1 : 10 (1 : 100) gezeichnet sind?

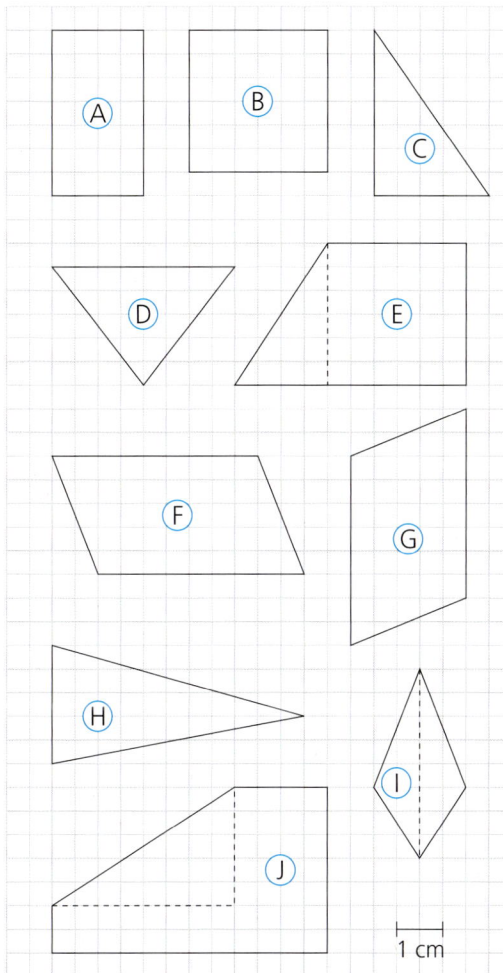

6 Berechne Oberflächeninhalt und Volumen.

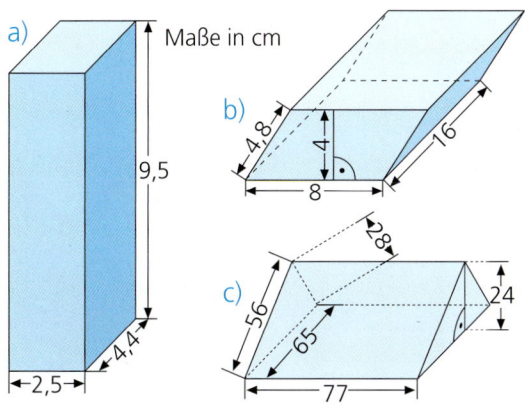

7 Der quaderförmige Holzklotz wurde zur Hälfte in Farbe getaucht. Gib die Größe der blauen Fläche an. Finde mindestens zwei verschiedene Rechenwege.

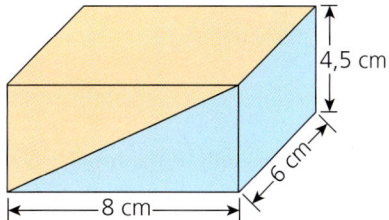

8 Ein Würfel ist in vier Prismen und einen Quader aufgeteilt. Berechne das Volumen jedes Teilkörpers auf verschiedene Art. Vergleiche in der Gruppe.

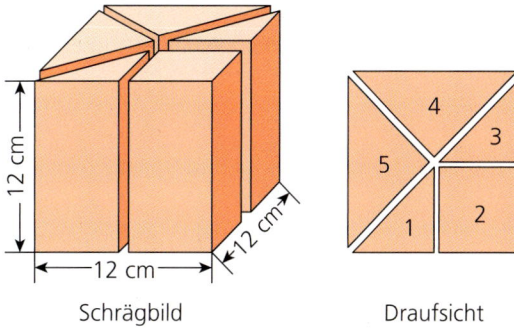

Schrägbild   Draufsicht

9 In einem quaderförmigen Heizöltank steht das Öl 0,60 m hoch. Die Grundfläche ist 3 m lang und 2,50 m breit.

a) Wie viele Liter sind in dem Tank?

b) Wie hoch würde das Öl bei einem Inhalt von 9 000 l stehen?

10 Arbeitet zu zweit. Skizziert die Lösungen auf einem Blatt.

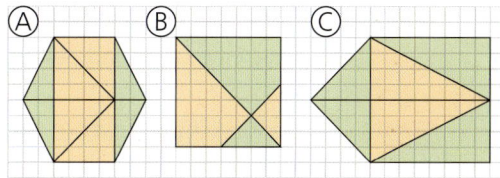

a) Legt aus den Teilen des Sechsecks Ⓐ ein Rechteck.

b) Legt die Teile des Quadrats Ⓑ zu einem neuen Quadrat gleicher Größe um.

c) Legt mit den Teilen der Figur von Ⓒ ein Quadrat.

Abschlussrunde

1 Weise nach, dass alle Figuren den gleichen Flächeninhalt haben. Übertrage dazu die Figuren ins Heft, zeichne jeweils die Teilflächen ein und nummeriere entsprechend.

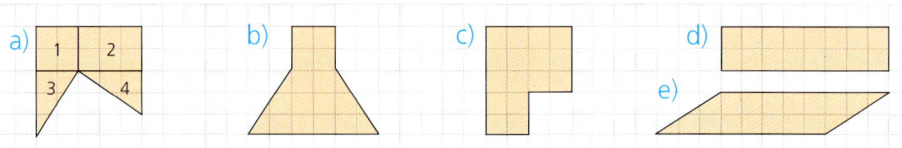

2 Bei zwei Dreiecken reichen die Maßangaben aus, um die Fläche zu berechnen. Berechne.

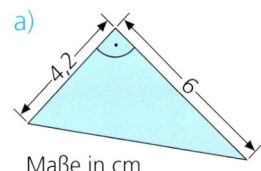 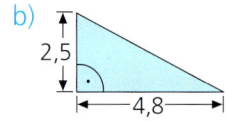 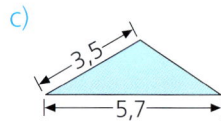

Maße in cm

3 Berechne die fehlenden Größen bei den Rechtecken bzw. Parallelogrammen.

	a	b	u_R	A_R		a	h	A_P
a)	11,6 cm	4,6 cm	■	■	c)	12,5 cm	2,3 cm	■
b)	4,5 m	■	■	16,2 m²	d)	4,5 m	■	27,9 m²

4 Das ist die Grundfläche eines dreiseitigen Prismas mit einer Körperhöhe von 6 cm. Berechne sein Volumen.

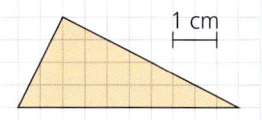

5 Berechne jeweils den Oberflächeninhalt der Körper.

a) 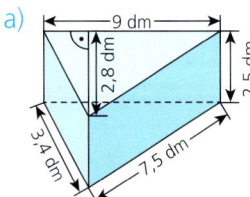   b)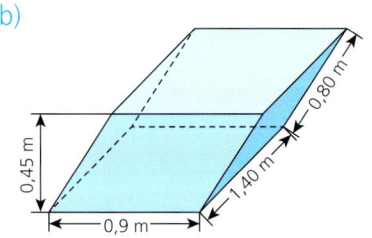

6 Ein Quader ist 38 mm lang und 35 mm breit. Sein Volumen beträgt 5 586 mm³. Finde eine Frage und berechne.

7 Die Werkstücke sind aus Holz.
 a) Überlege und wähle passend für Holz:
    1 cm³ wiegt 0,7 g – 4,5 g – 7,8 g.
 b) Wie schwer ist das Werkstück Ⓐ?
 c) Wie viel schwerer ist Werkstück Ⓑ?

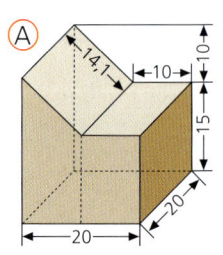 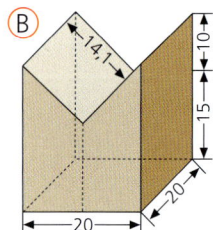

Maße in cm

Kreuz & Quer

Zahlen und Operationen

1

	Grundwert	Prozentsatz	Prozentwert
a)	2 380 €	16 %	■
b)	■	25 %	3,5 m²
c)	205 kg	■	71,75 kg
d)	4 500 l	56 %	■
e)	■	3 %	111,09 €
f)	250 m	■	50 dm

2 Berechne.
  a) $7,5 - 3,2 - 5,1$
  b) $-7,2 - 2,5 - 3,4$
  c) $-8,5 + 2,25 - 6,25$
  d) $-4\frac{1}{4} + \frac{1}{2} - 5\frac{1}{8}$
  e) $-4,65 \cdot 7$
  f) $-0,25 \cdot 100 + 12,2$
  g) $-92,4 : 7$
  h) $-135,7 : 5 - 5$

3 Herr Liebig überweist eine Autoreparaturrechnung in Höhe von 650,95 €. Sein neuer Kontostand wird mit 313,68 S angegeben. Berechne den alten Kontostand.

Größen und Messen

1 <, > oder =?
  a) 60 t ■ 60 000 kg
  b) 5 600 g ■ 5 kg 60 g
  c) 19 g ■ 19 000 mg
  d) 7 kg 5 g ■ 7 050 g
  e) 2 820 mg ■ 282 g
  f) 50 kg 6 g ■ 50 006 g

2 Gib in cm³ bzw. dm³ an.

Raum und Form

1 Übertrage die Tabelle und ordne ein.

	spitzwinklig	rechtwinklig	stumpfwinklig
gleichseitig			
gleichschenklig			
allgemein			

2 Zeichne zu den Grundflächen der beiden Prismen jeweils ein Netz. Die Körperhöhe beträgt 4 cm.

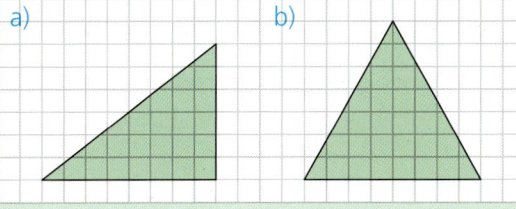

Daten und Zufall

1 In Nürnberg wurde eine Woche lang täglich um 12 Uhr die Temperatur gemessen.

Tag	Mo	Di	Mi	Do	Fr	Sa	So
°C	3	7	6	10	12	10	8

  a) Bestimme den Durchschnittswert.
  b) An welchen Tagen lag die Temperatur über, an welchen unter dem Durchschnitt?

2 In der Sophie-Scholl-Mittelschule gibt es drei 7. Klassen. Die Tabelle zeigt, wie viele Mädchen und Jungen jeweils in einer Klasse sind.

Klasse	7a	7b	7c
Mädchen	12	■	11
Jungen	■	13	■
gesamt	23	22	24

  a) Übertrage die Tabelle in dein Heft und ergänze fehlende Angaben.
  b) Stelle alle Daten in einem geeigneten Diagramm dar.

Aufwärmrunde

So schätze ich meine Leistung ein.

1 Rechenregeln und Rechengesetze anwenden

a) Berechne.
- Ⓐ 15 : 3 + 6
- Ⓑ 6 · 7 + 8
- Ⓒ 64 + 78 + 36
- Ⓓ 5 · 17 · 2

b) Berechne.
- Ⓐ 5 + 3,5 · 2 − 6
- Ⓑ (4,2 + 3,8) · 2 + 4
- Ⓒ 4,3 − 2,8 + 2,7 − 1,2
- Ⓓ 0,125 · 7 · 9,2 · 8

2 Rechenausdrücke aufstellen und berechnen

a) Notiere einen Rechenausdruck und berechne. Herr Schatz kauft zwei T-Shirts, zwei Paar Socken und eine Kappe. Wie viel muss er zahlen?

12 €
7,50 €
2,50 €

b) Notiere einen Rechenausdruck und berechne. Frau Hofmann kauft ein T-Shirt, drei Paar Socken und zwei Shorts. Sie bezahlt 45 €. Wie teuer ist eine Short?

3 Zahlenrätsel lösen

a) Ordne Text und Rechenausdruck einander zu und löse mit der Umkehraufgabe.

- Ⓐ Multipliziere eine Zahl mit 3 und du erhältst −12.
- Ⓑ Subtrahiere von einer Zahl 3 und du erhältst 12.

1 ■ − 3 = 12
2 ■ · 3 = −12

b) Löse die Zahlenrätsel.

- Ⓐ Wenn du eine Zahl durch 3 dividierst und dann 25 addierst, erhältst du 30.
- Ⓑ Wenn du eine Zahl mit 4 multiplizierst und dann 7 subtrahierst, erhältst du 41.

4 Mit rationalen Zahlen rechnen

a) Berechne.
- Ⓐ 4 − 8 = ■
- Ⓑ −4 − 8 = ■
- Ⓒ −4 · 8 = ■
- Ⓓ −4 : 8 = ■

b) Berechne.
- Ⓐ 4,2 − ■ = −1,4
- Ⓑ −4,2 + ■ = −1,4
- Ⓒ −4,2 : ■ = −1,4
- Ⓓ −4,2 · ■ = −16,8

5 Geometrieaufgaben mit Formeln berechnen

a) Berechne die gesuchte Größe mit der passenden Formel.

- Ⓐ A = 48 m², a = 8 m, b
- Ⓑ u = 36 cm, a = 10 cm, b

b) Suche die passende Formel und löse.
- Ⓐ Ein Grundstück ist 650 m² groß und 25 m breit. Wie lang ist es?
- Ⓑ Ein Grundstück soll eingezäunt werden. Es ist 28 m lang und 16 m breit. Wie viele Meter Zaun werden benötigt, wenn eine 4 m breite Einfahrt offen bleiben soll?

5 Gleichungen

Einstieg

- Herr und Frau Lobinger wollen in den Urlaub fahren. Sie bekommen zwei Angebote. Wovon hängt die Entscheidung für ein Angebot wohl ab?
- Aus den Rechenausdrücken kannst du herauslesen, was die Lobingers planen. Erkläre.
- Welches Angebot ist für sie günstiger?
- Welche Rechenausdrücke ergeben sich, wenn sie 8 Tage unterwegs sind und insgesamt 660 km fahren?

Ausblick

In diesem Kapitel lernst du
- zu Sachsituationen Terme aufzustellen.
- Terme unter Beachtung von Rechenregeln und Rechengesetzen zu vereinfachen sowie ihren Wert zu berechnen.
- Gleichungen verschiedenartig zu lösen.
- Sach- und Geometrieaufgaben mithilfe von Gleichungen zu bearbeiten.

Terme bilden

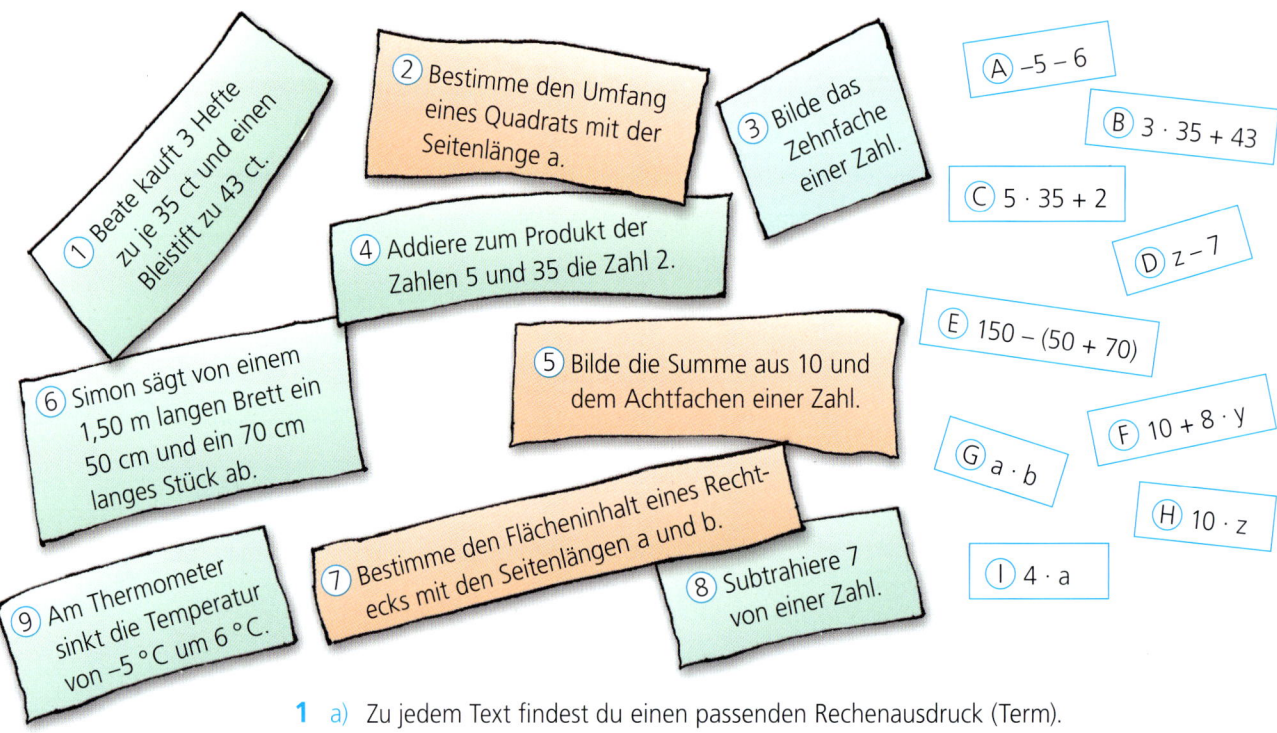

1. a) Zu jedem Text findest du einen passenden Rechenausdruck (Term). Ordne zu und begründe.
   b) Welche Terme kannst du berechnen, welche nicht? Begründe.
   c) Bei welchen Termen kommen Variablen (Platzhalter) vor? Setze für die Variablen selbst gewählte Zahlen ein und berechne die Werte der Terme.

Term
Variable

> Terme sind Verknüpfungen von Zahlen und/oder Variablen durch Rechenzeichen.
> $3 \cdot 35 + 49$ $10 + 8 \cdot y$ $a \cdot b$

2. Stelle jeweils den Term auf.
   a) Eine Kugel Eis kostet 1,10 €. Irmgard nimmt vier Kugeln.
   b) In einem Schulgarten werden zehn Reihen Blumenkohl gepflanzt, in jeder Reihe stehen vier Pflänzchen.
   c) Monika hat x € im Geldbeutel. Davon gibt sie 15 € für ein Buch und 3 € für eine Zeitschrift aus.
   d) Markus leiht sich von Eva 1,50 € und von Martin 2,50 €.
   e) Die Temperatur sinkt von −3 °C um 5 °C.
   f) Die Temperatur beträgt x °C. Sie sinkt um 2 °C.
   g) Die Temperatur steigt von 4 °C um 4 °C.
   h) Die Temperatur beträgt x °C. Sie steigt um 9 °C.

TIPP!
Denke an einen Einkauf im Supermarkt, beim Metzger oder anderswo. Auch geometrische Berechnungen (Umfang, Flächeninhalt) können eine Rolle spielen.

3. Formuliere kleine Textaufgaben zu diesen Termen.
   a) $3 \cdot 90$ ct $+ 2 \cdot 80$ ct
   b) $4 \cdot 6$ m
   c) $5 \cdot 0{,}89$ € $+ 10 \cdot 0{,}89$ €
   d) 5 m $\cdot 5$ m
   e) $3 \cdot 12$ € $+ 2 \cdot 15$ €
   f) $2 \cdot 5$ kg $+ 2 \cdot 1{,}5$ kg
   g) $2 \cdot 4$ m $+ 2 \cdot 5$ m
   h) 100 g $+ 3 \cdot 150$ g
   i) $18{,}5$ km $+ 3 \cdot 15$ km

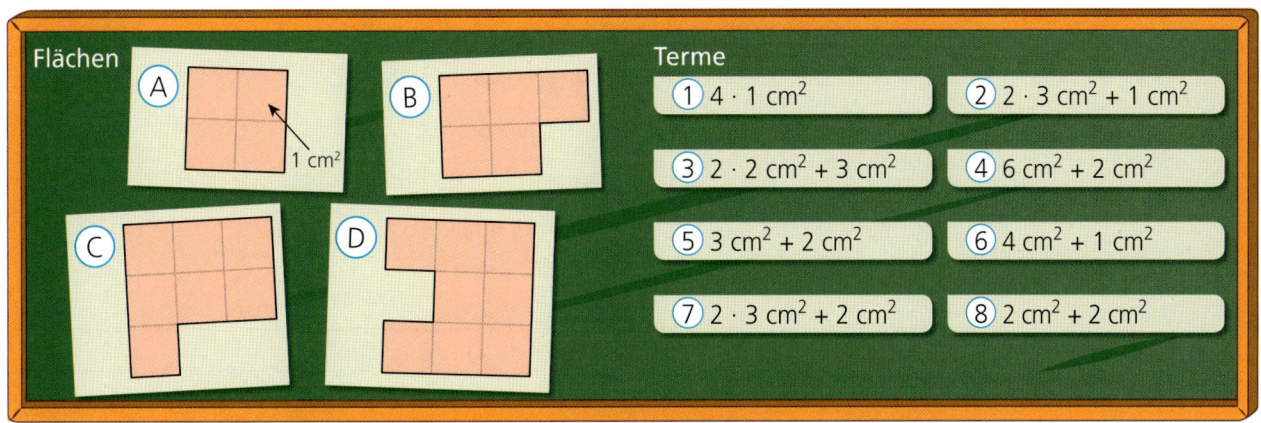

4 Finde für jede Fläche mögliche Terme zur Berechnung des Flächeninhalts. Begründe.

5 Ordne jedem Text den entsprechenden Term zu.

6 Formuliere zu jedem Term einen Text wie in Aufgabe 5.

a) 42 · 7   b) –42 : 6   c) 6 : 42   d) 42 + 7   e) 42 – 7   f) 7 – 42

7 Notiere jeweils einen Term.
a) der vierte Teil einer Zahl
b) eine um 4 verminderte Zahl
c) das Fünffache einer Zahl
d) eine um 8 vergrößerte Zahl
e) die Differenz aus einer Zahl und 3
f) die Summe aus –4 und einer Zahl
g) das Produkt aus einer Zahl und 10
h) der Quotient aus einer Zahl und 8

8 Ordne den richtigen Term zu. In der Reihenfolge der Aufgaben erhältst du ein Lösungswort.

1 Subtrahiere vom Dreifachen einer Zahl 5.	2 Addiere zum Dreifachen einer Zahl 5.
3 Subtrahiere von einer Zahl 5 und multipliziere die Differenz mit 3.	4 Addiere zu einer Zahl 5 und multipliziere die Summe mit 3.
5 Subtrahiere von einer Zahl 5 und dividiere die Differenz durch 3.	6 Addiere zu einer Zahl 5 und dividiere die Summe durch 3.

K $3 \cdot x - 5$
H $(x + 5) \cdot 3$
N $(x + 5) : 3$
E $(x - 5) : 3$
U $3 \cdot x + 5$
C $(x - 5) \cdot 3$

Rechengesetze kennen und anwenden

a	b	c	(a + b) · c	a · c + b · c
4	5	6	54	■
7	3	9	90	■
3	11	5	■	■
4	6	3	■	■

x	y	z	(x − y) : z	x : z − y : z
16	12	4	1	■
35	25	5	2	■
63	49	7	■	■
99	54	9	■	■

1 a) Übertrage die Tabellen in dein Heft und fülle sie aus.
   b) Vergleiche die Ergebnisse. Was stellst du fest?

Verteilungsgesetz (Distributivgesetz)

Verteilungsgesetz (Distributivgesetz)	
der Multiplikation	der Division
$(5 - 4) \cdot 5$ $6 \cdot 4 + 6 \cdot 5$	$(16 - 12) : 4$ $35 : 5 + 15 : 5$
$= 5 \cdot 5 - 4 \cdot 5$ $= 6 \cdot (4 + 5)$	$= 16 : 4 - 12 : 4$ $= (35 + 15) : 5$
$= 25 - 20$ $= 6 \cdot 9$	$= 4 - 3$ $= 50 : 5$
$= 5$ $= 54$	$= 1$ $= 10$

2 Versuche das Verteilungsgesetz mit eigenen Worten zu beschreiben.

3 Wende das Verteilungsgesetz an und berechne.
a) (48 + 120) : 12
b) (99 − 63) : 9
c) 7 · (9 + 10)
d) 8 · (100 − 25)
e) (50 + 7) · 4
f) (90 − 7) · 3
g) 16 · 4 + 9 · 4
h) 19 · 9 − 16 · 9
i) 8 · 17 + 2 · 17
j) 17 : 4 − 9 : 4
k) 38 : 5 + 12 : 5
l) 112 : 8 − 104 : 8

Lösungen zu 3 und 5:

4500	4	120
1	228	133
7000	600	2
14	10	100
700	249	27
20	10,9	170
650	90	630
20	10	58,8

4 Wo werden jeweils Rechenvorteile genutzt? Erläutere.

Ⓐ
```
   123 + 14 + 16         123 + 14 + 16
= 123 + (14 + 16)      = (123 + 14) + 16
= 123 +    30          =    137    + 16
=        153           =       153
```

Ⓑ
```
    9 · 4 · 25              9 · 4 · 25
= 9 · (4 · 25)          = (9 · 4) · 25
= 9 ·  100              =   36  · 25
=     900               =      900
```

Verbindungsgesetz (Assoziativgesetz)

Bei der Addition und der Multiplikation darf man Zahlen beliebig zusammenfassen.
Es gilt das Verbindungsgesetz (Assoziativgesetz).

```
   76 + 13 + 17        76 + 13 + 17       7 · 5 · 12         7 · 5 · 12
= 76 +   30         =   89   + 17      = 7 ·  60          =  35  · 12
=    106            =      106         =    420           =     420
```

5 Wende das Verbindungsgesetz so an, dass Rechenvorteile entstehen.
a) 9 · 4 · 125
b) 7 · 8 · 125
c) 13 · 2 · 5 · 5
d) 64 + 16 + 27 + 13
e) 39 + 11 + 18 + 22
f) 433 + 87 + 96 + 14
g) 4 · 17,5 · 5 · 2
h) 8 · 2,5 · 5 · 0,2
i) 1,25 · 8 · 0,25 · 4
j) 3,9 + 2,7 + 4,3
k) 27,3 + 12,7 + 18,8
l) $3\frac{1}{7} + 4\frac{6}{7} + 7\frac{3}{5} + 4\frac{2}{5}$

6 Wodurch entstehen jeweils Rechenvorteile?

Ⓐ
```
  46 + 78 + 54 + 22          46 + 78 + 54 + 22
= 46 + 54 + 78 + 22       =  124  + 54 + 22
=  100  +  100            =    178   + 22
=       200               =       200
```

Ⓑ
```
  125 · 3 · 8 · 10           125 · 3 · 8 · 10
= 125 · 8 · 3 · 10        =  375 · 8 · 10
=   1000 · 30             =   3000 · 10
=     30 000              =     30 000
```

> Bei der Addition und Multiplikation darf man Zahlen beliebig vertauschen.
> Es gilt das Vertauschungsgesetz (Kommutativgesetz).
>
> 32 + 27 + 8 + 13 = 32 + 8 + 27 + 13   5 · 7 · 2 · 6 = 5 · 2 · 7 · 6
>   = 40 + 40 = 80   = 10 · 42 = 420

Vertauschungsgesetz (Kommutativgesetz)

7 Wende das Vertauschungsgesetz geschickt an und berechne.
a) 26 + 57 + 14
b) 9,5 + 6,8 + 0,5
c) 33,8 + 5,9 + 3,2
d) 9,9 + 6,6 + 1,1
e) 125 · 5 · 4 · 2
f) 25 · 7 · 4 · 9
g) 250 · 17 · 4 · 2
h) 4 · 24 · 5 · 5

Lösungen zu 7:		
6 300	17,6	16,8
34 000	42,9	97
2 400	5 000	

8 Erkläre die Rechenwege.

a) *Geschickt zusammenfassen!*
```
  25 − 7 − 12 + 6        4,5 + 1,7 − 1,5
= 31 − 7 − 12         =   3 + 1,7
= 31 −  19            =     4,7
=     12
```

b) *Vorteilhaft ausklammern!*
```
  17 · 43 − 17 · 38       3 · 7 + 8 · 7
= 17 · (43 − 38)       = (3 + 8) · 7
= 17 ·   5             =   11  · 7
=     85               =     77
```

9 Berechne geschickt.
a) 9,8 − 6,3 − 1,7
b) 417 − 208 − 492 + 483
c) 555 − 63 − 37 − 155
d) 4 · 3,5 + 6 · 3,5
e) 17 : 5 + 13 : 5
f) 7,5 · 12 − 7,5 · 2
g) 9,11 + 7,25 − 3,11
h) 3,1 · 6,2 − 3,1 · 4,2
i) 967 + 48 + 62 − 77
j) 8,2 : 3 + 3,8 : 3
k) 2 406 + 88 − 306 + 212
l) 9,6 : 4 − 5,6 : 4

TIPP! *Jeden Rechenschritt in eine neue Zeile und „=" unter „=" setzen.*

10 Erkläre die Beispiele. Löse dann ebenfalls vorteilhaft.

Ⓐ
```
    6 · 84
= 6 · 80 + 6 · 4
=  480  + 24
=     504
```

Ⓑ
```
    8 · 78
= 8 · 80 − 8 · 2
=  640  − 16
=     624
```

a) 5 · 63
b) 7 · 25
c) 4 · 93
d) 36 · 8
e) 42 · 9
f) 81 · 7
g) 6 · 68
h) 4 · 78
i) 9 · 99
j) 58 · 4
k) 39 · 8
l) 49 · 3

Lösungen zu 9 bis 11:		
6,2	147	378
6	75	312
567	4	35
425	1 000	1
2 400	76	232
891	13,25	315
312	175	300
372	200	200
1,8	288	408

11 Jeweils drei verschiedene Terme, doch stets dasselbe Ergebnis. Erkläre.
a) 12 · 17 + 13 · 17
   17 · 12 + 17 · 13
   17 · (12 + 13)

b) (15 + 8) · 11 − 53
   15 · 11 + 8 · 11 − 53
   11 · 15 − 53 + 11 · 8

c) 46 + 6 · 19 − 150 + 6 · 11
   46 + 6 · 19 + 6 · 11 − 150
   46 + (19 + 11) · 6 − 150

Terme aufstellen und berechnen

1 Ein Freizeitpark kostet 8 € Eintritt. Für jede Fahrt mit der Achterbahn zahlt man 2,50 €.

a) Mit welchem Term kann man die Gesamtkosten für beliebig viele Achterbahnfahrten berechnen?

$8 + x + 2{,}50$ $8 \cdot x + 2{,}50$ $8 + x \cdot 2{,}50$

b) Berechne mithilfe des Terms, was die Kinder insgesamt ausgegeben haben.

	Monika	Anna	Johann
Fahrten	4	7	9

2 Der Eintritt in das Freilichtmuseum kostet für Kinder 2 €. Dazu kommen 20 € für die Führung der Gruppe.

a) Welcher Term beschreibt den Gesamtpreis für eine beliebige Anzahl von Kindern?

b) Berechne den Gesamtpreis mithilfe des Terms, wenn die Gruppe aus 15 (20; 22; 25) Kindern besteht.

A $20 \cdot x + 2$
B $2 \cdot x - 20$
C $20 \cdot x - 2$
D $2 \cdot x + 20$

3 a) Eine Ferienwohnung kostet pro Tag 65 €. Dazu kommen 45 € für die Endreinigung. Übertrage die Tabelle ins Heft und berechne den Gesamtpreis für 7 (10; 12; 14; 21) Tage Aufenthalt.

Tage	Term	Gesamtpreis (€)
7	$65 \cdot 7 + 45$	
10	$65 \cdot$	

b) Im Getränkemarkt zahlt man Pfand: 0,08 € für jede Glasflasche und 3,30 € für den Kasten. Berechne das Pfand für einen Kasten mit 10 (20; 24) Flaschen.

Flaschen	Term	Pfand (€)
10	■ · 10 + ■	
20		

4

12,50 m   13,90 m   13,90 m   13,90 m   13,90 m

a) Stelle einen Term auf, mit dem die Gesamtlänge des Zuges mit beliebig vielen Waggons berechnet werden kann.

b) Bestimme die Zuglänge für 3 (4; 6; 9) Waggons.

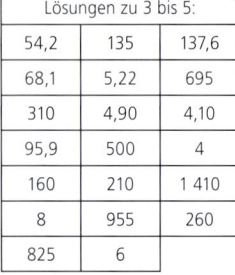

Lösungen zu 3 bis 5:		
54,2	135	137,6
68,1	5,22	695
310	4,90	4,10
95,9	500	4
160	210	1 410
8	955	260
825	6	

5 Miriam möchte für ihre Modelleisenbahn einen Zug kaufen. Die Lokomotive kostet 85 €, der Preis für einen Waggon beträgt 25 €.

a) Stelle einen Term auf, mit dem Miriam den Gesamtpreis für Züge beliebiger Länge berechnen kann.

b) Miriam möchte einen Zug mit 2 (3; 5; 7; 9) Waggons. Berechne jeweils den Gesamtpreis.

c) Wie viele Waggons hat Miriam gekauft, wenn sie 185 € (235 €; 285 €) bezahlt hat?

6 Familie Held plant eine 14-tägige Urlaubsreise. Zur Auswahl stehen drei Routen, die 2 700 km, 3 400 km bzw. 4 200 km lang sind.

a) Stelle einen Term auf, mit dem Familie Held die Gesamtkosten für jedes Wohnmobil berechnen kann.

b) Für welches Angebot wird sich Familie Held wohl entscheiden?

7 Frau Muggenthaler fährt Taxi. Für jeden begonnenen Kilometer berechnet sie 1,80 €, dazu kommt eine einmalige Grundgebühr von 3,40 €.

a) Stelle einen Term auf, mit dem du den Gesamtpreis für Fahrten beliebiger Strecken berechnen kannst.

b) Berechne den Fahrpreis für 2 km (4 km; 6 km; 8 km; 10 km).

c) Wie groß ist die Fahrstrecke, wenn der Gesamtpreis 8,80 € (12,40 €) beträgt?

8 Zur Abgrenzung eines Spielplatzes ist eine Hecke geplant. Für einen Meter braucht man vier Thujen. Eine Pflanze kostet 3,50 €. Für die Anlieferung verlangt die Baumschule einmalig 60 €.

a) Stelle einen Term auf, der die Kosten für beliebig viele Meter Hecke angibt.

b) Berechne die Kosten für 25 m (30 m; 35 m; 42 m) Hecke.

Lösungen zu 6 bis 8:		
2 180	7	550
10,60	2 070	410
2 480	14,20	2 320
648	3	2 280
2 520	480	17,80
21,40	5	

9 Eine Seitenlänge ist jeweils x cm lang. Notiere einen Term für den Umfang jeder Figur.

a) 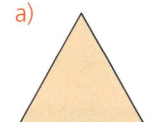 b)  c) 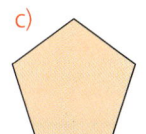 d)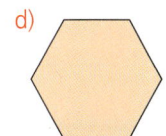

10 Das Kantenmodell eines Würfels soll aus Draht hergestellt werden.

a) Notiere einen Term für die Länge des benötigten Drahts.

b) Berechne die Länge des benötigten Drahts bei der Kantenlänge $a = 5$ cm (8 cm).

c) Tobias hat für sein Würfelkantenmodell 180 cm (216 cm) Draht gebraucht.

Lösungen zu 9 bis 11:		
6x	14	3x
60	5x	96
18	12a	15
4x	7	

11 Für das Kantenmodell eines Quaders, der doppelt so breit wie hoch ist, wurden insgesamt 116 cm Draht benötigt. Berechne Breite und Höhe.

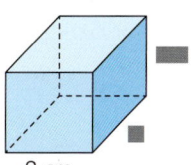

Terme aufstellen und vereinfachen

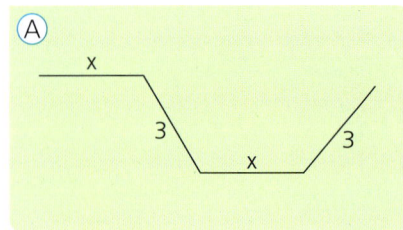
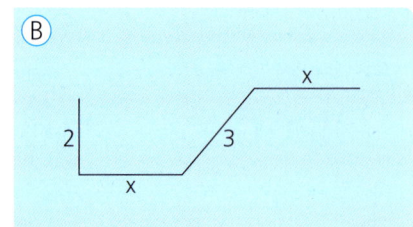
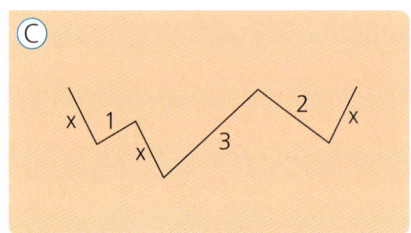

① 2 · x + 5   ② 3 · x + 6   ③ 2 · x + 6   ④ 2 · x + 3 + 2   ⑤ x + 3 + x + 3

⑥ x + 1 + x + 3 + 2 + x   ⑦ 2 + x + 3 + x   ⑧ 3 · x + 1 + 3 + 2   ⑨ 2 · x + 3 + 3

1 a) Ordne den Streckenzügen passende Terme zu.
b) Erkläre, wie die Terme des jeweils zugehörigen Streckenzuges vereinfacht wurden.

Variable und Zahlen zusammenfasen

Man kann gleiche Glieder zusammenfassen und den Term so vereinfachen. Zwischen Zahl und Variable darf man den Malpunkt weglassen.

$x + x + x + x + x = 5 \cdot x = 5x$

$y + 4 + y + 3 + y = 3 \cdot y + 7 = 3y + 7$

Lösungen zu 2:		
24y	−2y	30x
7y	y	4x
10x	3x	22y

2 Vereinfache.
a) x + x + x
b) 4y + y + 2y
c) 4x + x − 2x + x
d) 15y − y + y · 10
e) 24y + y · 6 − 8y
f) 25y − y · 10 − y · 15 − 2y
g) 28x + x · 10 − 8x
h) 12y − y · 5 − 6y
i) 25x − 8x − x · 5 − 2x

3 Übertrage die Tabellen ins Heft, fülle sie aus und vergleiche die Ergebnisse (Erg.).

a)
x	4x + 2 + x	Erg.
4		
5		

b)
x	5x + 2	Erg.
4		
5		

c)
x	5x + 9 − 7	Erg.
4		
5		

TIPP! *Zwei Terme passen nicht.*

4 Schreibe gleiche Terme untereinander. Überprüfe durch Rechnung, indem du für x die Zahl 5 einsetzt.

4x − 2   4x − 5 · 4   x + 9 + 2x − 5   9x + 5 − 5x − 7   2x − 10   2x − 2 + 2x   7x + 8 − 4x − 4   3x + 4

5 Erkläre das Beispiel und vereinfache ebenso.

$$5x + 10 − 2x − 8 + x$$
$$= \underbrace{5x − 2x + x}_{4x} + \underbrace{10 − 8}_{2}$$

a) 10 + 3x + x + 7
b) 32y + 32 + 2y + 3
c) 8x + 6 − 5x − 2
d) 13a + 3 − 4a − 8
e) 4y + 5 − y − 2
f) 3 + 2y + 5 + y · 4
g) 13 + 3z + 4z − 5z + 2
h) 7v + 18 + v · 9 + v · 4

6 a) Notiere jeweils einen Term zur Bestimmung des Umfangs der Figuren. Vereinfache, wenn möglich.

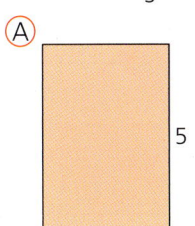
Ⓐ (Rechteck mit Seiten 5 und x)

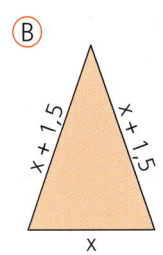
Ⓑ (Dreieck mit Seiten x + 1,5; x + 1,5 und x)

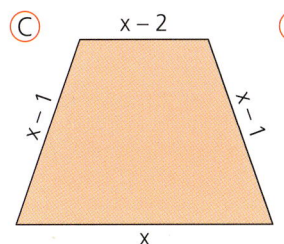
Ⓒ (Trapez mit Seiten x − 2, x − 1, x − 1, x)

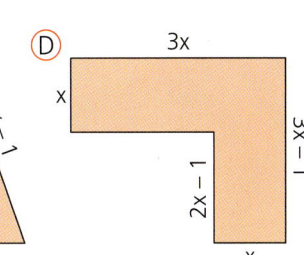
Ⓓ (L-Figur mit Seiten 3x, x, 2x − 1, 3x − 1, x)

Lösungen zu 6 und 7:		
31	4x − 4	3x + 3
46	12	2x + 10
12x − 2	6 200	15
18	7x − 800	1,55 x

b) Berechne den Umfang der Figuren für x = 4 cm.

7 Paul und sein Bruder Martin sind begeisterte Triathleten. Sie haben sich für einen Wettbewerb angemeldet.

Ⓐ Paul nimmt am Triathlon für Schüler teil. Hier ist die Schwimmstrecke 800 m kürzer als die Laufstrecke. Die Radfahrstrecke ist fünfmal so lang wie die Laufstrecke.
  a) Stelle einen Term zur Berechnung der Länge der Gesamtstrecke auf. Die Länge der Laufstrecke soll x sein.
  b) Paul läuft 1 000 m. Berechne die Länge der Gesamtstrecke.

Ⓑ Martin startet bei den Junioren in der Super-Sprint-Distanz. Die Länge der Schwimmstrecke beträgt $\frac{1}{20}$ der Länge der Radfahrstrecke, die Laufstrecke ist halb so lang wie die Radfahrstrecke.
  a) Bezeichne die Radfahrstrecke mit x und stelle einen Term für die Berechnung der Länge der Gesamtstrecke auf.
  b) Martin muss 20 km Radfahren. Wie lang ist die Gesamtstrecke?

Strategie

Terme aufstellen und vereinfachen

Um Terme aufzustellen, hilft dir oft diese Abfolge von Schritten:

Beispiel 1
Die Kosten für ein Wohnmobil betragen 250 €. Für jeden gefahrenen km fallen noch 25 ct an.

Beispiel 2
Gib einen Term für den Umfang eines Rechtecks an, bei dem die Breite die Hälfte der Länge beträgt.

① Variable festlegen | Anzahl der Kilometer: x | Länge: x

② Terme bilden | Kosten nach Anzahl der Kilometer: x · 0,25 € | Breite: 0,5 · x

③ Gesamtterm aufstellen | Gesamtkosten: 250 + x · 0,25 | Umfang: 2 · x + 2 · 0,5 · x

④ Gesamtterm vereinfachen | | Umfang: 2x + x = 3x

Gleichungen verschiedenartig lösen

1 Sandra spart für ein Fahrrad. Von ihrem Taschengeld legt sie monatlich 12 € zurück. Zum Geburtstag bekam sie Geldgeschenke von den Großeltern und ihrer Tante in Höhe von 285 €. Mit welcher Gleichung kann Sandra die Anzahl der Monate berechnen? Erkläre.

a) $285 - 12x = 357$
b) $x \cdot 12 + 285 = 357$
c) $12x = 357 + 285$

Lösen durch systematisches Probieren

2 Sandra findet zwei Möglichkeiten, die Anzahl der Monate zu berechnen. Erkläre.

a)
x	$x \cdot 12 + 285 = 357$	
3	$3 \cdot 12 + 285 = 321$	falsch
4	$4 \cdot 12 + 285 = 333$	falsch
5	$5 \cdot 12 + 285 = 345$	falsch
6	$6 \cdot 12 + 285 = 357$	richtig
7	$7 \cdot 12 + 285 = 369$	falsch

b)
x	$x \cdot 12 + 285 = 357$	
2	$2 \cdot 12 + 285 = 309$	zu klein
10	$10 \cdot 12 + 285 = 405$	zu groß
4	$4 \cdot 12 + 285 = 333$	zu klein
8	$8 \cdot 12 + 285 = 381$	zu groß
6	$6 \cdot 12 + 285 = 357$	richtig

Lösen durch Umkehraufgaben

3 Sandras Freundin Valentina erinnert sich an eine andere Lösungsmöglichkeit. Erkläre.

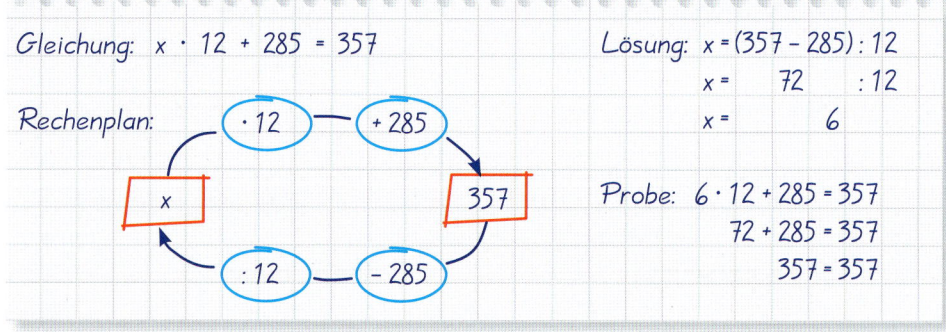

Gleichungen Lösungen

> Werden zwei Terme durch das Zeichen „=" (Gleichheitszeichen) verbunden, erhält man eine Gleichung. Kann man für eine Variable eine Zahl so einsetzen, dass beide Terme den gleichen Wert haben, ist diese Zahl die Lösung der Gleichung. Lösungen kann man durch Probieren oder Umkehraufgaben finden. Ob die Lösung stimmt, wird mit der Probe überprüft.

Lösungen zu 4:
6	–6	3
–10	5	7
9	2	

4 Löse durch systematisches Probieren.

a) $x \cdot 4 - 8 = 12$
b) $x \cdot 3 + 7 = 28$
c) $2x + 5 = 9$
d) $7x - 37 = 5$
e) $4x + 28 = 64$
f) $8x - 4 = 20$
g) $2x + 10 = -2$
h) $5x + 38 = -12$

5 Löse durch Umkehraufgaben. Mache die Probe.
a) x · 8 – 19 = 69
b) x · 3 – 6 = 45
c) 3x – 15 = 9
d) x : 11 – 6 = 5
e) x : 7 – 8 = –5
f) 3x + 7 = –14
g) x : 8 + 12 = 4
h) 6x + 1 = –11

Lösungen zu 5:		
121	–2	11
8	21	–64
–7	17	

6 Gib die Gleichung mit der Variablen x an, die gelöst wurde. Welche Lösung hat sie?

a)
x = 2   72 : 2 + 5 = 17   falsch
x = 3   72 : 3 + 5 = 17   falsch
x = 4   72 : 4 + 5 = 17   falsch
x = 6   72 : 6 + 5 = 17   richtig

b)
x = 1   12 · 1 – 5 = 43   falsch
x = 2   12 · 2 – 5 = 43   falsch
x = 3   12 · 3 – 5 = 43   falsch
x = 4   12 · 4 – 5 = 43   richtig

c)
x = 4   15 + 3 · 4 = 33   falsch
x = 7   15 + 3 · 7 = 33   falsch
x = 5   15 + 3 · 5 = 33   falsch
x = 6   15 + 3 · 6 = 33   richtig

d)
x = 6   16 – 3 · 6 = –8   falsch
x = 9   16 – 3 · 9 = –8   falsch
x = 7   16 – 3 · 7 = –8   falsch
x = 8   16 – 3 · 8 = –8   richtig

7 Beim Lösen der Gleichungen mit Umkehraufgaben wurden Fehler gemacht. Berichtige.

a) x · 5 – 15 = 25
x = (25 – 15) : 5
x = 2

b) x : 2 + 6 = 18
x = (18 – 6) : 2
x = 6

c) x · 4 + 8 = 32
x = 32 – 8 : 4
x = 30

d) x : 6 – 12 = 18
x = (18 – 12) · 6
x = 36

e) 6 · x – 4 = 14
x = (14 + 4) · 6
x = 108

f) 9 + 2 · x = 15
x = (15 + 9) : 2
x = 12

8 Ordne jedem Zahlenrätsel eine Gleichung zu und bestimme x durch Probieren oder Umkehraufgaben. Beurteile beide Lösungsmöglichkeiten.

a) Vermehrt man das Vierfache einer Zahl um 8, erhält man 32.

b) Vermindert man das Vierfache einer Zahl um 8, erhält man 32.

c) Vermehrt man das Vierfache einer Zahl um 8, erhält man –32.

d) Vermindert man das Vierfache einer Zahl um 8, erhält man –32.

A) 4x – 8 = –32
B) 4x + 8 = –32
C) 4x + 8 = 32
D) 4x – 8 = 32

Lösungen zu 7 bis 9:		
10	6	3
8	180	11
14	24	16
6	–6	3
–10		

9 Stelle eine Gleichung auf. Löse durch systematisches Probieren oder Umkehraufgaben.

Wenn ich mein Taschengeld fünf Monate spare und mir einen Fußball für 69 € kaufe, habe ich noch 11 € übrig.
Tom

Ich habe mein Taschengeld schon vier Monate gespart. Jetzt fehlen mir noch 10 €, um das Computerspiel für 54 € kaufen zu können.
Ina

Wenn ich mein Taschengeld fünf Monate spare und die 30 € vom Geburtstag dazulege, dann habe ich genau 100 €.
Lars

Thema: Köpfe und Beine

1 Auf einem Bauernhof befinden sich Hühner und Schweine. Insgesamt sind es 17 Tiere. Zusammen haben sie 50 Beine. Wie viele Hühner und Schweine sind es?

Einfach systematisch probieren!

Clara hat sich dazu eine Tabelle angelegt.
a) Zuerst hatte sie 14 und 36 als Lösung gekennzeichnet. Was war daran richtig, was falsch?
b) Dann entschied sie sich für 18 und 32. Warum wohl?

Anzahl Tiere	1	2	3	4	5	6	7	8	9	10	11	12
Beine Hühner	2	4	6	8	10	12	14	16	18	20	22	24
Beine Schweine	4	8	12	16	20	24	28	32	36	40	44	48

2 In einem Tierpark werden in einem Gehege 19 Tiere gezählt. Es sind Ziegen und Gänse. Zusammen haben sie 56 Beine.

Ja, so schaffe ich das jetzt auch.

60007-11: weitere Aufgaben

3 In einem Stall befinden sich 13 Tiere. Es sind Pferde und Fliegen. Zusammen haben sie 70 Beine.

4 Hobbybauer Bindl züchtet Kaninchen und Enten. Die Tiere haben zusammen 25 Köpfe und 78 Beine.

Wertgleiche Umformungen entwickeln

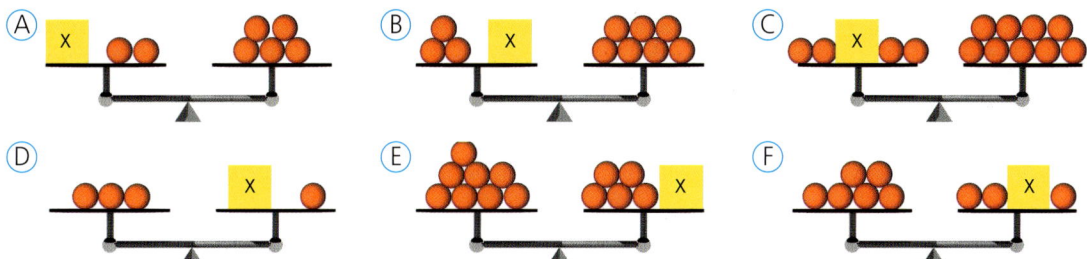

1 a) Auf jeder Waage liegt eine Box mit der Aufschrift „x". Wie viele Kugeln müssen darin jeweils enthalten sein, damit die Waage im Gleichgewicht ist?
b) Erkläre anhand der Waagen den Begriff „Gleichung".
c) Ordne die Gleichungen den Waagen zu.

| $3 + x = 7$ | $2 + x + 2 = 9$ | $3 = x + 1$ | $8 = 5 + x$ | $x + 2 = 5$ | $6 = 2 + x + 1$ |
| $6 = 2 + 3 + 1$ | $3 = 2 + 1$ | $3 + 2 = 5$ | $2 + 5 + 2 = 9$ | $8 = 5 + 3$ | $3 + 4 = 7$ |

> Sind zwei Terme durch ein =-Zeichen (Gleichheitszeichen) verbunden, so erhält man eine Gleichung. Die Terme auf beiden Seiten einer Gleichung haben den gleichen Wert.
>
> $x + 2 = 5$
> $3 + 2 = 5$

Gleichung
wertgleiche Terme

2 Welche Gewichte vertreten die Variablen, wenn jeweils Gleichungen entstehen sollen?

Lösungen zu 2:		
3,5	100	4
230	2	80

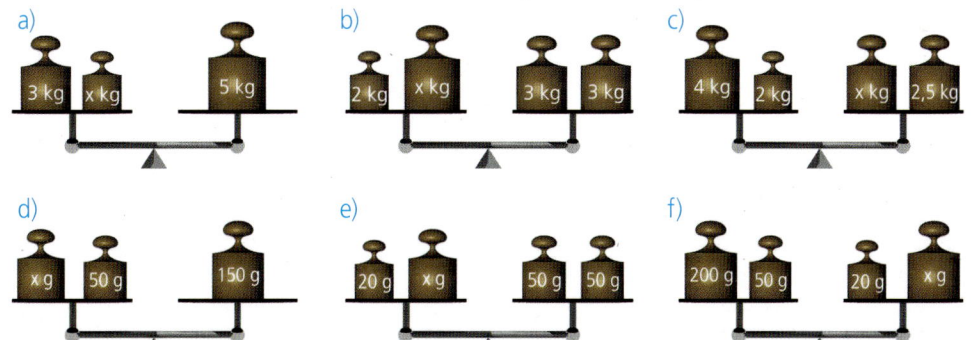

3 Welche Terme haben den gleichen Wert? Notiere Gleichungen.

$3 \cdot 4$	$3 \cdot 3 - 1$	$5 + 3 \cdot 25$	$12 \cdot 4 - 8$	$15 - 3$	$3 \cdot 6$
$9 \cdot 4 + 4$		$7 + 12 : 4$	$500 + 500$		$125 \cdot 8$
$5 \cdot 4 - 2$	$3 + 6$	$12 - 24 : 6$	$160 : 2$	$20 - 2 \cdot 5$	$27 : 3$

4 Ein Ziegelstein wiegt so viel wie 2 kg und ein halber Ziegelstein. Wie schwer ist ein Ziegelstein?

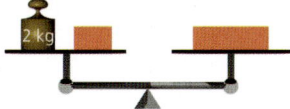

Gleichungen wertgleich umformen und lösen

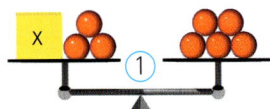 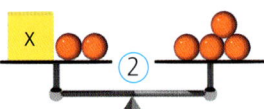 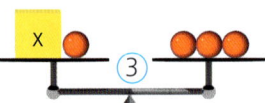 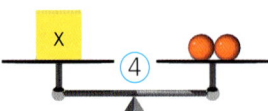

1 a) Alle Waagen befinden sich im Gleichgewicht. Gib die Art der Umformung von ① nach ②, von ② nach ③ und von ③ nach ④ an.

b) Ordne die folgenden Gleichungen den oberen Waagen zu.

| x = 2 | x + 3 = 5 | x + 1 = 3 | x + 2 = 4 |

c) Was wurde bei der letzten Waage ④ erreicht?

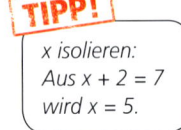

TIPP!
x isolieren:
Aus x + 2 = 7
wird x = 5.

2 Gib an, wie die Gleichung umgeformt wurde.

a) 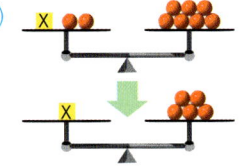 b) 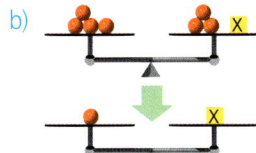 c)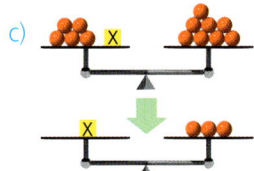

3 Erkläre die Umformungen.

a) a + 6 = 9 → a = 3
b) 4 + y = 12 → y = 8
c) x − 3 = 7 → x = 10
d) b − 9 = 12 → b = 21
e) 10 = 5 + x → 5 = x

4 Gib zu jedem Bild eine passende Gleichung an. Forme diese so wertgleich um, dass die Variable auf einer Gleichungsseite isoliert wird.

a)  b)  c)

Äquivalenzumformung (wertgleiche Umformung): addieren und subtrahieren

Wird auf beiden Seiten die gleiche Zahl addiert oder subtrahiert, bleibt die Waage im Gleichgewicht. Diese wertgleiche Umformung einer Gleichung heißt Äquivalenzumformung. Die Gleichung mit einer Variablen (z. B. x) ist dann gelöst, wenn diese ohne jede andere Zahl auf einer Gleichungsseite steht.

$$x - 4 = 8 \quad |+4$$
$$x - 4 + 4 = 8 + 4$$
$$x = 12$$
P: 12 − 4 = 8

$$x + 9 = 12 \quad |-9$$
$$x + 9 - 9 = 12 - 9$$
$$x = 3$$
P: 3 + 9 = 12

Lösungen zu 5:		
20	−16	18
−60	17	−33
85	−5	48
6	124	36

5 Erkläre die wertgleiche Umformung an den Beispielen im Merkkasten. Löse ebenso und überprüfe mit der Probe.

a) x + 6 = 54
b) y + 9 = 15
c) a − 8 = 9
d) x − 7 = 13
e) 48 = 12 + b
f) 5 = y − 13
g) x − 25 = 99
h) 66 = a − 19
i) 5 + x = −55
j) y + 12 = 7
k) b − 3 = −36
l) x + 10 = −6

6 Lena schreibt zu der Umformung bei der Waage einen Lösungsweg auf. Erkläre.

$2x = 6 \quad |:2$
$2x : 2 = 6 : 2$
$x = 3$

7 Notiere zu den Waagen Gleichungen und löse wie Lena.

a)    b)    c)

8 Notiere zu den Umformungen Lösungswege wie in Aufgabe 6.

a) $6x = 24$ ↓ $x = 4$
b) $y \cdot 4 = 8$ ↓ $y = 2$
c) $a \cdot 3 = 27$ ↓ $a = 9$
d) $-18 = b \cdot 2$ ↓ $-9 = b$
e) $x \cdot 7 = -70$ ↓ $x = -10$

> Wird auf beiden Seiten durch die gleiche Zahl dividiert, bleibt die Waage im Gleichgewicht. Diese wertgleiche Umformung einer Gleichung heißt Äquivalenzumformung. Die Gleichung mit einer Variablen (z. B. x) ist dann gelöst, wenn diese ohne jede andere Zahl auf einer Gleichungsseite steht.
>
> $3 \cdot x = 42 \quad |:3$
> $3 \cdot x : 3 = 42 : 3$
> $x = 14$
> P: $3 \cdot 14 = 42$
>
> $6 \cdot x = -72 \quad |:6$
> $6 \cdot x : 6 = -72 : 6$
> $x = -12$
> P: $6 \cdot (-12) = -72$

Äquivalenzumformung: dividieren

9 Notiere zu jeder Skizze eine Gleichung und löse wie im Beispiel.

$8 \cdot x$
$2 \cdot 36$

$8 \cdot x = 2 \cdot 36$
$8 \cdot x = 72 \quad |:8$
$x = 9$

a) $\dfrac{12 \cdot x}{42 \cdot 2}$ b) $\dfrac{15 \cdot x}{3 \cdot 40}$ c) $\dfrac{x \cdot 25}{10 \cdot 10}$

d) $\dfrac{54 : 9}{2 \cdot x}$ e) $\dfrac{3 \cdot 32}{16 \cdot x}$ f) $\dfrac{720 : 8}{x \cdot 9}$

Lösungen zu 9:

4	6	10
3	8	7

10 Löse durch wertgleiche Umformung. Kontrolliere deine Lösung mit der Probe.

a) $12x = 84$ b) $24 = 2y$ c) $a \cdot 27 = 270$ d) $92 = x \cdot 4$
e) $6b = -48$ f) $-15 = y \cdot 3$ g) $-60 = x \cdot 6$ h) $-144 = 12x$

11 Welche der Gleichungen sind wertgleich zueinander?

$x \cdot 8 = 24$ $4 \cdot x = 240$ $x = 3$ $x = -60$ $x \cdot 3 = 15$ $x = 10$
$x = -5$ $x \cdot 6 = 60$ $x = 60$ $x \cdot 3 = -15$ $2 \cdot x = 120$
$2 \cdot x = -120$ $x = 5$ $x \cdot 4 = 12$ $x \cdot 3 = 30$ $x \cdot 9 = 45$

Gleichungen aufstellen und lösen

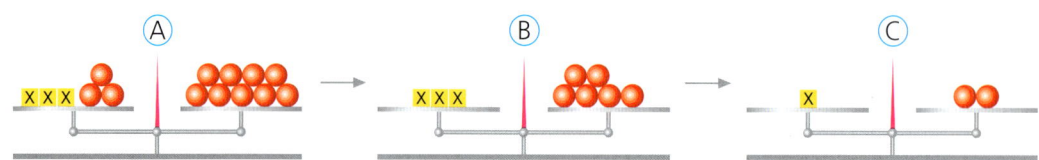

1 a) Erkläre den Vorgang des wertgleichen (äquivalenten) Umformens.
   b) Welches Ziel wurde durch die Umformungen erreicht?

Abfolge der Lösungsschritte

Reihenfolge beim Lösen von Gleichungen:	$5x - 7 = 13$ | +7	$6x + 26 = 62$ | −26
Zuerst addieren bzw. subtrahieren, dann dividieren.	$5x = 20$ | :5	$6x = 36$ | :6
	$x = 4$	$x = 6$

2 Erkläre die Umformungen im Merkkasten.

3 Notiere zu jeder Waage eine Gleichung und löse.

a) 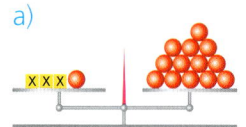   b) 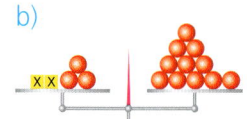   c)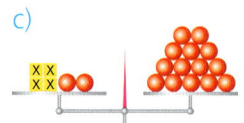

TIPP!
Nimm den kurzen Lösungsweg erst, wenn du dir sicher bist.

4

$3x + 3 = 12$	| −3	← Subtrahiere von beiden Seiten 3. →	$3x + 3 = 12$ | −3
$3x + 3 - 3 = 12 - 3$		← Fasse zusammen.	
$3x = 9$	| :3	← Dividiere beide Seiten durch 3. →	$3x = 9$ | :3
$3x : 3 = 9 : 3$		← Vereinfache.	
$x = 3$		← Notiere die Lösung. →	$x = 3$
P: $3 \cdot 3 + 3 = 12$		← Mache die Probe. →	P: $3 \cdot 3 + 3 = 12$

Vergleiche beide Lösungswege und bewerte sie. Löse dann ebenso.

a) $3x + 2 = 5$ b) $5x - 4 = 21$ c) $4 + 5x = 14$
d) $5 = 3x - 7$ e) $120 = 24 + 8x$ f) $x \cdot 5 - 65 = 0$
g) $x \cdot 4 + 4 = 28$ h) $x \cdot 2 - 25 = 25$ i) $22 + x \cdot 6 = 64$
j) $36 = x \cdot 10 + 56$ k) $2x + 25 = -45$ l) $36 + x \cdot 9 = -9$

Lösungen zu 4 und 5:

4	−35	13
−1	1	−5
6	7	6
2	12	5
−2	−6	12
25	−2	−4

5 Wo wurde beim Lösen ein Fehler gemacht? Berichtige.

a) $x \cdot 3 - 9 = 9$ \| +9
    $x \cdot 3 = 18$ \| :3
    $x = 18$

b) $5x - 25 = 35$ \| −25
    $5x = 10$ \| :5
    $x = 2$

c) $x \cdot 4 + 7 = 3$ \| −7
    $x \cdot 4 = -4$ \| :4
    $x = 1$

d) $x \cdot 6 - 12 = -36$ \| +12
    $x \cdot 6 = -36$ \| :6
    $x = -6$

e) $6x - 33 = -69$ \| +33
    $6x = -102$ \| :6
    $x = -17$

f) $12 + 8x = -4$ \| +12
    $8x = 8$ \| :8
    $x = 1$

6 Ordne wertgleiche Gleichungen einander zu. Wie viele davon schaffst du im Kopf?

| 271 = 55 + 3x | 30 = 3 + 3x | 9 = x | 240 = 24 + 3x | x · 1 + 17 = 89 |

| 186 + x · 2 = 190 | 7x – 13 = 50 | 12x + 14 = 122 | 72 = x |

7 Notiere zu jeder Skizze eine Gleichung und löse wie im Beispiel.

x	x	x	9
	21		

3x + 9 = 21 | – 9
3x = 12 | : 3
x = 4
P: 3 · 4 + 9 = 21

a)
| x | x | x | x | 5 |
| | 33 | | | |

b)
| | 32 | |
| y | y | 16 |

c)
| x | x | x | 9 |
| | 29 | | 7 |

d)
| x | x | x | x | x | 8 |
| | | 37 · 2 | | | |

e)
| | 85 | | | |
| x | x | x | x | 10 |

f)
| | 20 · 2 | |
| a | a | a | 10 |

g)
| 56 – 23 |
| y · 11 |

h)
| 84 : 4 |
| 21 · x |

i)
| 60 · 7 |
| a · 4 |

Lösungen zu 7:
7	3	8
105	11	9
10	1	15

8

| Wenn man zum Doppelten einer Zahl | 35 addiert | erhält man ebenso viel | wie die Summe aus 36 und 13. |

| x | x | 35 |
| | 36 | 13 |

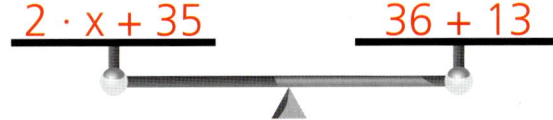
2 · x + 35   36 + 13

2 · x + 35 = 36 + 13
2 · x + 35 = ▆ | ▆
2 · x = ▆ | ▆
x = ▆

a) Erkläre die Aufgabe anhand der verschiedenen Abbildungen. Löse die Gleichung.
b) Fertige eine Skizze an, stelle eine Gleichung auf und löse.
  Ⓐ Das Dreifache einer Zahl vermehrt um 12 ergibt die Summe aus 19 und 17.
  Ⓑ Das Vierfache einer Zahl vermindert um 12 ergibt die Differenz aus 39 und 15.
  Ⓒ Das Fünffache einer Zahl vermindert um 7 ergibt die Summe aus 19 und 24.
  Ⓓ Das Sechsfache einer Zahl vermehrt um 4 ergibt die Differenz aus 25 und 9.

9 Ordne Gleichung und Text einander zu und löse.

Ⓐ 5y – 5 = 25   Ⓑ 5y + 5 = –25   Ⓒ 5y + 5 = 25   Ⓓ 5y – 5 = –25

① Multipliziert man eine Zahl mit 5 und subtrahiert davon 5, so erhält man –25.
② Multipliziert man eine Zahl mit 5 und addiert 5, erhält man als Ergebnis 25.
③ Das Produkt aus 5 und einer Zahl vermindert um 5 ergibt 25.
④ Das Fünffache einer Zahl vermehrt um 5 ergibt –25.

Lösungen zu 8 und 9:
10	4	8
–4	6	2
9	–6	7

10 Vervollständige im Heft.

a) ▆ = ▆
   x · 7 : 7 = 49 : 7
   x = ▆

b) 3x = ▆
   ▆ = 27 : 3
   x = ▆

c) ▆ = ▆
   x + 3 – 3 = 9 – 3
   x = ▆

Sachaufgaben mit Gleichungen lösen

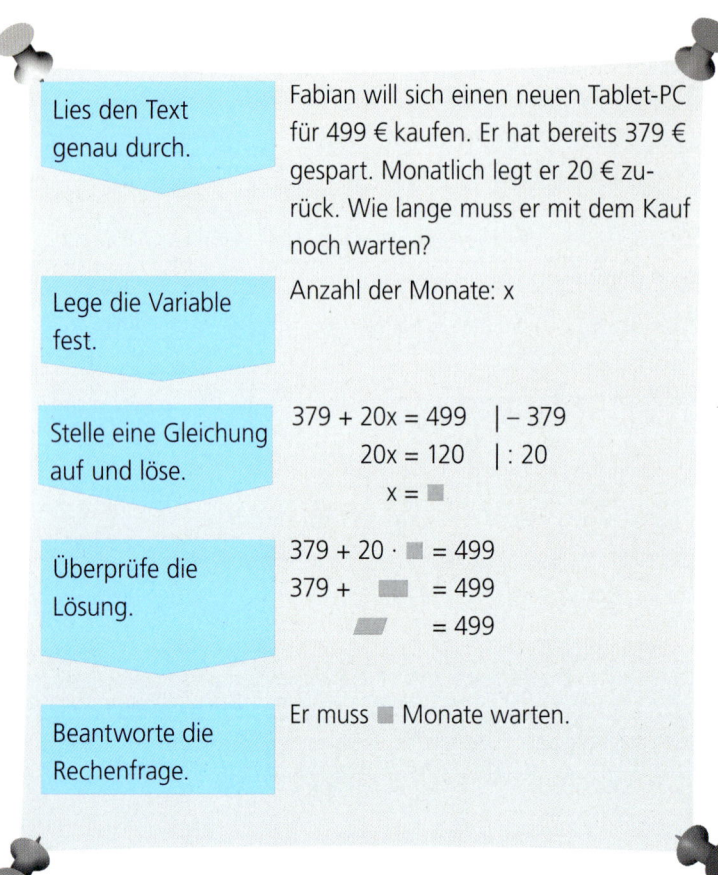

Lies den Text genau durch.	Fabian will sich einen neuen Tablet-PC für 499 € kaufen. Er hat bereits 379 € gespart. Monatlich legt er 20 € zurück. Wie lange muss er mit dem Kauf noch warten?
Lege die Variable fest.	Anzahl der Monate: x
Stelle eine Gleichung auf und löse.	$379 + 20x = 499 \quad \vert -379$ $20x = 120 \quad \vert :20$ $x = \blacksquare$
Überprüfe die Lösung.	$379 + 20 \cdot \blacksquare = 499$ $379 + \blacksquare = 499$ $\blacksquare = 499$
Beantworte die Rechenfrage.	Er muss ■ Monate warten.

1 a) Erkläre, wie man Sachaufgaben mithilfe von Gleichungen löst.
   b) Übertrage und vervollständige den Lösungsweg.

2 Löse die Sachaufgaben mithilfe von Gleichungen. Beachte dabei die Abfolge der Schritte im Plakat.
   a) Herr Hart kauft sich einen LED-Fernseher für 850 €. Er zahlt 600 € an, den Rest bezahlt er in vier gleichen Raten. Wie hoch ist eine Rate?
   b) Frau Winkler möchte sich eine Digitalkamera für 370 € kaufen. Wie hoch ist eine Rate, wenn sie 220 € anzahlt und den Rest in fünf Monatsraten begleichen will?
   c) Daria kauft sechs Hefte zu je 55 ct und vier Buchumschläge. Sie bezahlt 5,90 €. Wie viel kostet ein Buchumschlag?
   d) Ajda und Gabi teilen sich eine große Pizza zu 8,50 €. Beide trinken ein Glas Traubenschorle. Sie bezahlen zusammen 14,10 €. Wie viel kostet ein Glas Traubenschorle?

3 Formuliere zuerst eine Rechenfrage. Löse dann mithilfe einer Gleichung.

a) 4 Stifte zu je 55 ct — insgesamt 3,70 €
b) 5 Rosen zu je 1,80 € — insgesamt 16,50 €
c) 2 Tischtennisschläger zu je 27,50 € — insgesamt 61,90 €

4 a) Familie Salomon mietet für 14 Tage eine Ferienwohnung. Für die Endreinigung zahlt sie 50 €. Insgesamt bezahlt Herr Salomon 960 €. Berechne den Preis für die Ferienwohnung pro Tag.
   b) Herr Schmid hat 38 Stunden gearbeitet. Mit einer Sonderzulage in Höhe von 178 € hat er insgesamt 862 € verdient. Berechne seinen Stundenlohn.
   c) Herr Bausch kauft vier neue Winterreifen mit Alufelgen. Er bezahlt insgesamt 600 €. Eine Alufelge kostet 84 €. Berechne den Preis für einen Reifen.
   d) Karola kauft bei der Gärtnerei Ritschel drei blaue Rittersporn zu je 3,20 € und sieben rote Rosen. Sie bezahlt insgesamt 22,20 €. Berechne den Preis für eine Rose.

Lösungen zu 1 bis 4:

65	0,75	66
62,50	1,80	0,65
18	6	2,30
2,50	30	2,80

5 Finde Rechenfragen und löse dann mithilfe von Gleichungen.
  a) Für eine Klassenfahrt muss jeder Schüler einen Fahrpreis von 4,50 € und für den Museumsbesuch 2,50 € bezahlen. Der Lehrer sammelt 147 € ein.
  b) Christa kauft 6 Flaschen Orangensaft und 6 Flaschen Apfelsaft. Eine Flasche Orangensaft kostet 1,10 €. Insgesamt zahlt Christa 12 €.
  c) Johanna hat in ihr 180-Liter-Aquarium bereits 135 l Wasser eingefüllt. Ihr Wassereimer fasst 5 l.

6 a) Vervollständige die Texte. Vergleiche hierzu die Skizzen.

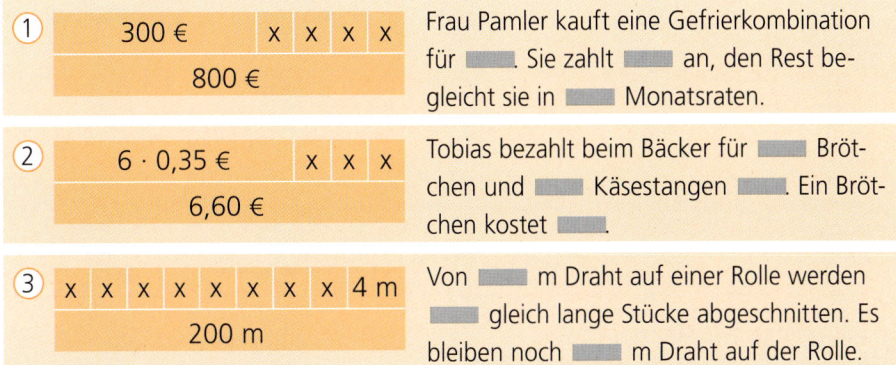

① 300 € x x x x / 800 €
Frau Pamler kauft eine Gefrierkombination für ▬. Sie zahlt ▬ an, den Rest begleicht sie in ▬ Monatsraten.

② 6 · 0,35 € x x x / 6,60 €
Tobias bezahlt beim Bäcker für ▬ Brötchen und ▬ Käsestangen ▬. Ein Brötchen kostet ▬.

③ x x x x x x x 4 m / 200 m
Von ▬ m Draht auf einer Rolle werden ▬ gleich lange Stücke abgeschnitten. Es bleiben noch ▬ m Draht auf der Rolle.

  b) Notiere jeweils eine Gleichung und löse.

7 Formuliere Sachaufgaben, stelle Gleichungen auf und berechne die Variable.

a) DVDs Buch
x x x x x 18 €
25,50 €
Gesamtkosten

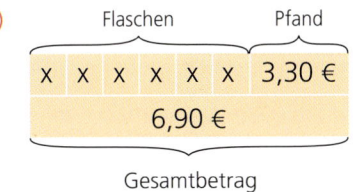
b) Flaschen Pfand
x x x x x x 3,30 €
6,90 €
Gesamtbetrag

8 *Wenn ich zehnmal so alt wäre wie jetzt und noch fünf Jahre älter, wäre ich genauso alt wie mein 65-jähriger Opa und meine 60-jährige Oma zusammen.*

  a) Ermittle mithilfe einer Gleichung das Alter des Jungen.
  b) Wie ändern sich Gleichung und Lösung jeweils?

Katrin: *Wenn ich zehnmal so alt wäre wie jetzt, aber fünf Jahre jünger, …*

Lucie: *Wenn ich halb so alt wäre wie jetzt, dafür aber 118 Jahre älter, …*

9 Löse mithilfe von Gleichungen.
  a) Wenn Simon sein Alter verdreifacht und noch 7 addiert, erhält er die Zahl 40.
  b) Wäre Anja dreimal so alt, wäre sie zwei Jahre jünger als ihr 38-jähriger Vater.
  c) Christoph überlegt: „Wäre ich fünfmal so alt, so wäre ich sechs Jahre älter als meine 64-jährige Großmutter."

Lösungen zu 6b bis 9:		
12	1,50	13
24,5	12	125
14	11	1,50
0,60	14	

Geometrieaufgaben mit Gleichungen lösen

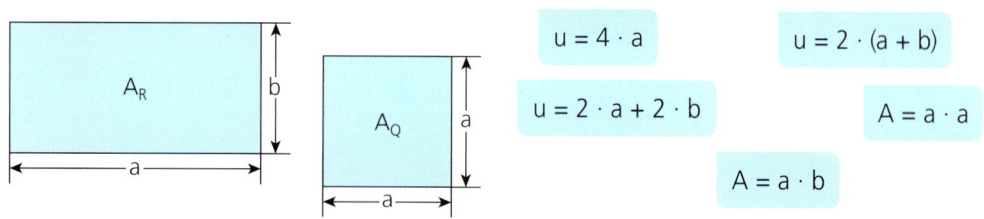

1 a) Ordne die Formeln den Skizzen zu.
b) Formeln sind Gleichungen mit mehreren Variablen (Platzhaltern). Erkläre.
c) Welche Variablen müssen für die Berechnung jeweils bekannt sein?

Umfang des Rechtecks   Fläche des Quadrats   Länge des Rechtecks

Breite des Rechtecks   Fläche des Rechtecks   Seite des Quadrats

Gegeben:
Gesucht:

Skizze

Gleichung

Einsetzen
Lösen

Probe
Antwort

2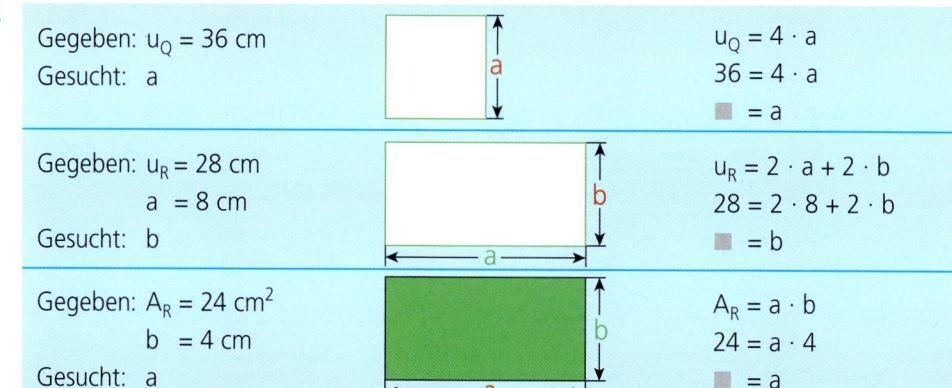

Ermittle fehlende Werte, mache die Probe und formuliere eine Antwort.

3 Löse ebenso wie bei Nummer 2.
a) Ein Grundstück ist 620 m² groß bei 20 m Breite. Wie lang ist es?
b) Eine rechteckige Wiese hat einen Umfang von 450 m, ihre Länge beträgt 125 m. Berechne die Breite und den Flächeninhalt der Wiese.
c) Die eine Seite eines rechteckigen Grundstücks ist 19 m lang. Wie lang ist die andere, wenn der Umfang 96 m beträgt?
d) Ein Grundstück soll eingezäunt werden. Es ist 22,5 m lang und 16 m breit. Wie viel Meter Zaun werden benötigt, wenn das Tor 3 m breit ist?
e) In einem quadratischen Zimmer (a = 5 m) werden Randleisten verlegt. Wie viele Meter Randleisten werden benötigt, wenn für die Tür 0,8 m ausgespart werden?

Kennzeichne in der Skizze was gegeben ist grün und was gesucht ist rot.

Lösungen zu 3 und 4:		
19,2	21	6
10	31	100
74	29	12 500

4 Der Umfang ist bekannt. Stelle eine Gleichung auf und berechne die fehlende Länge.

a) u = 30 cm   b) u = 103 dm   c) u = 50 m

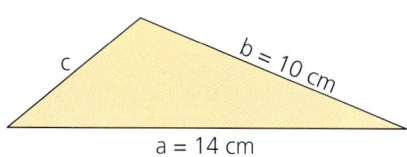 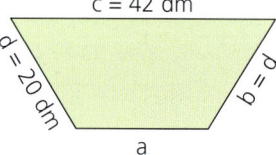 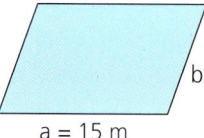

5 Welche Größe ist unbekannt? Bestimme sie mithilfe einer Gleichung.

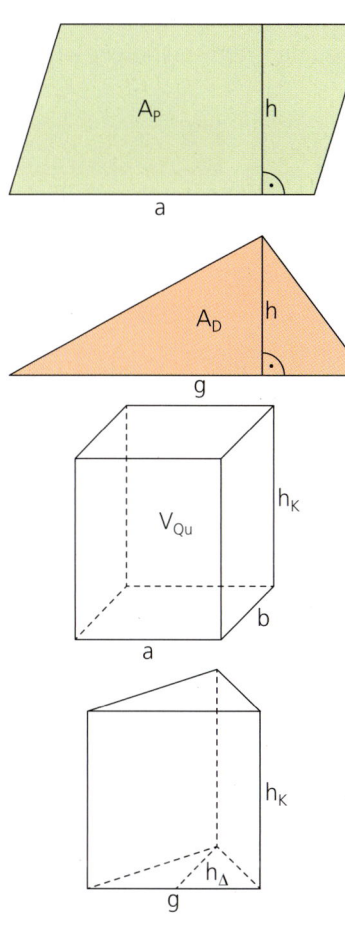

a) Ein Grundstück hat die Form eines Parallelogramms und einen Flächeninhalt von 525 m². Die Höhe beträgt 15 m.
b) Ein Acker hat die Form eines Parallelogramms. Der Flächeninhalt beträgt 1 125 m², die Länge 45 m.
c) Ein Dreieck hat einen Flächeninhalt von 28 cm². Die Grundseite misst 7 cm.
d) Ein Dreieck hat einen Flächeninhalt von 72 cm². Die Höhe beträgt 12 cm.
e) Ein quaderförmiger Behälter mit einer Länge von 4 m und einer Höhe von 5 m hat ein Volumen von 60 m³.
f) Sandros Aquarium fasst 120 l. Es ist 6 dm lang und 4 dm hoch.
g) Ein rechteckiger Sandkasten (a = 2 m; b = 1,50 m) wird mit 1,2 m³ Sand gefüllt.
h) Ein dreiseitiges Prisma hat eine Grundfläche von 3 m² und eine Höhe von 2,5 m.
i) Eine dreiseitiges Prisma mit einem Volumen von 6 m³ hat eine Grundfläche von 1,5 m².
j) Das Volumen eines dreiseitigen Prismas (g = 6 cm; h_Δ = 2 cm) ist 96 cm³.

Lösungen zu 5 bis 7:		
7,5	12	0,4
16	4	55
5	35	50
8	40	4
25	3	4
22,5	4	40
20	120	

6 Stelle zuerst fest, welche Größe berechnet werden soll. Löse dann mithilfe einer Gleichung.
a) Ein Quadrat mit der Seitenlänge 6 cm hat den gleichen Flächeninhalt wie ein Rechteck mit der Länge 9 cm.
b) Die rechteckige Wiese von Bauer Lobinger ist 40 m lang. Sie hat den gleichen Flächeninhalt wie das benachbarte quadratische Feld (a = 30 m) von Bauer Irlbacher.
c) Ein Würfel mit einer Kantenlänge von 6 cm und ein Quader, der 9 cm lang und 6 cm breit ist, haben das gleiche Volumen.
d) Ein dreiseitiges Prisma (G = 0,5 m²; h_K = 2 m) und ein Quader mit quadratischer Grundfläche (a = 0,5 m) haben das gleiche Volumen.

7 Berechne die fehlenden Winkel mithilfe einer Gleichung. Mache die Probe.

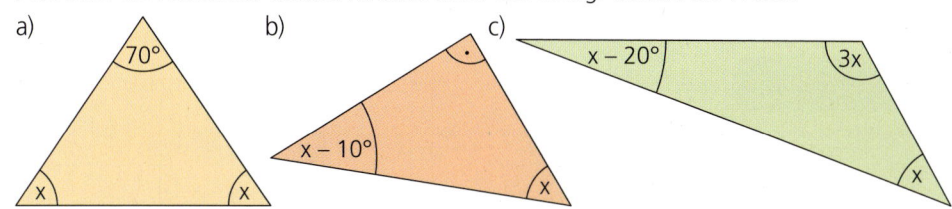

TIPP!
$\alpha + \beta + \gamma = 180°$

Zwischenrunde

So schätze ich meine Leistung ein.

1 Terme bilden → S. 106

a) Schreibe jeweils als Term.
  Ⓐ Addiere die Zahlen 15,5 und 24,2.
  Ⓑ Subtrahiere von einer Zahl 7.
  Ⓒ Multipliziere eine Zahl mit 6,4.
  Ⓓ Dividiere 28,7 durch 7.

b) Formuliere zu den Termen ähnliche Aufgaben wie in a).

A	$5{,}3 \cdot 10$	B	$36{,}9 : 9$
C	$x - 14$	D	$2x + 8$

2 Terme aufstellen und berechnen → S. 110, 111

a) Stelle jeweils einen Term auf und berechne.
  Ⓐ Addiere zum Quotienten aus 45 und 9 die Zahl 4.
  Ⓑ Frau Wagner kauft drei Flaschen Orangensaft zu je 1,50 € und drei Flaschen Apfelsaft zu je 1,10 €. Wie viel muss sie bezahlen?

b) Stelle jeweils einen Term auf und berechne.
  Ⓐ Multipliziere die Differenz aus den Zahlen 23 und 12 mit der Summe aus 7,5 und 3,5.
  Ⓑ Herr Huber kauft im Supermarkt vier Tafeln Schokolade zu je 0,85 €, vier Flaschen Milch zu je 1,15 € und vier Flaschen Kaba zu je 1,35 €. Wie viel muss er bezahlen?

3 Terme mit Variablen aufstellen → S. 110, 111

a) Es soll jedes Mal der Umfang berechnet werden. Ordne jeder Figur den richtigen Term zu.

  Ⓐ Rechteck: Breite x, Länge $x + 3{,}5$
  Ⓑ Parallelogramm mit Seiten x und $x - 3{,}5$

  Terme: $4x - 7$; $4x + 7$; $2x - 3{,}5$; $2x + 3{,}5$

b) Stelle einen Term auf, mit dem man den Gesamtpreis für eine unterschiedliche Anzahl von Schülern berechnen kann.

Eintrittspreis ins Freilandmuseum
pro Schüler: 2,50 €
Führung: 30,00 €

4 Terme vereinfachen → S. 112

a) Vereinfache den Term so weit wie möglich.
  Ⓐ $7x - 4x + 2x + 5x - 3x$
  Ⓑ $15 + 8y + 10 - 14y - 8$
  Ⓒ $9x - 8 + 10 - 12x - 20$
  Ⓓ $6a + 9 - 8a - 12 + a$

b) Ⓐ Stelle einen Term für die Länge des Streckenzugs auf und vereinfache.

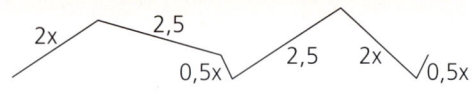

Streckenabschnitte: $2x$; $2{,}5$; $0{,}5x$; $2{,}5$; $2x$; $0{,}5x$

Ⓑ Stelle einen Term für den Umfang auf und vereinfache.

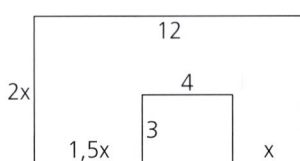

Maße: 12 ; $2x$; 4 ; 3 ; $1{,}5x$; x

Selbsteinschätzungsbogen: 60007-12

5 Gleichungen verschiedenartig lösen ⇨ S. 114

a) Lina kauft eine Flasche Multivitaminsaft für 1,85 € und fünf Müsli-Riegel. Insgesamt bezahlt sie 6,35 €.
  Ⓐ Mit welcher Gleichung kann Lina den Preis für einen Müsli-Riegel berechnen?

  | x · 5 + 1,85 = 6,35 | x · 5 − 1,85 = 6,35 |

  Ⓑ Berechne den Preis für einen Müsli-Riegel mithilfe von Umkehraufgaben.

b) In einem Wohnblock wohnen acht Familien. Jede Familie hat entweder eine Katze oder einen Wellensittich. Zusammen haben die Tiere 22 Beine. Wie viele Katzen und Wellensittiche gibt es in dem Wohnblock? Finde die Lösung durch systematisches Probieren.

6 Gleichungen äquivalent umformen und lösen ⇨ S. 117, 118, 119, 120

a) Notiere zu jeder Waage eine Gleichung und löse durch Äquivalenzumformung.

  Ⓐ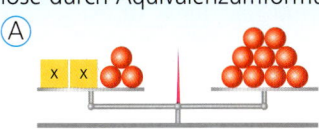

  Ⓑ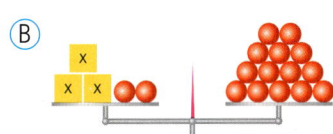

b) Löse die Gleichungen durch Äquivalenzumformungen und überprüfe mit der Probe.

A	$7x - 26 = 9$
B	$x \cdot 8 + 4 = -20$
C	$-94 = 12x - 22$
D	$6 = x \cdot 3 + 15$

7 Sachaufgaben mit Gleichungen lösen ⇨ S. 122, 123

a) Finde die passende Gleichung und löse.
  Herr Unger mietet im Urlaub für 270 € ein Auto. Dazu kommen pro gefahrenen km noch 30 ct. Als er das Auto nach fünf Tagen zurückgibt, zahlt er 417 €. Wie viele km ist er gefahren?

  | x · 30 + 270 = 417 | x · 0,30 + 270 = 417 |

b) Stelle eine Gleichung auf und löse.
  Bei einer Klassenfahrt betragen die Buskosten 362 €. Der Elternbeirat unterstützt die Fahrt mit 100 €, aus der Klassenkasse können 75 € entnommen werden.
  Wie viel muss jeder der 22 Schüler für die Fahrt bezahlen?

8 Geometrieaufgaben mit Gleichungen lösen ⇨ S. 124, 125

a) Berechne die gesuchte Größe mit der passenden Formel.

  Ⓐ A = ?   Ⓑ u = 26 m

  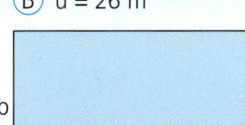

b) Berechne die gesuchte Größe mit der passenden Formel.

  V = 240 dm³

  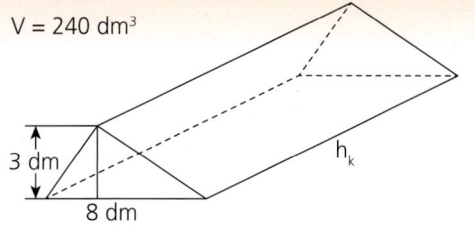

Üben und vertiefen

Auf einen Blick

Terme

Terme sind Verknüpfungen von Zahlen und/oder Variablen durch Rechenzeichen.

Terme ohne Variable: $24 : 3 + 6$; $(7 + 4) \cdot 2$

Terme mit Variable: $4x - 7$; $2y + 16 + y$

Terme aufstellen

Die Kosten für ein Wohnmobil betragen 250 €. Für jeden gefahrenen km fallen weitere 25 ct an.

① Variable festlegen	Anzahl der Kilometer: x
② Terme bilden	Kosten nach Anzahl der Kilometer: $x \cdot 0{,}25$ €
③ Gesamtterm aufstellen	Gesamtkosten: $250 + x \cdot 0{,}25$

Gleichungen

Verbindet man zwei Terme mit dem =-Zeichen, erhält man eine Gleichung.

$2x + 5 = 11$

Lösung durch systematisches Probieren

x	$2 \cdot x + 5 = 11$	
1	$2 \cdot 1 + 5 = 11$	falsch
2	$2 \cdot 2 + 5 = 11$	falsch
3	$2 \cdot 3 + 5 = 11$	richtig

Lösung durch Umkehraufgaben

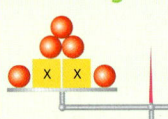 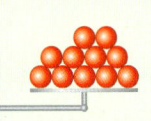

$x \cdot 2 + 5 = 11$
$(11 - 5) : 2 = x$
$3 = x$

Lösung durch Äquivalenzumformung

$3 \cdot x - 5 = 13 \quad | +5 \qquad 2 \cdot x + 5 = 11 \quad | -5$
$3 \cdot x = 18 \quad | :3 \qquad 2 \cdot x = 6 \quad | :2$
$x = 6 \qquad\qquad\qquad x = 3$

---

1 Ordne die passenden Terme zu. Erkläre die Bedeutung der Variablen x.
   a) Maria ist doppelt so alt wie Tim. $x : 2$
   b) Zwei Personen teilen sich einen Gewinn gleichmäßig. $x + 2$
   c) Jonas bekommt 2 € mehr Taschengeld. $x - 2$
   d) Tim hat zwei Kilogramm abgenommen. $x \cdot 2$

2 Stelle Terme auf.
   a) Addiere 12 zu einer Zahl.
   b) Multipliziere eine Zahl mit 7.
   c) Subtrahiere von 6 eine Zahl.
   d) Dividiere eine Zahl durch 10.

3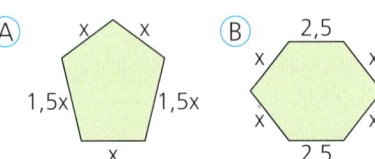

Eintritt für Schüler 4,50 €
Gruppenführung 40 €

   a) Stelle einen Term auf, mit dem man den Gesamtpreis für eine unterschiedliche Anzahl von Schülern mit Gruppenführung berechnen kann.
   b) Berechne den Gesamtpreis, wenn die Gruppe aus 18 (20) Schülern besteht.

4 Vereinfache die Terme.
   a) $5x + 16x + 9x$ b) $6y - 3y + 7y$
   c) $10x + 5 - 2x - 4$ d) $6 - a - 5a + 24$

5 a) Stelle jeweils einen Term auf, der den Umfang der Figur beschreibt und vereinfache.

Ⓐ Fünfeck mit Seiten x, x, 1,5x, 1,5x, x
Ⓑ Sechseck mit Seiten 2,5, x, x, 2,5, x, x

   b) Berechne jeweils den Umfang für $x = 3$ cm.

6 Welche Zahl muss man für die Variable einsetzen, damit beide Terme den gleichen Wert haben?
 a) $3 + x$ und $28 : x$
 b) $32 : x$ und $12 - x$
 c) $4x$ und $25 - x$
 d) $b + 6$ und $2b$

7 Sabine spart für einen neuen Laptop. Auf ihrem Konto hat sie bereits 389 €. Monatlich kann sie 15 € zurücklegen. Wie lange muss sie mit dem Kauf noch warten?

479 €

 a) Mit welcher Gleichung kann Sabine die Anzahl der Monate berechnen?

   Ⓐ $15x + 389 = 479$ Ⓑ $15x - 389 = 479$

 b) Löse durch systematisches Probieren.

8 Löse mithilfe von Umkehraufgaben.

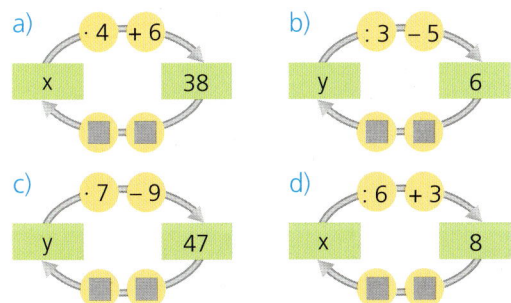

9 Die Waage ist im Gleichgewicht. Wie viele Kugeln sind so schwer wie ein Würfel?

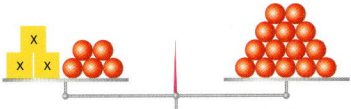

10 Übertrage und ergänze die Umformungen.
 a) $5x + 9 = 39$ | ▪
   $5x = 30$ | ▪
   $x = 6$
 b) $x \cdot 3 - 7 = 5$ | ▪
   $x \cdot 3 = 12$ | ▪
   $x = 4$
 c) $7 + 4x = 43$ | ▪
   $4x = 36$ | ▪
   $x = 9$
 d) $-17 = x \cdot 6 - 5$ | ▪
   $-12 = x \cdot 6$ | ▪
   $-2 = x$

11 Löse die Gleichungen durch Äquivalenzumformungen. Mache die Probe.
 a) $4x + 2 = 2 \cdot 11$
 b) $3x - 4 = 64 : 2$
 c) $22 + 5x = -48$
 d) $10x - 17 = -87$

12 Beim Lösen der Gleichungen wurden Fehler gemacht. Berichtige.

 a)
$$x \cdot 7 - 7 = 35 \cdot 2$$
$$x = 35 \cdot 2$$
$$x = 70$$

 b)
$$5x + 10 = -130 : 2$$
$$5x + 10 = 65 \quad | -10$$
$$5x = 65 \quad | :5$$
$$x = 13$$

13 Stelle jeweils die Gleichung auf, löse und überprüfe mit der Probe.
 a) Das Produkt aus 4 und einer Zahl vermehrt um 6 ergibt –30.
 b) Das Produkt aus einer Zahl und 4 vermehrt um 6 ergibt 30.
 c) Das Produkt aus einer Zahl und 4 vermindert um 6 ergibt 30.
 d) Das Produkt aus einer Zahl und 4 vermindert um 6 ergibt –30.

14 Stelle eine Gleichung auf und löse.
Ein Kasten Mineralwasser (12 Flaschen) kostet 8,10 €, darin sind 3,30 € Pfand enthalten. Wie teuer ist eine Flasche ohne Pfand?

15 Berechne jeweils die Seitenlängen.
 a) $u = 90$ cm
 b) $u = 60$ cm

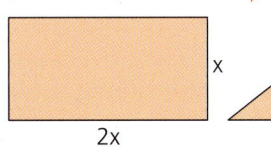
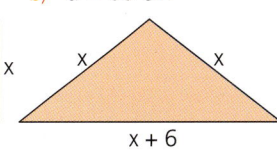

16 Berechne die fehlenden Winkel mithilfe einer Gleichung und mache die Probe.
 a)
 b)

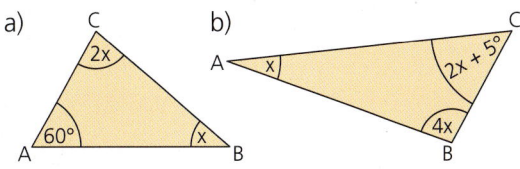

17 Vervollständige im Heft.
 a) ▬ = ▬ | –7
   $x = 5$
 b) ▬ = ▬ | : 6
   $x = 2$
 c) ▬ = ▬ | –3
   ▬ = ▬ | : 7
   $x = 4$
 d) ▬ = ▬ | +4
   ▬ = ▬ | : 3
   $x = -5$

Abschlussrunde

1 Vergleiche und setze die Zeichen <, > oder = ein.
  a) (56 + 24) : 16 ■ 56 : 16 + 24 : 16
  b) 2,6 − 1,5 − 0,8 ■ 2,6 − (1,5 − 0,8)
  c) 9,7 · (7,5 + 2,5) ■ 9,7 · 7,5 + 2,5
  d) (72 − 22) · 5 ■ 50 · 5
  e) (28 + 72) : 4 ■ 28 : 4 + 72
  f) (9 − 3) · (6 + 2) ■ 9 − 3 · 6 + 2

2 Herr Krause mietet ein Auto für zwei Tage.
  a) Stelle einen Term auf, mit dem er die Kosten bei beliebiger Fahrstrecke berechnen kann.
  b) Berechne den Gesamtpreis bei 50 km (100 km; 150 km; 200 km) Fahrstrecke.

Special Cars for Special Days
250 € pro Tag; 0,50 € pro km

3 a) Stelle jeweils einen Term für die Berechnung des Umfangs der Figur auf und vereinfache so weit wie möglich.
  b) Berechne jeweils den Umfang für $x = 5$ cm.

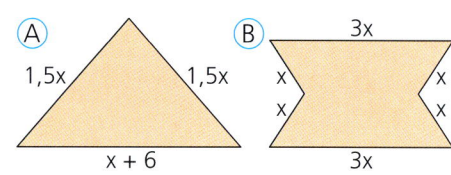

4 Für welchen Wert von x stimmt die Gleichung $5x + 25 = 60$?

$x = 10$ $x = 7$ $x = 5$ $x = -7$

5 Stelle Gleichungen auf und löse mit Umkehraufgaben.
  a)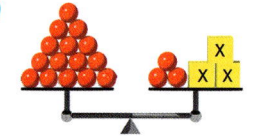
  b)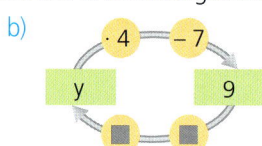
  c)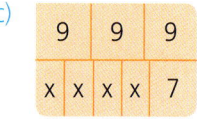

6 Löse die Gleichungen mithilfe von Äquivalenzumformungen. Prüfe dein Ergebnis mit der Probe.
  a) $3x + 2 = 14$
  b) $1 = 7y - 13$
  c) $a \cdot 3 - 5 = 7$
  d) $6x - 8 = -26$

7 Stelle Gleichungen auf und löse.
  a) Herr Birol hat beim Schlussverkauf 38 € ausgegeben. Er kaufte vier Paar Socken zu je 2 € und zwei T-Shirts. Wie viel kostete ein T-Shirt?
  b) Die Speditionsfirma Sorgenfrei soll eine Ladung transportieren, die aus sechs Fässern und einer Kiste besteht. Die Fässer sind gleich schwer. Die Kiste wiegt 150 kg, die Ladung insgesamt 870 kg. Berechne das Gewicht eines Fasses.

8 Stelle Gleichungen auf und berechne die gesuchte Größe.
  a) Ein Dreieck hat einen Flächeninhalt von 21 cm². Die Grundseite misst 7 cm.
  b) Ein Rechteck hat einen Umfang von 36 m. Die Breite beträgt 12 m.
  c) Ein Quader hat ein Volumen von 15 dm³. Er ist 30 cm lang und 20 cm breit.
  d) In einem Dreieck ist der Winkel α doppelt so groß wie der Winkel β. Der Winkel γ misst 75°. Berechne die Winkel α und β.

Kreuz & Quer

Zahlen und Operationen

1 Berechne.
a) $(+3{,}2) - (-4{,}9)$ b) $(-5{,}6) + (-4{,}6)$
c) $(-8{,}2) - (-5{,}3)$ d) $\left(-\tfrac{4}{5}\right) - \left(+\tfrac{3}{10}\right)$

2 Vergleiche: >, < oder =.
a) $(-5{,}4) \cdot 5$ ■ $(-4{,}5) \cdot (-5)$
b) $\left(+\tfrac{5}{4}\right) \cdot \left(-\tfrac{8}{10}\right)$ ■ $(+1{,}25) \cdot (-0{,}8)$
c) $(-19{,}6) : (-0{,}2)$ ■ $(+19{,}6) : (-2)$

3 Notiere Fragen und berechne.
a) Bei einer Geschwindigkeitskontrolle fuhren von 360 Autofahrern 45 zu schnell.
b) Ein Wintermantel wird für 198 € angeboten. Anfang Januar wird der Preis um 20 %, einen Monat später um 25 % herabgesetzt.

Größen und Messen

1
a) Rechnen mit Längeneinheiten

16,3 m + 760 cm	16,3 m + 7,6 dm
14,3 km – 2 900 m	3,6 cm – 14 mm

b) Rechnen mit Flächeneinheiten

8,5 m² + 750 dm²	0,6 dm² + 275 cm²
8,5 m² – 750 dm²	3,8 cm² – 120 mm²

c) Rechnen mit Volumeneinheiten

1 700 cm³ + 53 dm³	5,7 dm³ + 830 cm³
9,25 m³ – 750 dm³	25 m³ – 9 400 dm³

d) Rechnen mit Gewichtseinheiten

6,9 kg + 3 560 g	6,75 g + 2 250 mg
23,5 t – 2 600 kg	12,3 kg – 8 400 g

Raum und Form

1 Berechne den fehlenden Winkel des Dreiecks.

	a)	b)	c)
α	45°	■	100°
β	60°	45°	■
γ	■	90°	65°

2 Erstelle eine Planfigur und zeichne das Dreieck.
a) c = 7 cm; α = 57°; β = 43°
b) c = 4,5 cm; b = 3,5 cm; α = 60°

3 Der Flächeninhalt jeder Figur beträgt 210 cm². Berechne fehlende Angaben.

a) 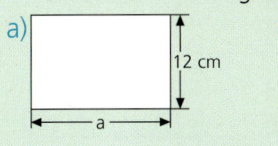 b)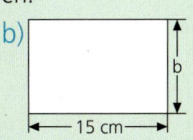

c) 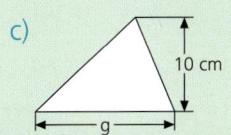 d)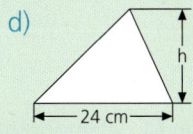

e) 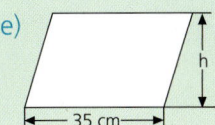 f)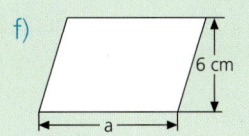

Daten und Zufall

1 Das Diagramm zeigt die durchschnittlichen Wassertemperaturen von Nordsee und Mittelmeer für den Zeitraum von Mai bis Oktober.

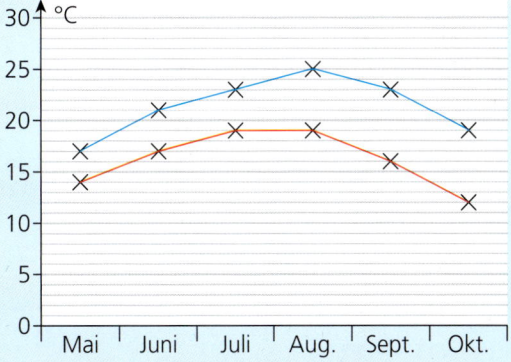

a) Ordne die Liniendiagramme richtig zu.
b) Übertrage und ergänze die Tabelle im Heft.

Monat	Mai	Juni
Temperatur Nordsee (°C)	14	
Temperatur Mittelmeer (°C)	17	

c) Vergleiche die durchschnittlichen Wassertemperaturen und stelle fest, in welchem Monat der Temperaturunterschied am geringsten bzw. am höchsten ist.

Aufwärmrunde

So schätze ich meine Leistung ein.

1 Rechnungen im Kopf lösen

a) Rechne im Kopf.

| 1,2 : 4 | 2,1 · 3 | 0,8 · 2 |
| 2,8 : 2 | 5,2 : 4 | 0,9 : 3 |

b) Rechne im Kopf.

| 4,5 · 2 | 4,5 · 20 | 3,5 · 4 |
| 16,8 : 2 | 16,8 : 4 | 18,6 : 6 |

2 Zugeordnete Werte bestimmen

a) Bestimme die fehlenden Angaben.

1 kg – 1,70 €
2 kg – ▪

1 kg – ▪
4 kg – 8,80 €

b) Berechne die Zutaten für 2 Personen.

Tiroler Gröstl
4 Personen
750 g Kartoffeln   2 kleine Zwiebeln
250 g Wurst   80 g Fett

3 Wertetabellen anlegen und auswerten

a) Übertrage die Tabelle und vervollständige sie.

Uhrzeit	Temperatur (°C)
6.00	14
10.00	

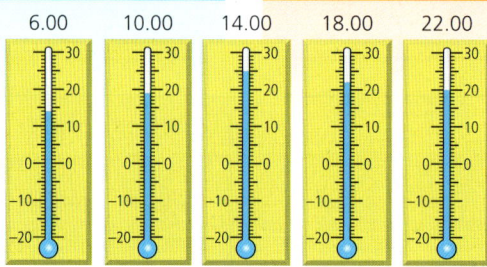

6.00   10.00   14.00   18.00   22.00

b) Berechne die Durchschnittstemperatur der fünf Messungen.

4 Diagramme kennen und ergänzen

a) Ordne einander richtig zu.

Liniendiagramm   Säulendiagramm   Balkendiagramm

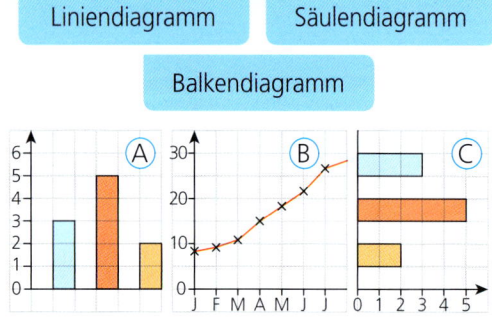

b) Alle 26 Kinder der 7. Klasse haben den Leistungsnachweis mitgeschrieben. Übertrage das Schaubild und ergänze die fehlende Säule.

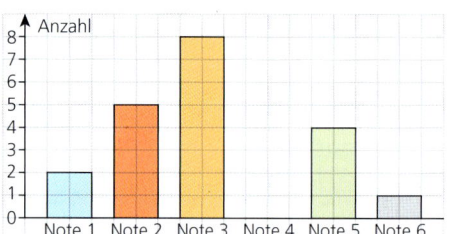

5 Sachaufgaben bearbeiten

a) Herr Stang hat im Monat Mai 156 Stunden gearbeitet und 2 691 € verdient. Wie hoch war sein Stundenlohn?

b) Frau Mitterreiter verdiente im Monat Mai nach 2 % Lohnerhöhung 2 805 €. Welchen Lohn hätte sie ohne Erhöhung bekommen?

6 Proportionalität

Einstieg

Betrachte das Liniendiagramm.
- Welcher Sachverhalt wird hier dargestellt? Beschreibe das Diagramm.
- Wo steigt die Temperatur, wo fällt sie, wo bleibt sie gleich?
- Warum fehlen wohl am Montag im Vergleich zu den anderen Tagen zwei Werte?
- Findet weitere Fragestellungen und beantwortet diese.

Ausblick

In diesem Kapitel lernst du
- Zuordnungen zu erkennen, zu beschreiben und verschiedenartig darzustellen.
- zwischen linearen und nicht linearen Zusammenhängen zu unterscheiden.
- Wertepaare bei proportionalen Zuordnungen rechnerisch zu ermitteln und durch den Vergleich mit der zeichnerischen Lösung zu kontrollieren.
- proportionale Zuordnungen in Sachzusammenhängen zu erkennen.

Zuordnungen untersuchen

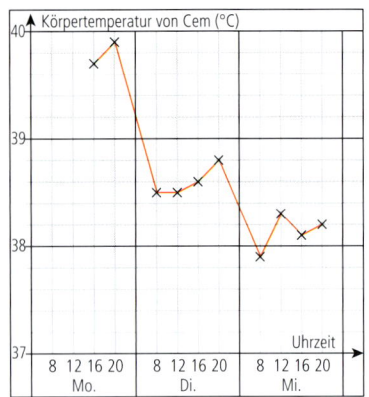
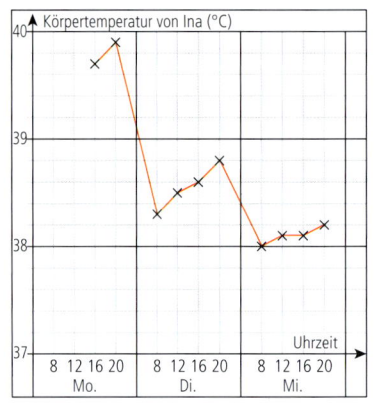
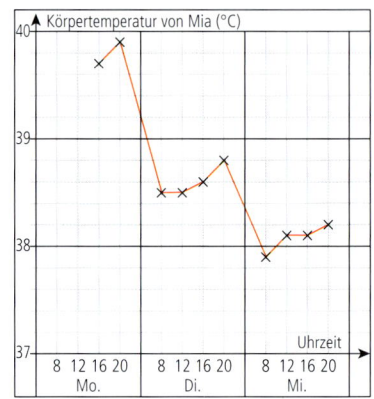

1 a) Beschreibe, was in den Diagrammen dargestellt ist.
b) Was bedeuten die Kreuzchen in den Diagrammen?

2 a) Welche Tabelle gehört zu welchem Diagramm von Aufgabe 1? Begründe.
b) Welchen Vorteil haben Tabellen, welchen Diagramme?

Ⓐ	8.00	12.00	16.00	20.00
Mo.	–	–	39,7 °C	39,9 °C
Di.	38,3 °C	38,5 °C	38,6 °C	38,8 °C
Mi.	37,9 °C	38,1 °C	38,1 °C	38,2 °C

Ⓑ	8.00	12.00	16.00	20.00
Mo.	–	–	39,7 °C	39,9 °C
Di.	38,5 °C	38,5 °C	38,6 °C	38,8 °C
Mi.	37,9 °C	38,1 °C	38,1 °C	38,2 °C

Ⓒ	8.00	12.00	16.00	20.00
Mo.	–	–	39,7 °C	39,9 °C
Di.	38,3 °C	38,5 °C	38,6 °C	38,8 °C
Mi.	38,0 °C	38,1 °C	38,1 °C	38,2 °C

Ⓓ	8.00	12.00	16.00	20.00
Mo.	–	–	39,7 °C	39,9 °C
Di.	38,5 °C	38,5 °C	38,6 °C	38,8 °C
Mi.	37,9 °C	38,3 °C	38,1 °C	38,2 °C

Zuordnung und Graph

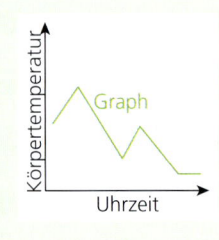

Eine Zuordnung ordnet einem Wert der einen Größe (z. B. Uhrzeit) genau einen Wert der anderen Größe (z. B. Körpertemperatur) zu.
Bei der zeichnerischen Darstellung ergibt jedes Wertepaar einen Punkt. Die Verbindungslinie dieser Punkte nennt man Graph.
Schreibweise: Uhrzeit → Körpertemperatur
Sprechweise: Die Körpertemperatur ist der Uhrzeit zugeordnet.

TIPP!

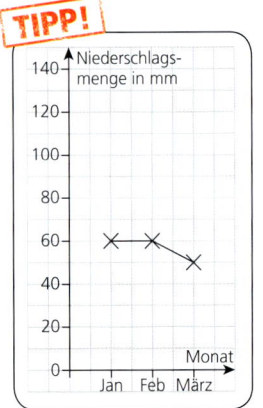

3

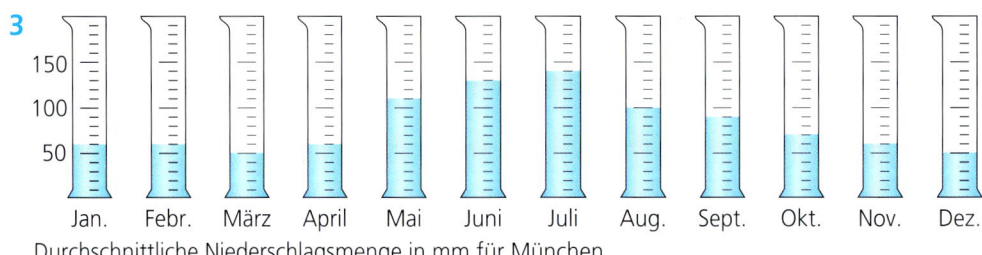

Durchschnittliche Niederschlagsmenge in mm für München

a) Welche Zuordnung findest du hier? Sprich und schreibe wie im Merkkasten.
b) Lege eine Tabelle an und zeichne den zugehörigen Graphen.
c) Finde mögliche Fragestellungen und beantworte diese.

4

Jan.	Febr.	März	April	Mai	Juni	Juli	Aug.	Sept.	Okt.	Nov.	Dez.
46	41	33	40	59	83	93	74	54	44	39	42

Wertetabelle

Durchschnittliche Niederschlagsmenge in mm für Regensburg

a) Welche Angaben sind einander in der Wertetabelle zugeordnet?
b) In welchem Monat fällt der meiste (wenigste) Niederschlag?
c) In welchem Quartal (Vierteljahr) fallen am meisten (wenigsten) Niederschläge?
d) Erstelle den zugehörigen Graphen.

5 Ein Temperaturschreiber (Thermograph) zeichnet fortlaufend die Temperatur auf. Die entstehende Linie zeigt den Zusammenhang zwischen Uhrzeit und Temperatur (Uhrzeit → Temperatur). Diese Linie nennt man Temperaturkurve.

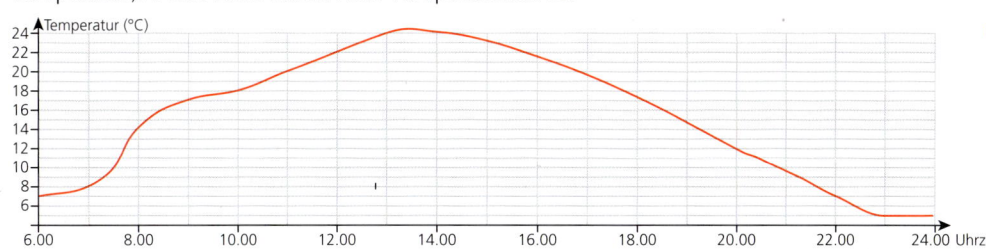

nicht lineare Zuordnung

a) Übertrage folgende Tabelle ins Heft. Entnimm die fehlenden Werte der Temperaturkurve.

Uhrzeit	6.00	7.00	8.00	10.00	12.00	14.00	20.00	22.00	23.00	24.00
Temperatur (°C)	■	■	■	■	■	■	■	■	■	■

b) Wann herrschte an diesem Tag eine Temperatur von 16 °C?
c) Wann wurde die tiefste (höchste) Temperatur erreicht?
d) Wie viele Temperaturwerte sind einer bestimmten Uhrzeit zugeordnet?
e) Kannst du auch sagen, wie hoch die Temperatur um 3 Uhr oder 4 Uhr sein wird?

6 a) Um welchen Sachverhalt könnte es hier gehen?
b) Welche Größen sind einander zugeordnet?
c) Beschreibe den Zusammenhang mit eigenen Worten (Je-desto-Sätze).
d) Erstelle eine Wertetabelle bis 8 s.
e) Erkläre den Unterschied zwischen linearer und nicht linearer Zuordnung.

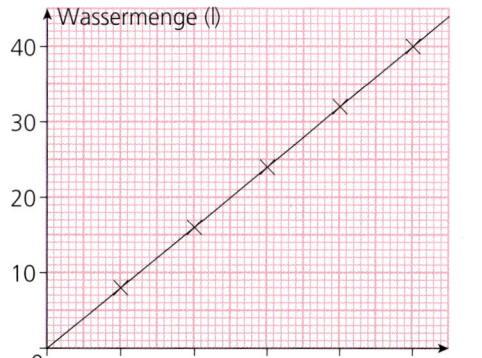

lineare Zuordnung

TIPP! Vergleiche die Graphen der Aufgaben 5 und 6 miteinander.

TIPP! Je ..., desto ...

7 Beschreibe die Zuordnungen mit eigenen Worten. Tausche dich mit deinem Nachbarn aus.
a) Äpfel (Kilogramm) → Preis (€)
b) Anzahl Pumpen → Fördermenge
c) Benzin (Liter) → Preis (€)
d) Anzahl Personen → Gewicht

8 Welche Zuordnungen von Aufgabe 7 sind linear? Begründe.

Zuordnungen im Koordinatensystem darstellen

1 Die AG Schulgarten hat Tomatensamen ausgesät. Das Wachstum einer Pflanze wurde dabei genau beobachtet und das Ergebnis festgehalten.

Zeit (Tage)	0	30	60	90	120	150	180
Höhe (cm)	0	5	14	30	58	105	132

a) Wie hoch war die Pflanze nach 30 Tagen (60 Tagen, 150 Tagen)?
b) Nach wie vielen Tagen erreichte die Pflanze eine Höhe von 30 cm (132 cm, 58 cm)?
c) Wie viele Zentimeter wuchs die Pflanze vom 150. bis zum 180. (30. bis zum 120.) Tag?
d) Liegt eine lineare Zuordnung vor? Begründe.

2 Die Zuordnung von Aufgabe 1 soll im Koordinatensystem dargestellt werden.

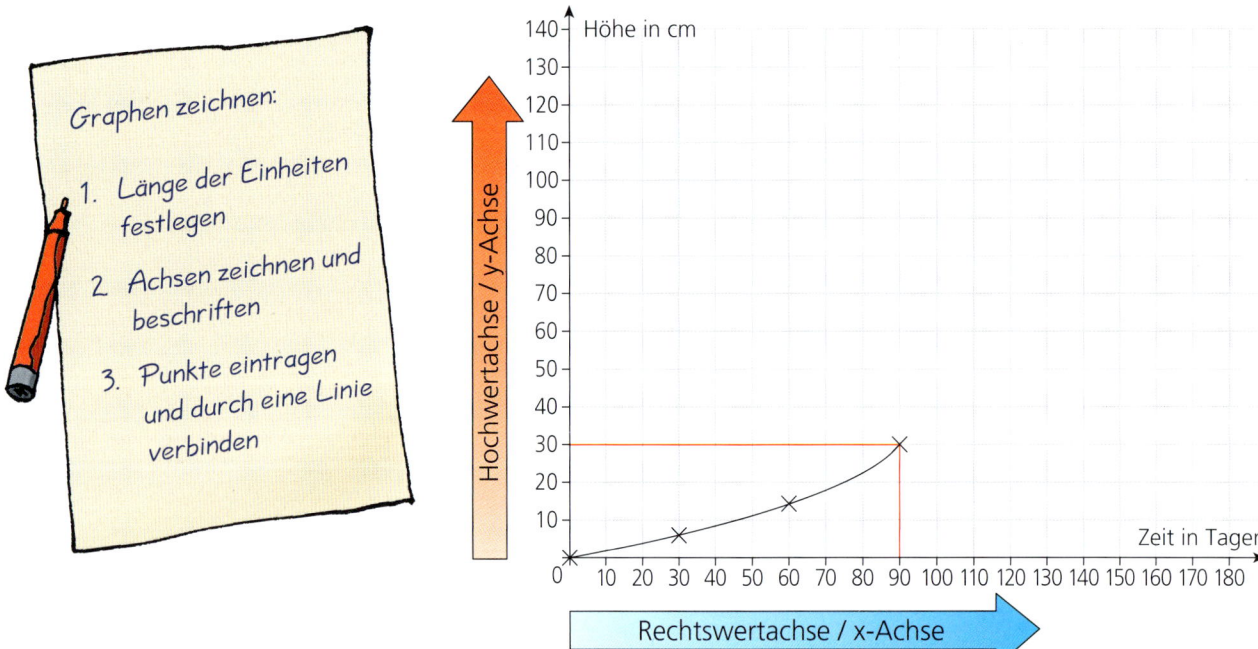

Graphen zeichnen:
1. Länge der Einheiten festlegen
2. Achsen zeichnen und beschriften
3. Punkte eintragen und durch eine Linie verbinden

a) Was wird dabei auf der x-Achse (Rechtswertachse) und was auf der y-Achse (Hochwertachse) angetragen?
b) Welche Einheiten wurden für die x-Achse und für die y-Achse festgelegt?
c) Übertrage die Darstellung in dein Heft und vervollständige sie.

3 a) In welchem Zeitraum ist die Pflanze am meisten (am wenigsten) gewachsen?
b) Woran kannst du dies am Graphen erkennen?

4 Kannst du aus dem Graphen ablesen, ob die Pflanze nach 45 Tagen genau 10 cm hoch war? Begründe deine Antwort.

5 Für das Wachstum einer Sonnenblume wurden folgende Ergebnisse notiert.

Zeit (Tage)	0	20	40	60	80	100	120	140	160
Höhe (cm)	0	6	22	56	85	102	128	155	174

a) In welchen Zeitabständen wurde die Höhe gemessen?
b) Wie hoch war die Pflanze nach 40 (140) Tagen?
c) Nach wie vielen Tagen erreichte die Sonnenblume eine Höhe von 56 cm (128 cm)?
d) Stelle die Zuordnung im Koordinatensystem dar.
e) Findet weitere Fragestellungen und beantwortet diese.

6

Uhrzeit	6 Uhr	8 Uhr	10 Uhr	12 Uhr	14 Uhr	16 Uhr	18 Uhr	20 Uhr	22 Uhr
Temperatur	12°C	15°C	19°C	24°C	26°C	25°C	22°C	19°C	18°C

a) Was wird in der Tabelle einander zugeordnet?
b) Stelle die Zuordnung im Koordinatensystem dar.
c) Finde mögliche Fragestellungen und beantworte diese.
d) Handelt es sich um einen linearen oder nicht linearen Zusammenhang? Begründe.

TIPP!

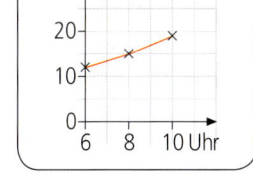

7 Eine 8 cm hohe Kerze wird angezündet und brennt gleichmäßig ab, nämlich 1 cm Kerze in 5 Minuten.

Brenndauer (min)	0	5	10
Kerzenhöhe (cm)	8	7	

a) Wann ist die Kerze vollständig abgebrannt?
b) Übertrage und ergänze die Tabelle.
c) Stelle die Zuordnung Brenndauer → Kerzenhöhe im Koordinatensystem dar.
  Rechtswertachse: 5 min ≙ 1 cm   Hochwertachse: 1 cm ≙ 1 cm

8 Um die Schüler zu mehr Vorsicht zu veranlassen, ließ ein Schulleiter folgende Wertetabelle aushängen.

Monat	Jan.	Febr.	März	April	Mai	Juni	Juli	Aug.	Sept.	Okt.	Nov.	Dez.
Unfallzahlen	12	25	28	5	20	6	18	0	4	25	32	16

a) Um welchen Sachverhalt handelt es sich dabei? Was wird einander zugeordnet?
b) Überlege, welche Längeneinheiten für die zeichnerische Darstellung günstig sind.

x-Achse	2 Monate ≙ 1 cm	1 Monat ≙ 1 cm	1 Monat ≙ 2 cm
y-Achse	10 Unfälle ≙ 1 cm	5 Unfälle ≙ 1 cm	1 Unfall ≙ 1 cm

c) Stelle die Zuordnung im Koordinatensystem dar.
d) Findet Gründe für die unterschiedlichen Unfallzahlen.

TIPP! *Denkt dabei zum Beispiel an den Ferienkalender.*

9 1 m³ Trinkwasser kostet 2,50 €.

Wassermenge (m³)	0	10	20	30
Preis (€)	0	25	50	

a) Übertrage die Preistabelle und ergänze sie bis 100 m³.
b) Stelle die Zuordnung im Koordinatensystem dar und beschreibe den Graphen.
c) Liegt ein linearer Zusammenhang vor? Begründe.

10 Angenommen, 1 m³ Trinkwasser kostet 3 €. Zeichne den zugehörigen Graphen mit anderer Farbe in das Koordinatensystem von 9 b) ein. Gehe dabei geschickt vor. Vergleicht euer Vorgehen.

Proportionale Zuordnungen erkennen

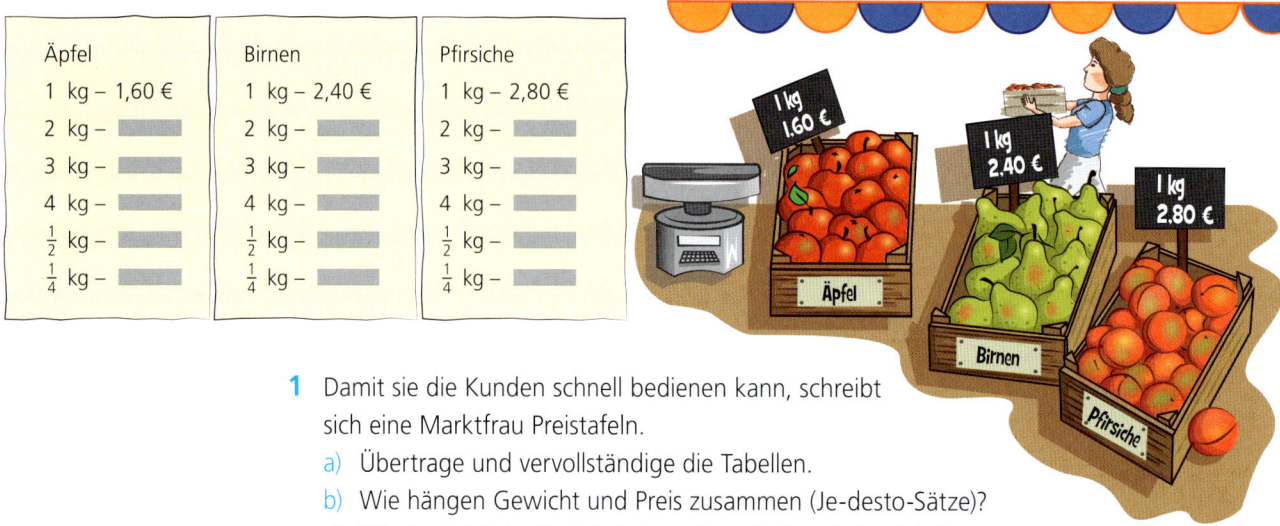

Äpfel	Birnen	Pfirsiche
1 kg – 1,60 €	1 kg – 2,40 €	1 kg – 2,80 €
2 kg –	2 kg –	2 kg –
3 kg –	3 kg –	3 kg –
4 kg –	4 kg –	4 kg –
½ kg –	½ kg –	½ kg –
¼ kg –	¼ kg –	¼ kg –

1 Damit sie die Kunden schnell bedienen kann, schreibt sich eine Marktfrau Preistafeln.
   a) Übertrage und vervollständige die Tabellen.
   b) Wie hängen Gewicht und Preis zusammen (Je-desto-Sätze)?
   c) Wie hoch ist der Preis bei doppeltem (halbem) Gewicht?
   d) Welches Gewicht gehört zum vierfachen Preis (vierten Teil des Preises)?

proportionale Zuordnung

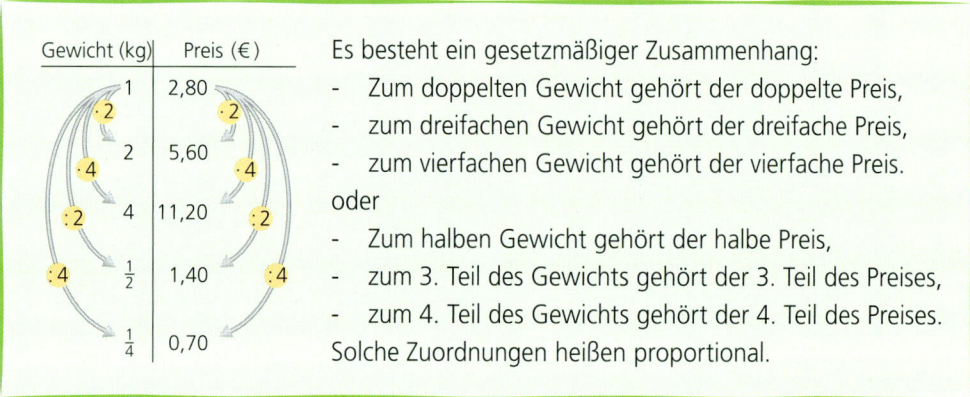

Es besteht ein gesetzmäßiger Zusammenhang:
- Zum doppelten Gewicht gehört der doppelte Preis,
- zum dreifachen Gewicht gehört der dreifache Preis,
- zum vierfachen Gewicht gehört der vierfache Preis.

oder

- Zum halben Gewicht gehört der halbe Preis,
- zum 3. Teil des Gewichts gehört der 3. Teil des Preises,
- zum 4. Teil des Gewichts gehört der 4. Teil des Preises.

Solche Zuordnungen heißen proportional.

2 Die 7. Klassen verkaufen auf dem Schulfest Lose für ein Kinderhilfswerk. Ein Los kostet 50 ct. Da viele Schüler mehrere Lose auf einmal kaufen werden, wird eine Preistabelle benötigt.
   a) Erstelle eine Preistabelle für 1 bis 12 Lose.
   b) Erkläre, warum die Zuordnung proportional ist.

3 Bei welchen Angeboten sind die Zuordnungen proportional?

Mehl	Seife	Hefte	Milch
1 kg – 1,02 €	1 Stück – 0,99 €	10 Stück – 4,00 €	1 l – 1,20 €
2,5 kg – 2,55 €	3 Stück – 2,95 €	2er-Packung – 0,90 €	¼ l – 0,30 €

4 Bei welcher Preisliste liegt eine proportionale Zuordnung vor? Begründe.

Bananen (kg)	1	2	3	4	5	6	7	8	9
Supermarkt (€)	1,70	3,40	5,10	6,80	8,50	10,20	11,90	13,60	15,30
Markthalle (€)	1,90	3,50	4,90	6,10	7,00	7,80	8,40	9,00	9,60

5 Ergänze jeweils die Tabelle der proportionalen Zuordnung in deinem Heft.

Gewicht	Preis
1 kg	1,50 €
5 kg	■
8 kg	■
12 kg	■

Stückzahl	Preis
1	■
2	1,30 €
4	■
10	■

Dieselmenge	Preis
1 l	1,42 €
■	71,00 €
■	49,70 €
■	21,30 €

Lösungen zu 5:		
15	0,65	12
50	2,60	7,50
35	6,50	18

6 In den USA hat man als Währung Dollar.
a) Übertrage die Umrechnungstabelle und vervollständige sie.
b) Ermittle für folgende €-Beträge den Geldwert in US-Dollar:
15 €, 60 €, 110 €, 300 €, 700 €.
c) Wie viele € bekommt man für 3 USD, 30 USD, 90 USD, 150 USD, 225 USD?
d) Besorgt euch den aktuellen Umrechnungskurs. Erstellt damit eine entsprechende Umrechnungstabelle und vergleicht.

€	USD
1	1,22
2	■
5	■
10	■
20	■
50	■
100	■
200	■
500	■

7 In die Tabellen der proportionalen Zuordnungen haben sich Fehler eingeschlichen. Finde diese und berichtige sie.

a)
Semmeln	Preis (€)
3	0,75
9	2,34

b)
Arbeitszeit (h)	Lohn (€)
48	672
24	1344

c)
Farbe (ml)	Fläche (m²)
500	4
1000	8
2000	24

8 Übertrage und ergänze die Tabelle der proportionalen Zuordnung.

a)
Flaschen	3	12	60
Preis (€)	2,70 €	■	■

b)
Stück	■	30	45
Gewicht (g)	60	180	■

Lösungen zu 8:		
10	270	10,80
54		

9 Ergänze die fehlenden Größen der proportionalen Zuordnungen mithilfe der Lösungen durch überschlägiges Rechnen.

a)
Gewicht (g)	Preis (€)
200	2,20
1200	■

b)
Stück	Preis (€)
3	4,50 €
15	■

c)
Portionen	Preis (€)
10	46,00
2	■

Lösungen zu 9:		
9,20	13,20	22,50

10 Wenn man für 5 kg Brot 4000 g Mehl braucht, dann braucht man für 1 kg Brot den ■ Teil, also 4000 g : ■ = ◆ g.
Wenn man für 1 kg Brot ◆ g Mehl braucht, dann braucht man für 3 kg Brot ▲-mal so viel Mehl, also ◆ g · ▲ = ● g.

11 Beurteile folgende Aussagen hinsichtlich der Proportionalität.
a) Ein Liter Milch kostet 1,09 €, dann kosten 8 Liter 8,72 €.
b) Für 3,30 € erhält man 3 Gurken, für 5 Gurken bezahlt man 4,90 €.

Proportionale Zuordnungen grafisch darstellen

Bananen (kg)	Preis (€)
1	1,50
2	3,00
3	4,50
4	■
5	■
6	■
7	■
8	■

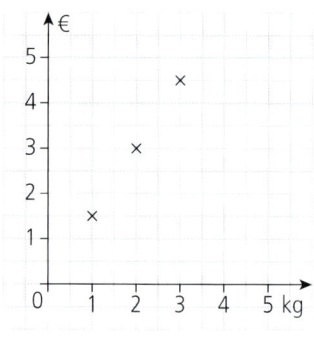

1 a) Gib an, welche Größen einander zugeordnet werden.
b) Zeichne die Tabelle ins Heft und ergänze sie.
c) Übertrage das Schaubild und vervollständige es.
d) Verbinde die ermittelten Punkte. Was stellst du dabei fest?

2 a) Lege dir eine entsprechende Tabelle bis zu einer Warenmenge von 8 kg an.
b) Zeichne ein Koordinatensystem ins Heft und trage die Wertepaare ein.
c) Verbinde die ermittelten Punkte. Was lässt sich über den Graphen einer proportionalen Zuordnung im Koordinatensystem aussagen (vergleiche auch Aufgabe 1 d)?
d) Wie viele Wertepaare sind deshalb für die Zeichnung nur erforderlich?

Graph einer proportionalen Zuordnung: Halbgerade

> Bei proportionalen Zuordnungen liegen alle Punkte einander zugeordneter Werte auf einer Halbgeraden, die vom Nullpunkt ausgeht. Für das Zeichnen des Graphen ist deshalb nur ein weiteres Wertepaar erforderlich.
> Zum Beispiel: (0|0) und (4|6)
> Alle übrigen Wertepaare liegen auf der Halbgeraden.

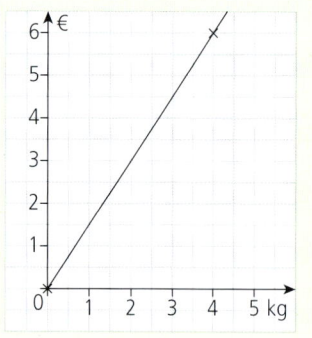

Lösungen zu 3b und c:

11	6	5
2	3,50	8

3 a) Stelle die Zuordnung im Koordinatensystem dar.
b) Lies ab, wie viel 4 (7; 12) Kiwis kosten.
c) Wie viel Kiwis bekommt man für 2,50 € (4 €; 5,50 €)?

4

Zeit (h)	1	■	■	3½	■	4½	5	■	7	■	8
Lohn (€)	■	30	40	■	80	■	100	130	■	145	■

a) Handelt es sich um eine proportionale Zuordnung? Begründe.
b) Zeichne den Graphen und vervollständige die Tabelle durch Ablesen.

5 a) Nenne die einander zugeordneten Größen und erläutere den dargestellten Sachverhalt.
b) Gib für beide Fahrer Startzeit und Durchschnittsgeschwindigkeit an.
c) Übertrage und vervollständige die Tabelle für den Radfahrer.

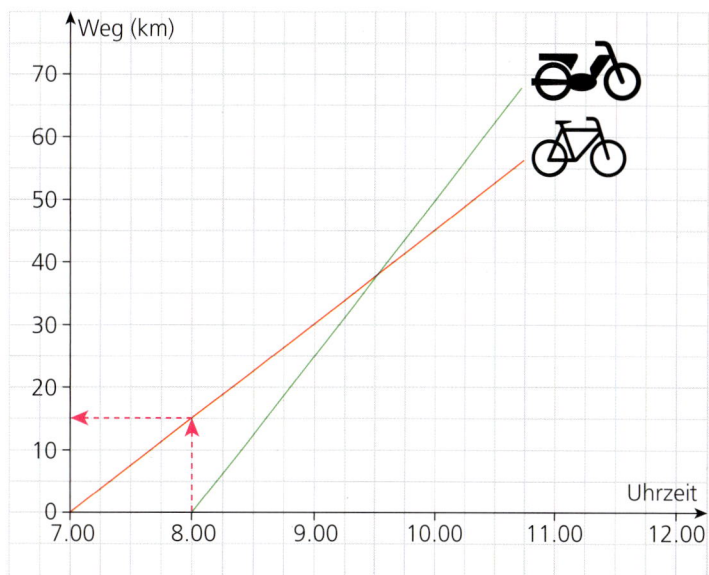

Uhrzeit	7.00	8.00	9.00	10.00	11.00	12.00
Weg (km)	■	■	■	■	■	■

d) Lies ab, wann und nach wie vielen Kilometern der Radfahrer eingeholt wird.
e) Wie lange waren beide Fahrer bis zum Einholen jeweils unterwegs?

6 Aus einem Rohr fließen in der Minute 50 Liter Wasser.
a) Bestimme zeichnerisch die Wassermenge, die nach 3 (5; $4\frac{1}{2}$) Minuten aus dem Rohr geflossen ist.
b) Entnimm der grafischen Darstellung, nach welcher Zeit 200 (125; 275) l aus dem Rohr geflossen sind.

TIPP!
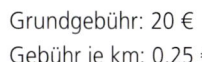

7 Ein Auto kann man auch mieten. Neben einer Grundgebühr ist dabei eine Kilometergebühr zu bezahlen, die von der Länge der Fahrstrecke abhängt.

a) Übertrage die Tabelle ins Heft und vervollständige sie bis zu einer Fahrstrecke von 200 km.

Grundgebühr: 20 €
Gebühr je km: 0,25 €

Fahrstrecke (km)	0	20	40	60
Kilometergebühr (€)	0	5	10	
Gesamtkosten (€)	20	25		

b) Wähle einen geeigneten Maßstab aus.

| x-Achse: 1 cm ≙ 5 km | x-Achse: 1 cm ≙ 20 km | x-Achse: 1 cm ≙ 20 km |
| y-Achse: 1 cm ≙ 10 € | y-Achse: 1 cm ≙ 5 € | y-Achse: 1 cm ≙ 20 € |

TIPP!
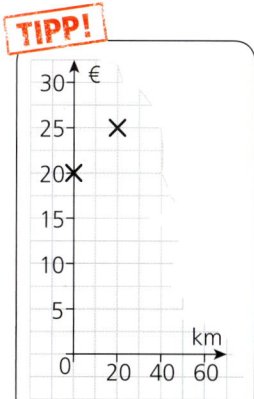

c) Übertrage und vervollständige das Schaubild.
d) Lies die Gesamtkosten für eine Fahrstrecke von 30 km (70 km; 150 km) ab.
e) Lies die Fahrstrecke bei Gesamtkosten von 32,50 € (47,50 €; 62,50 €).

8 Welche der Graphen gehören zu proportionalen Zuordnungen und welche nicht? Begründet.

a) 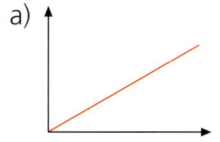   b)    c) 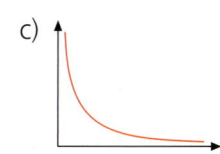   d)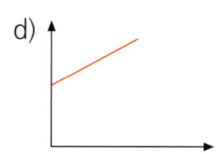

Proportionale Zuordnungen berechnen

1 Mutter hat sich einen Einkaufszettel geschrieben. Mit welchen Ausgaben muss sie rechnen? Schreibe und rechne dabei wie angegeben.

Lösungen zu 1:		
37,43	2,35	11,40
14	0,78	8,90

2

 5,04  7,11  9,18  14,90

Berechne den jeweiligen Preis pro Kilogramm nach folgendem Beispiel.

der 10. Teil der Menge   10 kg → 14,90 €   der 10. Teil des Preises
                          1 kg → ▨ €

TIPP!

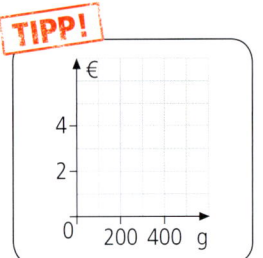

3 a) Berechne die Werte.
b) Löse jeweils zeichnerisch und vergleiche mit deinen berechneten Werten.

Ⓐ 15 Semmeln kosten 7,50 €. Wie viel kosten 3 (5) Semmeln?

Ⓑ 200 g Schinken kosten 3 €. Wie viel kosten 800 g (1,4 kg)?

4 Thomas hat zusammen mit seinem Freund gemessen, dass sein Mountainbike bei 5 Radumdrehungen etwa 8 m zurücklegt. Jetzt möchte er wissen, welche Strecke das Rad bei 100 Umdrehungen zurücklegt.
a) Übertrage und ergänze den Lösungsweg.
b) Dieser Lösungsweg wird Zweisatz genannt. Erkläre den Begriff.
c) Welche Strecke legt das Rad bei 250 (400; 1 000) Umdrehungen zurück?
d) Wie viele Umdrehungen sind für 1 km erforderlich?

Zweisatz

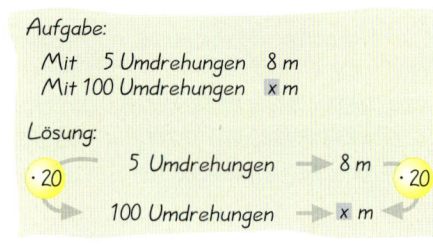

5 Überlege dir kleine Rechengeschichten und berechne mit dem Zweisatz.

a) 200 km → 14 l	b) 4,2 m wiegen 14,7 kg	c) 4 h → 100 €
600 km → ▨ l	1 m wiegt ▨ kg	▨ h → 250 €

Lösungen zu 5:		
10	42	3,5

6 Michael spart jede Woche den gleichen Betrag.
  a) Übertrage den Lösungsweg ins Heft und ergänze ihn.
  b) Dieser Lösungsweg wird Dreisatz genannt. Erkläre den Begriff.
  c) Welchen Betrag hat er nach 45 (78; 130) Wochen gespart?

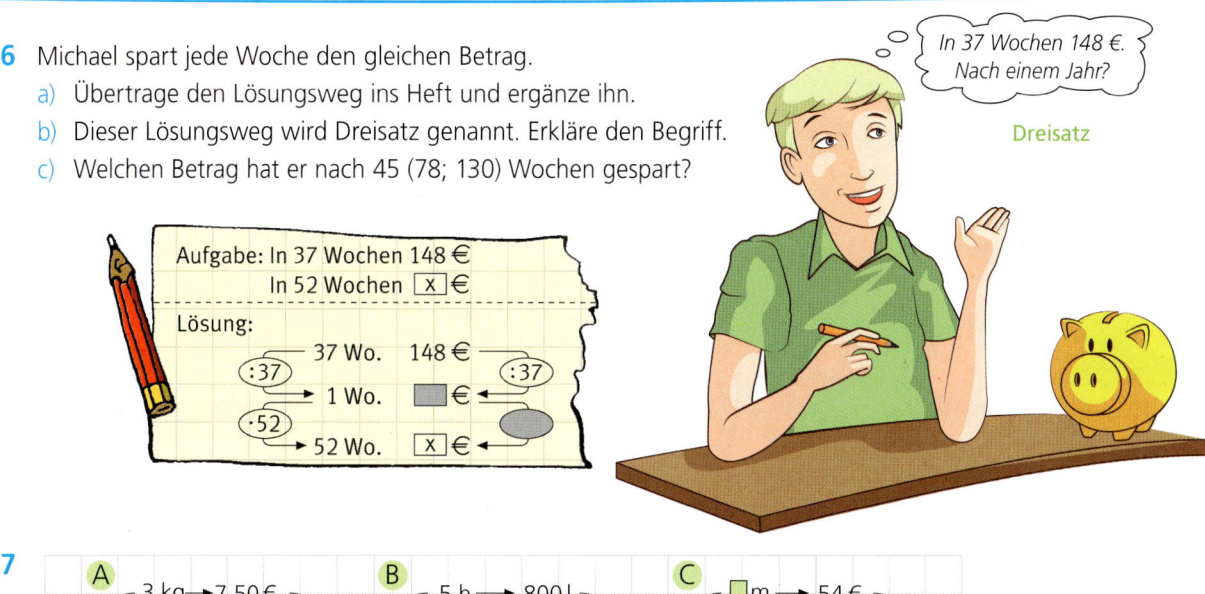

7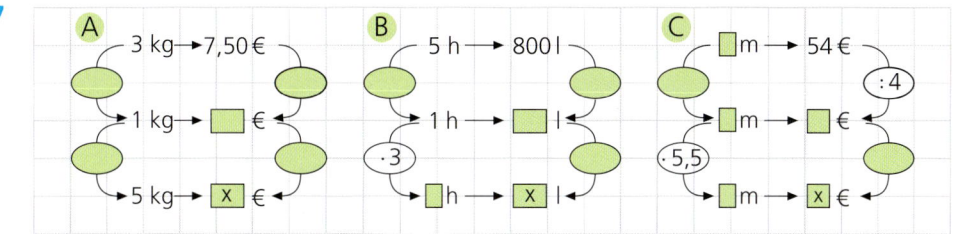

  a) Übertrage und vervollständige.
  b) Löse jeweils zeichnerisch und vergleiche mit deinen berechneten Werten.
  c) Formuliert jeweils eine Rechengeschichte. Vergleicht diese untereinander.

8 Berechne mit dem Dreisatz.
  a) Im Supermarkt kosten 5 Kiwis 95 ct. Wie viel kosten acht?
  b) Mutter zahlt im Obstladen für drei Gurken 4,17 €. Preis für fünf?
  c) 2,5 l Motoröl kosten 20,50 €. Für einen Ölwechsel werden 4 l benötigt.

Lösungen zu 8 und 9:		
34	32,80	6,95
403	18	1,52
186		

9 Frau Müller bekommt für 20 Arbeitsstunden 310 € bezahlt.
  a) Wie viel € erhält sie für 12 (26) Stunden?
  b) Wie viele Stunden hat sie gearbeitet, wenn sie 279 (527) € erhält?

10 Herr Krause zahlt für 14 Übernachtungen 392 €. Wie viel muss sein Kollege bei gleichem Zimmerpreis für 12 Überachtungen bezahlen?
  a) Ergänze die Dreisatzrechnung.
  b) Vergleiche mit den bisherigen Dreisatzrechnungen.
  c) Wie viel kosten 21 Übernachtungen?

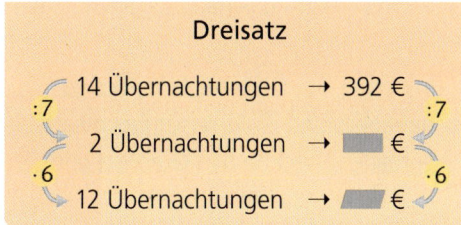

TIPP! Du musst beim Dreisatz nicht immer über die 1 gehen!

11 In 10 Minuten legt Frau Özdeveli mit dem Auto 15 Kilometer zurück. Wie viele Kilometer kann sie bei gleicher Geschwindigkeit in 25 Minuten schaffen? Löse rechnerisch und zeichnerisch und vergleiche deine Ergebnisse.

Zuordnungen in der Prozentrechnung erkennen

1 a) Übertrage und ergänze die Tabelle für den Räumungsverkauf.

Warenpreis (€)	10	20	30	■	50	■	■	■	■	100
Preisnachlass (€)	■	■	6	■	■	12	■	■	18	■

b) Überprüfe, ob die Zuordnung Warenpreis → Preisnachlass proportional ist.
c) Zeichne und beschreibe den zugehörigen Graphen. Trage auf der x-Achse den Warenpreis (1 cm ≙ 10 €) und auf der y-Achse den Preisnachlass (1 cm ≙ 4 €) an. Lies den Preisnachlass in € für die Waren auf dem Plakat ab.

2

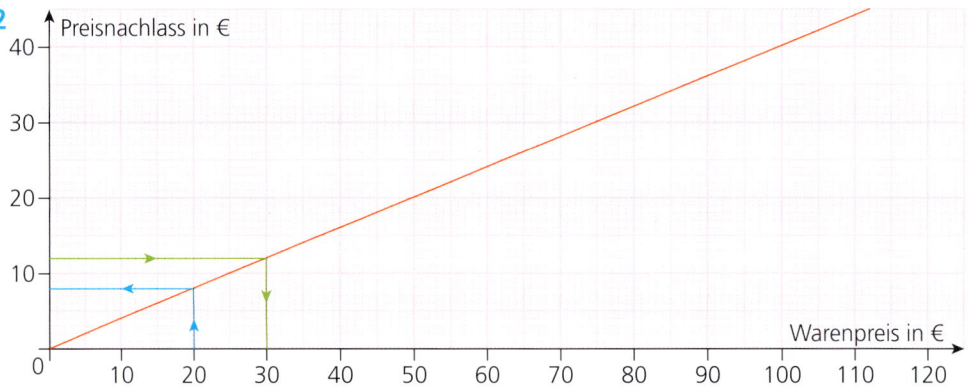

a) Lies den Preisnachlass bei 20 € (70 €; 15 €; 85 €) Warenpreis ab.
b) Bestimme den Warenpreis bei 12 € (32 €; 10 €; 38 €) Preisnachlass.
c) Wie hoch ist der Preisnachlass in Prozent? Wo lässt sich dies leicht ablesen?

Lösungen zu 2 und 3:

34	6	80
15	40	8
25	6	15
27	95	30
28	50	18
35		

3 Wegen kleiner Produktionsfehler verkauft ein Outlet-Geschäft Jeans zu 60 € um 30 % günstiger.
Löse durch Ablesen.
a) Um welchen Geldbetrag wird eine Jeans billiger?
b) Wie hoch wäre der Preisnachlass in € bei 10 % (25 %; 45 %)?
c) Wie viel Prozent würde eine Jeans bei einer Verbilligung von 30 € (9 €; 21 €) weniger kosten?

4 In der 2-l-Flasche eines Erfrischungsgetränkes sind 35 % reinen Fruchtsaft enthalten. Zeichne den Graphen und löse durch Ablesen.
a) Welche Menge reinen Fruchtsafts war zur Herstellung notwendig?
b) Wie viel Prozent reinen Fruchtsafts enthält das Getränk, wenn zur Herstellung 0,2 l (0,6 l; 0,9 l) je 2-l-Flasche verwendet wurden?

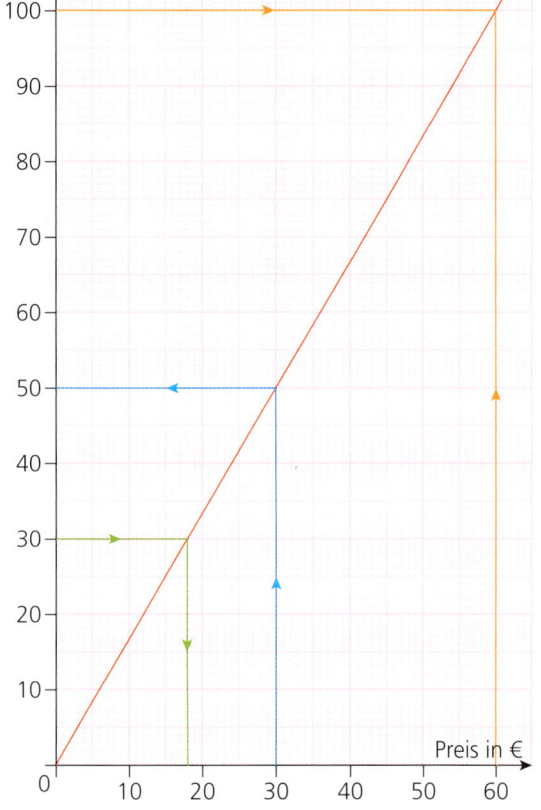

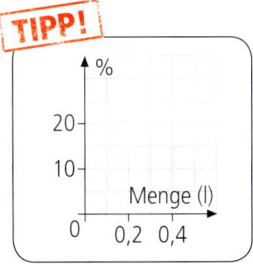
TIPP!

Thema: Aktivitäten in der Jugendherberge

Programmpunkt	Stimmen	
	7a	7b
Stadtrallye	III	HHT
Besuch Falkenhof	III	IIII
Schifffahrt	IIII	HHT
Besuch Burg	I	HHT
Sommerrodelbahn	HHT I	II
Besuch Kristallmuseum	II	IIII
Besuch Steinzeithöhlen		I

1 Jeder Teilnehmer konnte mit seiner Stimme deutlich machen, welchen Programmpunkt er in jedem Fall während des Aufenthalts in der Jugendherberge machen möchte.
Stelle die Stimmenverteilung für beide Klassen in einem Kreisdiagramm (r = 5 cm) dar.

2 a) Lege dich entsprechend der Stimmenzahlen bei Aufgabe 1 auf vier Programmpunkte fest und bestimme dann, mit welchen Ausgaben dabei insgesamt jeweils für alle teilnehmenden Schüler zu rechnen ist.
b) Diese Ausgaben werden gleichmäßig auf alle Schüler verteilt. Welche Kosten fallen für jeden an?

STADTRALLYE je Teilnehmer 1 €

Besuch Steinzeithöhlen frei

BURG Eintritt
Schulklassen frei

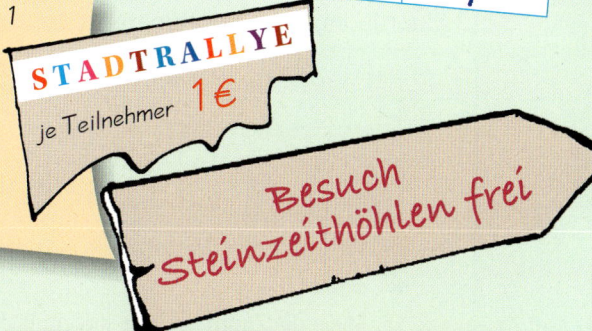

Personenschifffahrt		
Fahrpreise	einfach	mit Rückfahrt
Einzelpersonen		
Erwachsene	6,50 €	11,50 €
Kinder unter 6 Jahren	frei	frei
Kinder 6 – 16 Jahre	5,50 €	10,00 €
Gruppen		
Schulklassen bis 12 J.	4,50 €	8,00 €
Schulklassen ab 12 J.	5,00 €	8,50 €

KRISTALLMUSEUM
Gruppenpreise ab 15 Personen
Erwachsene: 3,50 €
Kinder (6 – 14 Jahre): 2,50 €

FAHRPREISE

	Einzelfahrt	5er Block
Erwachsene	2,00 €	9,00 €
Kinder (bis 14 J.)	1,50 €	6,50 €
Gruppentarif ab 15 Kindern	1,00 €	–

FALKENHOF
Gruppenkarte – Schulklasse
3 € je Schüler/in

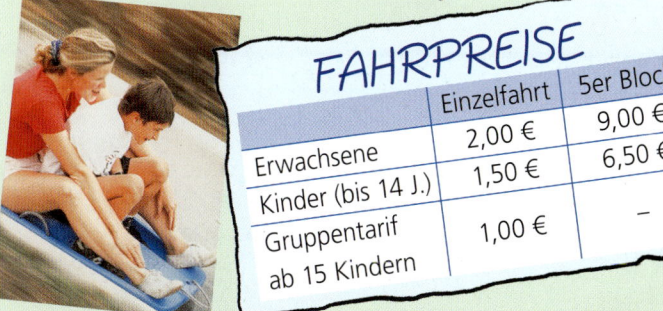

3 a) Ermittelt für die angegebenen Programmpunkte die Stimmenverteilung in eurer Klasse und stellt sie in einem Kreisdiagramm (r = 5 cm) dar.
b) Berechnet für die „Top 4 Programmpunkte" eurer Klasse die Ausgaben für alle und für jeden Schüler.

Zwischenrunde

So schätze ich meine Leistung ein.

1 Zuordnungen untersuchen ➔ S. 134, 135

a) Ⓐ Welche Größen sind einander zugeordnet?

Ⓑ Lies die fehlenden Werte ab.
  4 m² → ▇ €
  ▇ m² → 45 €

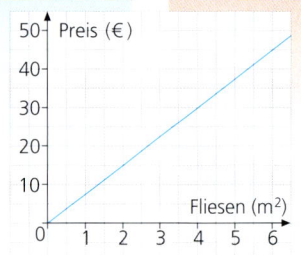

b) Ⓐ Begründe, warum eine lineare Zuordnung vorliegt.

Ⓑ Formuliere zum Graphen eine Aufgabe.

2 Zuordnungen im Koordinatensystem darstellen ➔ S. 136, 137

a) Das Wachstum von Bohnen wurde beobachtet.

Zeit (Tage)	1	3	5	7	11
Höhe (cm)	0	0	1,5	4,5	8

Ⓐ Was ist in der Wertetabelle einander zugeordnet?
Ⓑ Stelle die Zuordnung im Koordinatensystem dar.

b) Lisa hat regelmäßig die Temperatur eines Tages für das Fach Natur und Technik gemessen.

Uhrzeit	10.00	12.00	14.00	16.00	18.00
Temp. (°C)	8	12	10	14	16

Ⓐ Stelle die Zuordnung im Koordinatensystem dar.
Ⓑ Handelt es sich um eine lineare Zuordnung? Begründe.
Ⓒ Wie warm war es um 20 Uhr?

3 Proportionale Zuordnungen erkennen ➔ S. 138, 139

a) Finde die proportionalen Zuordnungen heraus.

Ⓐ
kg	0	1	2	6
€	0	4,50	9	27

Ⓑ
Anzahl	1	2	3	6
Preis (€)	0,65	1,30	1,95	3,30

Ⓒ
kg	2	4	6	8
€	3,60	7,20	10,80	14,40

b) In die Tabelle der proportionalen Zuordnung hat sich ein Fehler eingeschlichen. Finde und berichtige diesen. Es gibt zwei Möglichkeiten.

Arbeitszeit (h)	Lohn (€)
0	0
1	18,85
2	37,70
8	113,10
12	226,20

4 Proportionale Zuordnungen ergänzen ➔ S. 138, 139

a) Übertrage und ergänze die Tabelle im Heft so, dass die Zuordnung proportional ist.

Brezen	Preis (€)
2	1,20
4	▇
5	▇
8	▇
10	▇

b) Übertrage und ergänze die Tabelle im Heft so, dass die Zuordnung proportional ist.

Zeit (h)	Weg (km)
0,5	8
1,5	▇
▇	32
3	▇
▇	80

Selbsteinschätzungs-
bogen: 60007-13

5 Proportionale Zuordnungen grafisch darstellen ⮕ S. 140, 141

a) Ⓐ Ein Auto verbraucht auf 100 km 9 l Super. Zeichne zur Wertetabelle den passenden Graphen.
(x-Achse: 1 cm ≙ 100 km;
y-Achse: 1 cm ≙ 9 l)

Strecke (km)	100	200	300	400	500
Verbrauch (l)	9	18	27	36	45

Ⓑ Wie viele Wertpaare hättest du zum Zeichnen nur gebraucht? Begründe.

b) Ⓐ Zeichne für beide Sorten den Graphen in ein Koordinatensystem. Verwende dabei zwei Farben.

Ⓑ Entnimm den Graphen, wie viel Euro 3 kg (4,5 kg) jeweils kosten.

6 Proportionale Zuordnungen mit dem Zweisatz berechnen ⮕ S. 142

a) Berechne den jeweiligen Preis für 2 Liter.

 500 ml 1,10 €    10 l 8,30 €

b) Özge geht auf eine sechstägige Klassenfahrt. Sie muss insgesamt 150 € bezahlen. Wie teuer kommen ihr im Schnitt zwei Tage? Löse rechnerisch.

7 Proportionale Zuordnungen mit dem Dreisatz berechnen ⮕ S. 143

a) Frau Götz bezahlt beim Obsthändler für 6 kg Orangen 9 €. Wie viel müsste sie für 4 kg (5 kg; 3,5 kg) bezahlen?

b) Ina, Emma und Safije kaufen zusammen ein Aktionsangebot mit 70 Packungen Kaugummi. Sie bezahlen 42 €.
Ina bekommt 28, Emma 24 und Safije nimmt sich den Rest. Wie viel muss jede bezahlen?

8 Zuordnungen in der Prozentrechnung erkennen ⮕ S. 144

a)
Ⓐ Lies den Preisnachlass bei einem Warenpreis von 20 € (60 €) ab.
Ⓑ Wie hoch ist der Preisnachlass in Prozent?

b) Bei 30 € Warenpreis liegt der Preisnachlass bei 9 €.
Ⓐ Zeichne den zugehörigen Graphen.
Ⓑ Entnimm dem Graphen den Preisnachlass bei folgenden Warenpreisen.

| 50 € | 60 € | 20 € |

Ⓒ Wie hoch ist der Preisnachlass in Prozent?

148 Üben und vertiefen

Auf einen Blick

Zuordnungen

Eine Zuordnung ordnet einem Wert der einen Größe (z. B. Uhrzeit) genau einen Wert der anderen Größe (z. B. Temperatur) zu.

Schreibweise: Uhrzeit → Temperatur

Eine Zuordnung kann linear oder nicht linear sein.

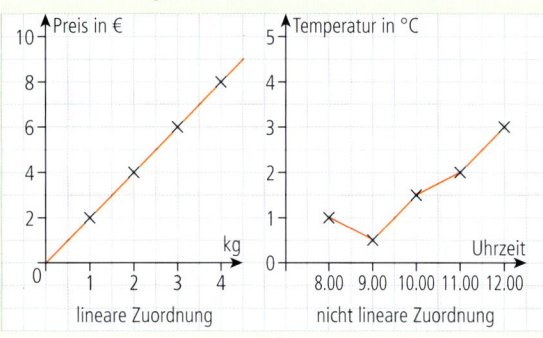

lineare Zuordnung · nicht lineare Zuordnung

Proportionale Zuordnungen

Kennzeichen

Zum n-Fachen/n-ten Teil der einen Größe gehört das n-Fache/der n-te Teil der anderen.

Dreisatz

Ein 3 m langes Rohr wiegt 4,5 kg. Wie viel wiegen 4 m desselben Rohres?

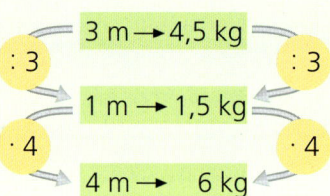

Wertetabelle

Länge (m)	1	2	3	4
Masse (kg)	1,5	3	4,5	6

Graph

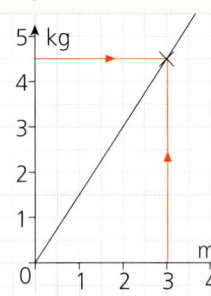

1. Längen der Einheiten festlegen
2. Achsen zeichnen und beschriften
3. Punkte eintragen und verbinden

Der Graph ist eine vom Nullpunkt ausgehende Halbgerade.

---

1 a) Welche Größen sind einander zugeordnet.
b) Ist die Zuordnung linear oder nicht linear?

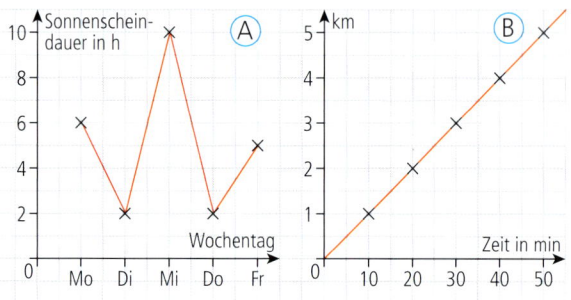

2 Ergänze die proportionalen Zuordnungen im Heft.

a)
Zeit (h)	1	2	3	4	5	6
Weg (km)	75	■	■	■	■	■

b)
Volumen (l)	10	20	30	40	50
Preis (€)	■	■	45	■	■

3 Der Graph zeigt die Zuordnung Gewicht → Preis (Kartoffelkauf).

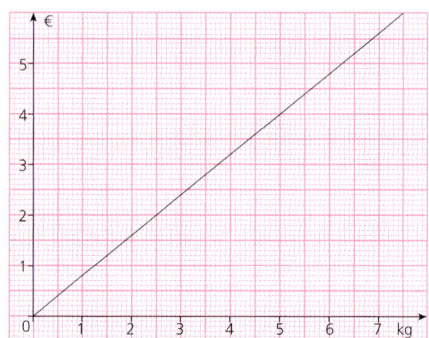

a) Wie lässt sich am Graphen sofort die Proportionalität erkennen?
b) Lies die fehlenden Tabellenwerte ab.

Menge (kg)	2	3	4,5	6	6,5
Preis (€)	■	■	■	■	■

Preis (€)	1,20	3,20	4,00	4,40	5,60
Menge (kg)	■	■	■	■	■

4 Ein Kilogramm Mandarinen kostet 1,25 €.
a) Lege eine Wertetabelle bis zu 8 kg an.
b) Stelle die Zuordnung zeichnerisch dar.

5 Bei 40 Arbeitsstunden verdient Frau Makeroth in der Woche 420 €. Aus familiären Gründen möchte sie in der Woche nur noch 25 Stunden arbeiten.

6 Bestimme die fehlenden Werte der proportionalen Zuordnung.

a)
Pers.	€
4	6
1	▪
7	▪

b)
h	km
2,5	50
1	▪
4	▪

7 Ein Flugzeug fliegt mit einer durchschnittlichen Geschwindigkeit von 800 $\frac{km}{h}$.
a) Berechne die zurückgelegte Flugstrecke für eine Flugzeit von 10 h (2,5 h; 7,5 h).
b) Stelle die Zuordnung grafisch dar und vergleiche damit deine Ergebnisse von a).
c) Begründe, warum es sich um eine lineare Zuordnung handelt.

8 Stelle fest, bei welchen Waren die Zuordnungen proportional sind.

Orangen		Marmelade		Zahnpasta	
kg	€	g	€	g	€
2,5	3,27	125	1,75	50	0,98
5	6,54	500	7,00	75	1,45

9 Melike spart jede Woche den gleichen Betrag. In 20 Wochen hat sie so 70 € gespart.
a) Wie viel hat sie nach 27 (33; 41) Wochen gespart?
b) Wann hat sie 126 (182) € gespart?

10 Beschreibe die Zuordnungen mit eigenen Worten. Wo gelingt das mit Je-desto-Sätzen? Welche Zuordnungen sind wohl linear? Begründe.
a) Anzahl der Eiskugeln → Preis (€)
b) Kilometer → Stunden
c) Uhrzeit → Regenmenge
d) Eintrittskarten → Preis (€)

11 Vervollständige im Heft.

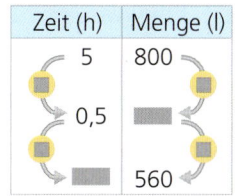

12 Finde Rechengeschichten und berechne mit dem Zweisatz.

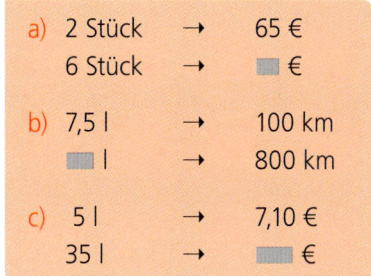

a) 2 Stück → 65 €
   6 Stück → ▪ €
b) 7,5 l → 100 km
   ▪ l → 800 km
c) 5 l → 7,10 €
   35 l → ▪ €

13 a) Wie viel kosten 10 (18) Päckchen?
b) Wie viele Päckchen bekommt man für 22,68 (41,58) €?

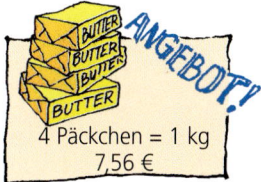

4 Päckchen = 1 kg
7,56 €

14 Aus einem undichten Wasserhahn tropfen in einer Minute 4 cm³ Wasser.
a) Wie viel cm³ gehen täglich verloren?
b) Nach welcher Zeit ist 1 l Wasser aus dem Hahn getropft?

15 Ein rechteckiges Baugrundstück ist 24 m lang und 32 m breit. Es kostet 57 600 €.
a) Ein Nachbargrundstück ist genau so breit, aber nur 20 m lang.
b) Welche Seitenmaße könnte ein weiteres rechteckiges Baugrundstück haben, das 54 000 € kostet?
Finde vier verschiedene Möglichkeiten.

16 Die unten stehenden Tabellen von proportionalen Zuordnungen enthalten je einen Fehler. Finde und berichtige diesen.

a)
kg	€
4	11,20
9	24,30
10	28,00

b)
h	km
3	54
0,5	9
9	161

17 Ist die Zuordnung Länge des Rechtecks → Flächeninhalt des Rechtecks proportional, wenn die Rechtecksbreite stets gleich ist? Begründe anhand von Beispielen.

Abschlussrunde

1 Ermittle die fehlenden Werte der proportionalen Zuordnungen.

a) 7 Stück → 42 €
   1 Stück → ■ €
   4 Stück → ■ €

b) 1 m² → ■ €
   3 m² → 54 €
   15 m² → ■ €

c) 25 l → 40 €
   1 l → ■ €
   ■ l → 54,40 €

2 a) Wie viele USD erhält man für 150 €?
   b) Wie viele € erhält man für 975 USD?

HEUTE 100 USD FÜR 80 €

3 Aus einem undichten Wasserhahn tropfen in einer Stunde 50 ml Wasser.
   a) Lege eine Wertetabelle an für die Wassermenge, die nach 2 (4; 7; 10; 13; 16) Stunden aus dem Hahn getropft ist.
   b) Stelle die Zuordnung im Koordinatensystem dar.
(x-Achse: 1 cm ≙ 1 h; y-Achse: 1 cm ≙ 100 ml)
   c) Lies ab, nach welcher Zeit 250 ml (725 ml) aus dem Hahn tropfen.
   d) Bestimme rechnerisch die Wassermenge, die in 3 h (11,5 h) aus dem Wasserhahn tropft. Überprüfe deine Ergebnisse am Graphen.

4 Das Schaubild zeigt die Gewichtszunahme eines Säuglings im ersten Lebensjahr.
   a) Wie schwer war der Säugling bei der Geburt?
   b) Wann erreichte der Säugling ein Gewicht von 8,8 kg?
   c) Wie groß war die Gewichtszunahme in der zweiten Hälfte des ersten Lebensjahres?
   d) Liegt eine lineare Zuornung vor? Begründe.

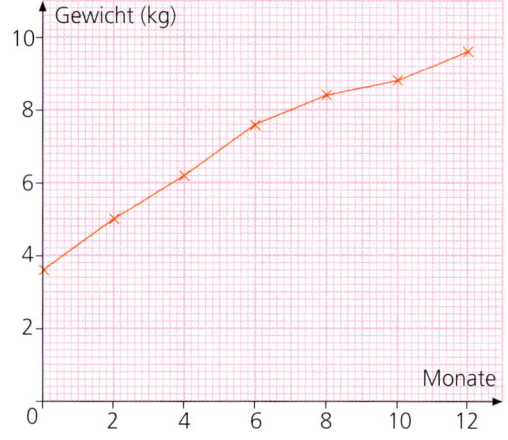

5 Es ist Räumungsverkauf. Bei einem Warenpreis von 80 € beträgt der Preisnachlass 50 €.
   a) Zeichne den zugehörigen Graphen.
   b) Lies den Preisnachlass bei 40 € (120 €) Warenpreis ab.
   c) Lies den Warenpreis bei einem Preisnachlass von 12,50 € (37,50 €) ab.
   d) Wie hoch ist der Preisnachlass in Prozent?

6 Aus einer Quelle sprudeln in 10 Minuten etwa 25 Liter Wasser.
   a) Wie viele Liter Wasser liefert die Quelle an einem Tag?
   b) In welchem Zeitraum liefert die Quelle 3 m³ Wasser?
   c) In welchem Zeitraum könnte mit dem Wasser der Quelle ein quaderförmiger Trog randvoll gefüllt werden, der 1,5 m lang, 1 m breit und 0,5 m hoch ist?

Kreuz & Quer

Zahlen und Operationen

1 Stelle Gleichungen auf und löse.

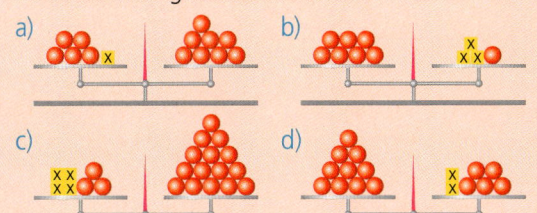

2 Ordne jedem Text die richtige Gleichung zu. Bestimme dann x und mache die Probe.

a) Ziehe vom Dreifachen einer Zahl 12 ab. Du erhältst als Ergebnis 9.

b) Addiere zum Dreifachen einer Zahl 12 und du erhältst als Ergebnis –9.

A) $3x + 12 = 9$
B) $3x - 12 = 9$
C) $3x - 12 = -9$
D) $3x + 12 = -9$

Größen und Messen

1 Wandle um in Minuten.

$\frac{1}{3}$ h	$\frac{1}{6}$ h	$\frac{1}{4}$ h	$\frac{1}{10}$ h	$\frac{1}{5}$ h
$4\frac{3}{4}$ h	$2\frac{2}{3}$ h	$1\frac{3}{10}$ h	$4\frac{5}{6}$ h	$3\frac{1}{12}$ h

2 Wandle in Stunden um. Notiere als Bruch, kürze so weit wie möglich und vereinfache eventuell.

20 min	50 min	105 min	54 min
84 min	150 min	216 min	625 min

3 Übertrage und fülle die Lücken.

	a)	b)	c)
Anfang	12.30 Uhr	8.45 Uhr	■
Dauer	2 h 35 min	■	6 h 20 min
Ende	■	10.15 Uhr	13.15 Uhr

Raum und Form

1 Übertrage in dein Heft und zeichne die Mittelsenkrechte zu den Strecken $\overline{AB}$ und $\overline{CD}$.

A (0,5|–1)   B (2|1)   C (–2,5|1)   D (5,5|2)

2 Übertrage die Flächen, beschrifte die Eckpunkte, Seiten und Winkel und gib die Dreiecks- bzw. Vierecksart möglichst genau an.

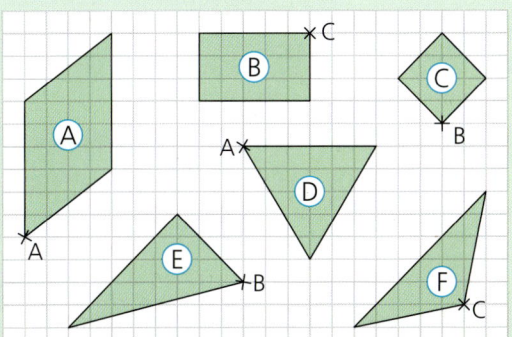

3 Berechne den Flächeninhalt der Figuren.
a) Rechteck: a = 9,5 cm; b = 3 cm
b) Quadrat: a = 12 cm
c) Dreieck: g = 7 cm; h = 8 cm
d) Parallelogramm: a = 10 cm; h = 8,5 cm

Funktionaler Zusammenhang

1

a) Nenne die einander zugeordneten Größen und erläutere den Sachverhalt.

b) Gib für beide Fahrer Startzeit und Durchschnittsgeschwindigkeit an.

c) Übertrage und vervollständige die Tabelle für den Radfahrer.

Uhrzeit	7.00	8.00	9.00	10.00	11.00
Weg (km)	■	■	■	■	■

d) Wann und nach wie vielen Kilometern wird der Radfahrer eingeholt?

e) Wie lange waren beide Fahrer bis zum Einholen jeweils unterwegs?

Aufwärmrunde

So schätze ich meine Leistung ein.

1 Daten unterschiedlich darstellen

a) Übertrage die Angaben in eine Häufigkeitstabelle.

	Anzahl
Menü 1	⊞⊞ ⊞⊞ ⊞⊞ ⊞⊞ ⊞⊞ ⊞⊞ |||
Menü 2	⊞⊞ ⊞⊞ ⊞⊞ ||||
Vegetarisch	⊞⊞ ⊞⊞ ||

b)

	Menü 1	Menü 2	Vegetarisch
Anzahl	17	41	8

Menü 1: ☺ ☺ ☺ ☺ ☺ ☺ ☺ ☺ ☺

A) Tim zeichnet das Bilddiagramm. Welche Einheit hat er gewählt?

B) Wie viele Smileys müsste er dann folglich für „Menü 2" und „Vegetarisch" zeichnen?

2 Daten in Diagrammen darstellen

Für den Wintersporttag haben sich die Schüler wie folgt entschieden.

a) Erstelle ein Säulendiagramm, das die Wahl der Schüler getrennt nach Klassen zeigt.
(1 Nennung: 1 Kästchen)

	Eislauf	Ski	Rodeln
7a	7	10	4
7b	6	5	9

b) Stelle das Gesamtergebnis der Schule in einem Balkendiagramm dar.
(10 Nennungen: 1 cm)

	Eislauf	Ski	Rodeln
Mädchen	32	23	32
Jungen	43	19	35

3 Diagramme auswerten

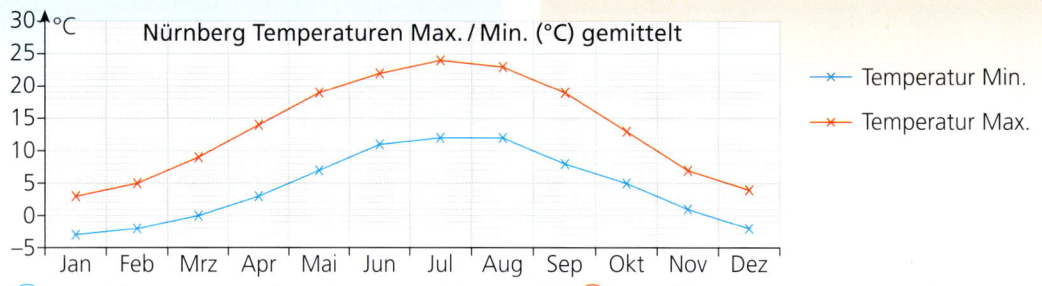

a) A) In welchen Monaten liegt das Tagesminimum unter 0 °C?
B) In welchen Monaten liegt das Tagesmaximum über 10 °C?

b) A) In welchen zwei Monaten ist der Unterschied zwischen Tagesminimum und Tagesmaximum am größten?
B) Für welchen Monat ist der Anstieg des Maximums gegenüber dem Vormonat am größten?

4 Das arithmetische Mittel bestimmen

a) A) Berechne den Notendurchschnitt.

Note	1	2	3	4	5	6
Anzahl	2	4	6	7	2	1

B) Ben war krank und schreibt nach. Er erhält eine 2. Ermittle den Notendurchschnitt.

b) A) Bei der Probe schrieben 20 Schüler mit. Ergänze die fehlenden Angaben.

Note	1	2	3	4	5	6	ø
Anzahl	2	4	5	7	▪	▪	3,2

B) Welche Noten müssten die beiden fehlenden Schüler haben, damit der Schnitt 3,0 beträgt?

7 Diagramme und statistische Kennwerte

Einstieg

- Was wird im Diagramm dargestellt? Erkläre.
- Wie lange dauert die Ballonfahrt?
- Wie hoch ist die größte Höhe?
- Wie lange dauert es, bis der Ballon am höchsten ist?
- Stellt weitere Fragen und beantwortet sie.

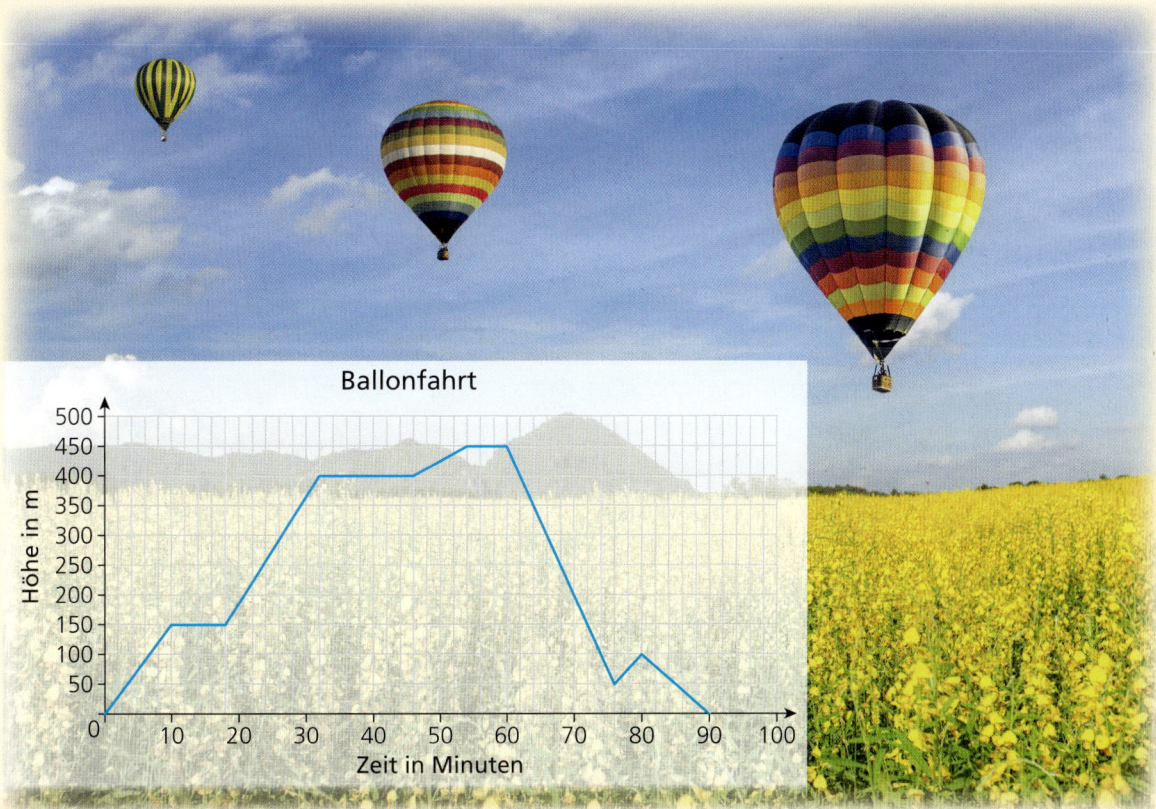

Ausblick

In diesem Kapitel lernst du
- unterschiedliche Darstellungen von Daten zu entwerfen und zu vergleichen.
- Darstellungen von Daten kritisch zu hinterfragen.
- die Aussagekraft von Datendarstellungen zu beurteilen.
- weitere statistische Kennwerte wie die Spannweite und den Zentralwert zu nutzen.

Darstellungen entwerfen und vergleichen

Liste A

Klasse 7a	Bereich
Alexander	Metall
Jasmin	Elektro
Robert	Bau
Emre	Nahrung
Christina	Nahrung
Jürgen	Elektro

Liste B

Klasse 7a	Metall	Bau	Elektro	Nahrung
Alexander	X			
Jasmin			X	
Robert		X		
Emre				X
Christina				X
insgesamt	4	3	4	4

Liste C

Klasse 7a	
Metall	IIII
Nahrung	III
Bau	III
Elektro	IIII

Liste D

Alexander zu Metall, Jasmin zu Elektro, Robert zu Bau, Emre zu Nahrung, Christina zu Nahrung, Jürgen zu Elektro, Martin zu Nahrung

1 Für einen anstehenden Informationstag zum Handwerk haben sich die Schüler der 7. Klassen für Workshops in den Bereichen Metall, Bau, Elektro oder Nahrung entscheiden können.
  a) Vergleicht die Listen der Klasse 7a und beurteilt sie.
  b) Welche Übersichten könnten im Vorfeld für die Workshopleiter aus den Handwerksbereichen hilfreich sein? Begründe.
  c) Welche Form wäre eventuell für die Lehrkraft von Vorteil? Erkläre.

situations- und adressatenbezogene Darstellungen

> Je nach Zweck können Diagramme, Tabellen und Listen in unterschiedlicher Form hilfreich sein. Besonders wichtig ist es, dass sie knapp und übersichtlich das Wesentliche für den Adressaten wiedergeben.

2 Für die Jugendmannschaft eines Fußballvereins werden Trainingsjacken bestellt. Die Anfangsbuchstaben von Vorname und Nachname des Spielers sollen aufgedruckt sein.

  a) Welche Informationen braucht der Sportartikelhändler für die Beflockung der Jacken?
  b) Welche Informationen benötigt der Trainer, um die Jacken verteilen zu können?
  c) Erstelle eine übersichtliche Tabelle für den Sportartikelhändler (für den Trainer).
  d) Vergleicht eure Tabellen und beurteilt sie.

3 Die Schüler der Mittelschule können T-Shirts mit Schullogo bestellen. Es gibt sie in roter oder blauer Farbe. Natürlich ist auch die Größe wichtig.

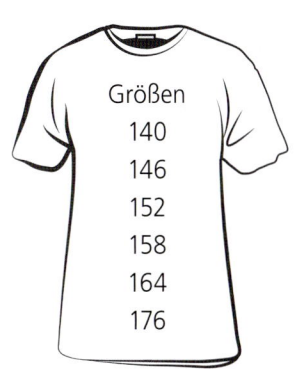

Größen
140
146
152
158
164
176

a) Nehmen wir an, ihr könntet in eurer Klasse die T-Shirts wie angegeben bestellen. Sammelt die Wünsche und stellt die Bestellung in einer Liste so zusammen, dass diese für das Textildruck-Unternehmen hilfreich ist.
b) Welche Angaben braucht die Lehrkraft für die Verteilung der T-Shirts? Erstellt eine geeignete Tabelle.
c) Vergleicht eure Tabellen von Aufgabe b) und beurteilt sie.

4

Notenverteilung (Säulendiagramm, Klasse 7a und Klasse 7b)

Häufigkeitstabelle						
Note	1	2	3	4	5	6
Anzahl Schüler 7a	1	5	8	3	2	0
Anzahl Schüler 7b	3	5	6	4	1	1

Welche Darstellungsform ist jeweils geeigneter, folgende Fragen zu beantworten?
A Wie viele Schüler sind in der Klasse 7a, wie viele in der 7b?
B Wie sieht die Notenverteilung in den beiden Klassen aus?
C Welcher Notendurchschnitt wurde jeweils in den Klassen erreicht?
D Wie kann man das Ergebnis der Klasse an der Pinnwand veranschaulichen?

5 Neben dem Säulendiagramm von Aufgabe 4 kennst du noch weitere Diagrammarten.
a) Welche Diagrammart würde sich noch zur Darstellung des Sachverhalts eignen, welche eher nicht?

Liniendiagramm   Balkendiagramm   Bilddiagramm   Kreisdiagramm

b) Stelle den Sachverhalt mit dieser geeigneten Diagrammart dar.

6 Jürgen hat hohes Fieber. Es wird täglich morgens und abends gemessen.

	3. März	4. März	5. März	6. März
morgens	39,5 °C	38,6 °C	38,2 °C	37,9 °C
abends	39,9 °C	39,4 °C	39,1 °C	38,5 °C

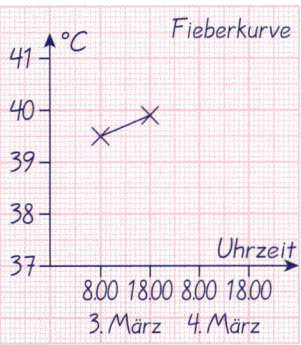

a) Erstelle zu den Messwerten ein passendes Liniendiagramm. Besorge dir dafür Millimeterpapier.
b) Welche Vorteile haben jeweils Liniendiagramm bzw. Tabelle? Erklärt an Beispielen.

7 Welche Darstellungsform eignet sich besonders für folgende Sachverhalte? Begründet.
A Körpergröße der Schüler einer Klasse
B Zuschauer werden befragt, wie ihnen ein Kinofilm gefallen hat.
C Zeitwerte für den 75-m-Sprint einer Klasse
D Tabellenplatz je Spieltag einer Fußballmannschaft im Saisonverlauf

Darstellungen kritisch betrachten

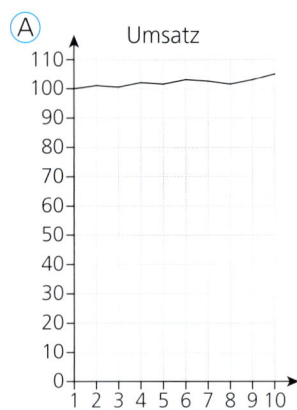
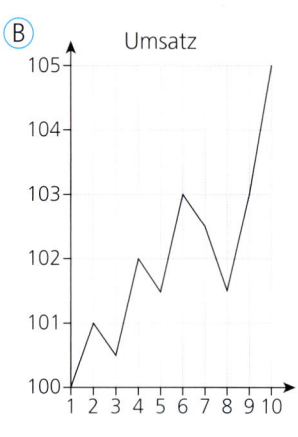
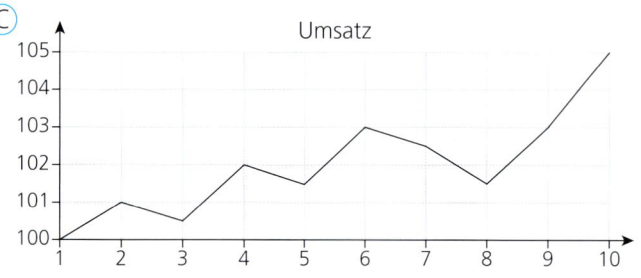

1 Ein Unternehmen möchte für einen Werbeprospekt seine Jahresumsätze der letzten 10 Jahre in Mio. € als Kurvendiagramm präsentieren. Drei Vorschläge stehen zur Auswahl. Wie kommen die unterschiedlichen Darstellungen zustande? Erkläre und beurteile.

2 Das Redaktionsteam der Schülerzeitung hat eine Umfrage in der Schule gemacht, ob Smartphones auf dem Schulgelände erlaubt werden sollen. Lisa möchte gerne eine reißerische Überschrift.

TIPP!

„Diagramm-Check":

Beginnen die Werte bei Null?

Wird die Achseneinteilung verändert?

Werden Beschriftungen weggelassen?

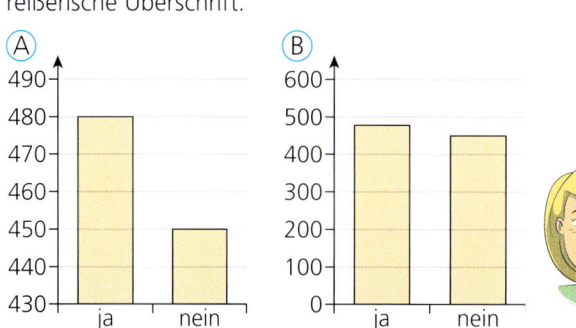

a) Wie kommen die unterschiedlichen Darstellungen zustande?
b) Wie beurteilst du die Aussagen von Ina und Max?

Diagramme

> Besonders bei Diagrammen können durch Abweichung von der üblichen Darstellung Eindrücke hervorgerufen werden, die nicht den Tatsachen entsprechen. Wird das mit Absicht getan, spricht man von Manipulation. Deshalb ist es wichtig, Datendarstellungen kritisch zu hinterfragen.

3 a) Wodurch kommen die unterschiedlichen Darstellungen zustande?
b) Welche Absicht steckt wohl hinter dem jeweiligen Diagramm? Welche Überschrift würde jeweils passen?

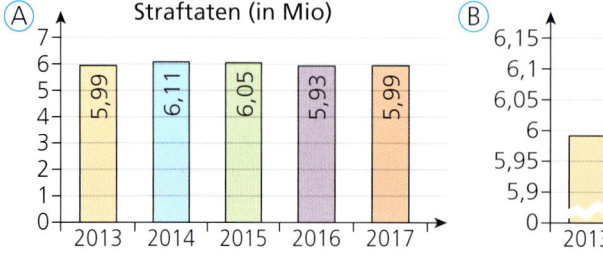
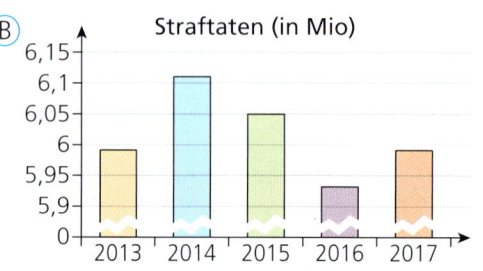

4 Zur Meldung über den Rückgang von Handwerksbetrieben hat die Zeitung folgende Bilddiagramme abgedruckt.
  a) Überprüfe die Darstellung, indem du die Flächeninhalte berechnest.
  b) Welcher Fehler wurde gemacht? Miss jeweils zugeordnete Längen.
  c) Wie müsstest du das zweite Diagramm ändern, damit es den Sachverhalt richtig aufzeigt? Erkläre.

(su) Im Zeitraum von 2007 bis 2017 ist die Anzahl der Schreinereien auf 60 % gesunken. ...

TIPP!
Wir vergleichen hier Flächen und keine Strecken.

5

Amtliche Erhebung		
Jahr	Verkehrs-unfälle	Anteil der Unfälle mit Personenschaden (in %)
2015	9412	19,8
2016	9879	19,3
2017	10834	17,9

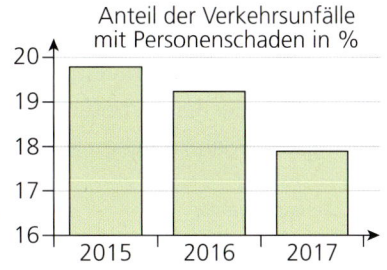

Städtischer Anzeiger

Mehr Verkehrsunfälle im Stadtgebiet

(su) Wie aus der aktuellen Statistik der Polizeidirektion hervorgeht, haben sich im Stadtgebiet erneut mehr Unfälle mit Personenschaden ereignet. Die Zahlen ...

Auf Grundlage der amtlichen Erhebung erschienen Diagramm und Zeitungsbericht.
  a) Ist die Darstellung im Diagramm falsch oder „nur die halbe Wahrheit"? Begründe.
  b) Welchen Eindruck vermittelt die Zeitungsüberschrift? Entspricht das den Tatsachen?
  c) Was müsste nach deiner Meinung im Zeitungsartikel noch folgen?

6 Die Klasse 7b war mit der Zeitungsüberschrift in Aufgabe 5 nicht einverstanden.
Die Schüler formulierten andere Vorschläge. Wie beurteilt ihr diese?

Unfälle werden wohl mehr, aber solche mit Personenschäden prozentual weniger

Mehr Verletzte bei Unfällen im Stadtgebiet

Verkehrsunfälle im Stadtgebiet gestiegen

Trotz prozentualem Rückgang steigt die Zahl der Verletzten bei Verkehrsunfällen im Stadtgebiet

Blickwinkel

Die Zeitungsredaktion antwortet

Mehr Verkehrsunfälle im Stadtgebiet   Prozentual weniger Verkehrsunfälle mit Personenschaden

Liebe Klasse 7b,
über eure Anfrage haben wir uns gefreut. Wir können verstehen, dass ihr mit der Überschrift zu diesem Artikel nicht einverstanden seid. Zunächst soll die Überschrift den Artikel für den Leser interessant machen. Auch wir haben in der Redaktion vor dem Druck diskutiert, welche der beiden Überschriften der Artikel erhalten soll (siehe oben). Wir haben uns für die erste entschieden, weil hier nach unserer Auffassung der wichtigere Inhalt der Erhebung, mehr Verkehrsunfälle, enthalten ist. Die zweite Überschrift hingegen rückt lediglich den prozentualen Rückgang bei Personenschäden in den Vordergrund, sagt aber nichts über die Unfallzahlen aus. Wie ihr seht, ist es bei den Zeitungsmachern auch nicht immer einfach, in Kürze das Wesentliche zu nennen. Deshalb werden ja dann alle weiteren Daten der Erhebung im Artikel aufgeführt. Schaut also auch in Zukunft weiter genau hin!
Eure Zeitungsredaktion

Aussagekraft von Datenerhebungen beurteilen

Aus der Schülerzeitung
Unser Test: Schokolade vom Discounter schmeckt eindeutig besser

Marke 1   🍫 🍫 🍫 🍫 🍫
Marke 2   🍫 🍫 🍫 🍫
Discounter 1 🍫 🍫
Discounter 2 🍫 🍫 🍫 🍫 🍫 🍫 🍫 🍫 🍫

Das Redaktionsteam hatte für den Artikel in der Schülerzeitung 20 Schülerinnen und Schüler verschiedene Schokoladen probieren und beurteilen lassen.

1 a) Wofür stehen die Bildsymbole in dem Artikelausschnitt?
b) Ist die Überschrift in der Schülerzeitung berechtigt? Begründe.
c) Nimm Stellung zu einigen kritischen Rückmeldungen von Schülern.

Ina: Die haben ja nur die 7a befragt!

Karl: Und außerdem nur 20 Schüler – ist das nicht zu wenig?

Boris: Die Schokolade vom Discounter 1 ist am schlechtesten. Wie kann man dann so eine Überschrift machen?

Olga: Also Peter und mir schmeckt die Schokolade von Marke 1 am besten, aber wir wurden ja nicht gefragt!

d) Wie würdest du die Überschrift formulieren?

2 In Nürnberg, Augsburg, Landshut und Regensburg wurden insgesamt 4 000 Personen unterschiedlichen Alters von Meinungsforschern in ähnlicher Weise befragt.
a) Findest du die Überschrift passend? Erkläre.
b) Vergleiche die Ergebnisse dieser Befragung mit der der Schüler. Welche gibt wohl eher den Geschmack der Leute wieder?
c) Worauf kommt es deiner Meinung nach an, wenn Befragungen oder Untersuchungen gesicherte Ergebnisse erbringen sollen?

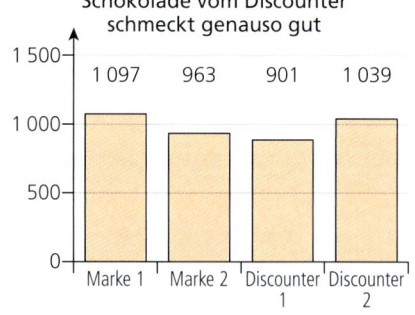

Schokolade vom Discounter schmeckt genauso gut

Marke 1	Marke 2	Discounter 1	Discounter 2
1 097	963	901	1 039

Stichprobe
Stichprobenumfang

Möchte man die Meinung von Leuten erkunden, kann man sie befragen. Alle zu befragen ist in der Regel kaum möglich. Deshalb wählt man nur einen Teil aus. Man nennt das eine Stichprobe. Damit das Ergebnis einer Befragung auch allgemeine Gültigkeit hat, darf der Stichprobenumfang nicht zu klein sein.

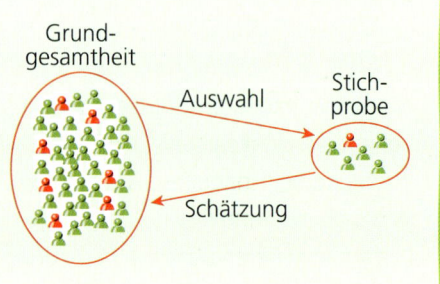

Grundgesamtheit → Auswahl → Stichprobe → Schätzung

3 Ist der Stichprobenumfang groß genug? Erkläre.
   a) Um ein Ziel für den Wandertag festzulegen, befragt der Klassenlehrer die beiden Klassensprecher nach ihren Wünschen.
   b) Für die Festlegung des neuen Schullogos wird jeder zweite Schüler gebeten, seinen Favoriten aus den beiden Entwürfen zu wählen.
   c) Um das Einzugsgebiet der Fans zu erfassen, wird etwa jeder zehnte Besucher am Eingang des Stadions nach der Postleitzahl seines Wohnortes befragt.

4 Für die Schulband sollen bei einem Internethändler neue Mikrofone gekauft werden.
   a) Welches Mikrofon erhält auf den ersten Blick die höhere Bewertung?
   b) Wie erklärst du dir die unterschiedliche Länge der Balken in der Rubrik „5 Sterne"?
   c) Wie wird die Kaufentscheidung vielleicht ausfallen? Begründe deine Meinung.

5 In beiden Diagrammen ist der gleiche Sachverhalt dargestellt.

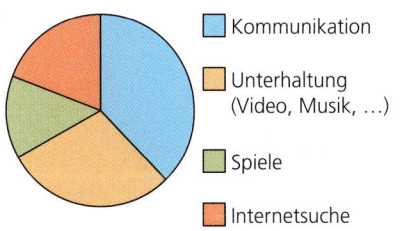
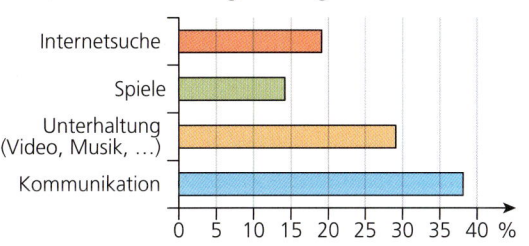

   a) Welche Vorteile erkennst du beim jeweiligen Diagramm?
   b) Tim behauptet: „Beim Kreisdiagramm hat man immer das Ganze im Blick. Da sieht man gleich, welchen Teil vom Ganzen die unterschiedlichen Bereiche ausmachen."

Interessantes

Tortendiagramme und Farben

Werden Kreisdiagramme dreidimensional dargestellt, spricht man von Tortendiagrammen. In Untersuchungen haben Fachleute festgestellt, dass durch die Platzierung von Anteilen in solchen Diagrammen unterschiedliche Eindrücke entstehen können. So erscheint in Abbildung ① der schwarze Anteil im Vordergrund platziert größer als in Abbildung ②. Hast du auch den Eindruck? Wie ist dein Eindruck bei anderen Anteilen?

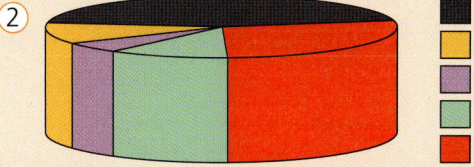

Auch die Farbe hat einen Einfluss auf die Wahrnehmung der Größe. So werden helle und kräftige Farben intensiver wahrgenommen als dunkle und blasse Farbtöne. Wie ist deine Einschätzung? Jetzt wirst du mit diesem Wissen manche Darstellung sicher etwas kritischer ansehen und das ist auch gut so.

Spannweite berechnen

Petra	Chris	Jürgen	Anna	Dimitri
22,00 €	23,50 €	13,00 €	16,40 €	18,10 €

Philipp	Sonja	Sarah	Marie
8,60 €	17,50 €	14,90 €	20,50 €

1 Die Klasse 7a sammelt für die „Indiohilfe Ecuador".
  a) Beschreibe die Lage Ecuadors und informiere dich im Internet über die Indios.
  b) Überschlage, wie viele Euro in etwa gespendet worden sind.
  c) Wer hat am meisten und wer am wenigsten gesammelt?
  d) Wie groß ist der Unterschied zwischen dem größten und dem niedrigsten Betrag?
  e) Wie könnte man die Kärtchen anordnen, damit man möglichst schnell die Fragen beantworten kann?

2 Familie Höher macht eine 8-tägige Rundreise mit dem Auto. Anja notiert fortlaufend jeden Tag, wie viele Kilometer sie gefahren sind.

Anja	116 km; 213 km; 85 km; 218 km; 304 km; 93 km; 116 km; 176 km
Jan	85 km; 93 km; 116 km; 116 km; 176 km; 213 km; 218 km; 304 km

  a) Ihr Bruder Jan hat nach der Reise die Liste etwas umgeschrieben. Erkläre.
  b) Welche Liste ist für die Beantwortung dieser Fragen besonders hilfreich? Begründe.
    Ⓐ Wie weit war die längste Tagesstrecke?
    Ⓑ Wie weit war die kürzeste Tagesstrecke?
    Ⓒ Wie groß ist der Unterschied zwischen kürzester und längster Tagesstrecke?
    Ⓓ Welches waren die drei längsten (kürzesten) Tagesstrecken?
  c) Notiert weitere Fragen. In welcher Liste findet ihr dazu am schnellsten eine Antwort?

Rangliste
Minimum
Maximum
Spannweite s

> Ordnet man Werte in einer Liste von klein nach groß bzw. von groß nach klein, nennt man das eine Rangliste. Durch die Anordnung ist es leichter, Werte zu finden und zu vergleichen. Gleiche Werte werden dabei so oft aufgeführt, wie sie tatsächlich vorkommen.
> Der kleinste Wert in einer Rangliste heißt Minimum, der größte Wert Maximum.
> Die Differenz dieser beiden Werte bezeichnet man als Spannweite.
> Rangliste: 85 km; 93 km; 116 km; 116 km; 176 km; 213 km; 218 km; 304 km
>
> Minimum: 85 km ⟷ Maximum: 304 km
> Spannweite s: 304 km – 85 km = 219 km

Lösungen zu 3:

205	3,69	0,9
5,3	287	82
18,90	6,2	15,21

3 Erstelle eine Rangliste und bestimme dann Minimum, Maximum und Spannweite.
  a) 117 cm; 82 cm; 205 cm; 146 cm; 182 cm; 97 cm; 117 cm; 287 cm; 141 cm
  b) 1,4 kg; 5,8 kg; 0,96 kg; 2,4 kg; 3,7 kg; 2,8 kg; 0,9 kg; 1,7 kg; 6,2 kg
  c) 9,90 €; 8,75 €; 12,43 €; 8,90 €; 3,69 €; 12,49 €; 18,90 €; 5,50 €; 18,79 €

4 Berechne die fehlenden Werte der Tabelle.

	a)	b)	c)	d)	e)	f)
Minimum	34	45	■	253	101	■
Maximum	97	■	68	548	■	87
Spannweite	■	138	45	■	1699	215

Lösungen zu 4, 5b und 6b:

183	19	−128
23	295	8
1800	11	63
12,8	5	

5 Im Fußballtraining werden Elfmeter geübt. Das Balkendiagramm zeigt das Ergebnis.
  a) Erstelle eine aufsteigende Rangliste.
  b) Bestimme Minimum, Maximum und Spannweite.

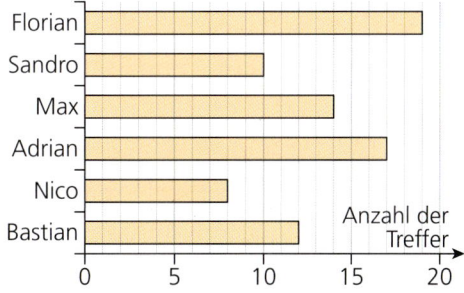

6 Die Teilnehmer der Arbeitsgemeinschaft Schülerzeitung haben folgendes Alter.

15	11	11	13	16	15	12	12	11	14
11	13	12	11	14	13	13	11	13	15

  a) Erstelle eine Rangliste der Altersangaben.
  b) Berechne das Durchschnittsalter und die Spannweite.

7 a) Überlegt euch zu den Vorgaben „Beiträge im Klassenchat" mögliche Aufgabenstellungen.
   b) Vergleicht und löst diese.

Hasan	23
Peter	7
Simon	35
Tobias	3
Donato	42

Sarah	23
Lena	15
Estefania	35
Maria	65
Aische	52

TIPP! *Erinnert euch an die Placemat-Methode (S. 16).*

8 Besorgt euch ähnliche Datenreihen. Formuliert Aufgabenstellungen dazu und löst diese.

Methode

Sortieren von Listen mit dem Computer

Am Computer kannst du Ranglisten schnell und einfach sortieren. Im Beispiel siehst du die Daten aus Aufgabe 1.
- Erfasse zunächst die Daten und markiere die Tabelle (Abb. ①).
- Wähle den Reiter „Daten" oder „Layout" und klicke auf „Sortieren".
- Um die Eurobeträge zu sortieren, wähle im erscheinenden Fenster „Sortieren nach Spalte B" und „Werte". Klicke anschließend auf „Nach Größe (aufsteigend)", dann auf „OK" für die sortierte Tabelle (Abb. ② und ③).

Das Layout ist je nach Programm etwas unterschiedlich.

Mittelwerte berechnen

| 18 °C | 19 °C | 19 °C | 21 °C | 22 °C | 23 °C | 25 °C |
| Montag | Dienstag | Mittwoch | Donnerstag | Freitag | Samstag | Sonntag |

1 Für eine Woche werden folgende Tageshöchsttemperaturen vorhergesagt. Berechne für diese Kalenderwoche die durchschnittliche Tagestemperatur.

Durchschnittswert $\bar{x}$ (arithmetisches Mittel)

Durchschnittswert $\bar{x}$ (arithmetisches Mittel)

Werte: 18; 19; 19; 21; 22; 23; 25

$$\bar{x} = \frac{\text{Summe der Einzelwerte}}{\text{Anzahl der Einzelwerte}} \qquad \bar{x} = \frac{18 + 19 + 19 + 21 + 22 + 23 + 25}{7} = \frac{147}{7} = 21$$

2 a) Stelle die angegebenen Tageshöchsttemperaturen in einem Säulendiagramm dar und zeichne den Durchschnittswert als rote durchgehende Linie ein.
b) Wie viele Temperaturwerte liegen über (unter) dem Durchschnitt?
c) Bestimme für jeden Tag die Abweichung vom Durchschnittswert.
d) Vergleiche die Summe der positiven und der negativen Abweichungen.

3 Die Tabelle zeigt die durchschnittliche Niederschlagsmenge in mm für Regensburg.

Jan.	Feb.	März	April	Mai	Juni	Juli	Aug.	Sept.	Okt.	Nov.	Dez.
46	41	33	40	59	83	93	74	54	44	39	42

a) In welchem Monat fällt der meiste (wenigste) Niederschlag?
b) In welcher Jahreszeit fallen am meisten (wenigsten) Niederschläge?
c) Erstelle für die Niederschlagswerte ein Säulendiagramm.
d) Berechne den Monatsdurchschnitt und zeichne ihn als rote Linie ins Schaubild ein. Wie viele Monate liegen über (unter) dem Durchschnitt?

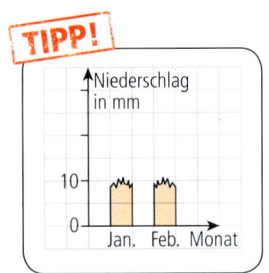

TIPP!

4 Tom möchte sich eine neue E-Gitarre kaufen.

Wie viel kostet hier durchschnittlich eine Gitarre? — Boris

Ich habe als Durchschnittswert 749 € errechnet. — Gazmir

Das ist doch ein Witz! Dein Wert liegt ja deutlich über dem Wert von gleich vier Gitarren – und das soll der Durchschnitt sein? — Clara

a) Überprüfe, ob Gazmir richtig gerechnet hat.
b) Wie beurteilst du Claras Einwand?

5 Weichen Werte stark voneinander ab, so vermittelt der Durchschnittswert oft einen falschen Eindruck. Der Zentralwert kann bei „Ausreißern" aussagekräftiger sein.
a) Erläutere mithilfe des Merksatzes, wie der Zentralwert ermittelt wird.
b) Bestimme den Zentralwert für Aufgabe 4 und vergleiche mit dem Durchschnitt.

> **Zentralwert z (Median)**
> Für die Ermittlung des Zentralwertes ist eine Rangliste zu erstellen.
> Ungerade Anzahl von Werten: Gerade Anzahl von Werten:
> 17 18 18 19 21 23 26   18 18 19 20 21 23
> z: mittlerer Wert der Rangliste   z: Durchschnittswert der beiden mittleren Werte
> z = 19   z = (19 + 20) : 2 = 19,5
> Der Zentralwert eignet sich, extreme Werte einer Datenreihe auszugleichen, die den Durchschnittswert verfälschen würden.

Zentralwert z (Median)

6 Bei einem Industriebetrieb sind acht Ferienarbeiter in verschiedenen Abteilungen für je einen Monat beschäftigt. Die Löhne fallen unterschiedlich aus.

| 1 246 € | 1 978 € | 998 € | 1 325 € | 1 109 € | 1 007 € | 980 € | 1 280 € |

a) Überlege, warum unterschiedlich hohe Löhne bezahlt werden.
b) Welchen Lohn zahlt die Firma Ferienarbeitern durchschnittlich? Ist hier der Durchschnittswert oder der Zentralwert aussagekräftiger? Erkläre.
c) Berechne Durchschnittswert und Zentralwert.

Lösungen zu 6c, 7a und 8:		
28	47,33	40,38
2,16	50,20	1 177,50
52	37,83	37,70
39,6	1 240,38	

7 Die Senioren-Mannschaft der Basketballer muss bei einem Hobbyturnier einen ihrer Stammspieler wegen einer Erkrankung durch einen Jugendlichen ersetzen.
Die sechs Spieler sind nun 53, 58, 17, 56, 51 und 49 Jahre alt.
a) Berechne den Durchschnittswert und den Zentralwert für das Alter der aktuellen Mannschaft.
b) Welcher von beiden Werten gibt das durchschnittliche Alter der Mannschaft besser wieder? Erkläre.

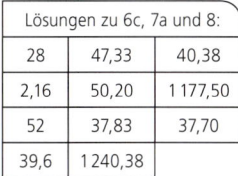

8 Die Mittelschule Schwarzenbach sammelt Geld für Spenden ein.

Klasse	8a	8b	8M	9a	9b	9M	10M
Anzahl der Schüler	22	24	25	26	22	21	■
Sammelergebnis in €	47,52	50,40	41,50	37,70	27,80	37,38	■

a) In welcher Klasse haben die Schüler durchschnittlich am meisten gespendet?
b) Berechne Durchschnitts- und Zentralwert der Sammelergebnisse.
c) Die 10. Klasse spendete 22,50 €. Bestimme nun erneut Durchschnitts- und Zentralwert der Sammelergebnisse der Klassen.
d) Wie viele Schüler gehen in die 10. Klasse, wenn der Gesamtdurchschnitt aller Klassen 24 Schüler pro Klasse beträgt?
e) Wie viel Geld müssten die Schüler noch sammeln, wenn die Schule ein durchschnittliches Ergebnis von 45 € pro Klasse erreichen möchte?

Zwischenrunde

So schätze ich meine Leistung ein.

1 Darstellungen entwerfen und vergleichen → S. 154, 155

a) Erstelle eine Tabelle und trage die Besucherzahlen ein, die du jeweils aus den Diagrammen ① und ② entnehmen kannst.

b) Ⓐ Erkläre, wie die unterschiedlichen Angaben der Tabelle zustande kommen.
Ⓑ Was könnte der Grund für den sprunghaften Anstieg von 2013 auf 2014 sein?

Der Kinopalast hat 2013 eröffnet. Die Entwicklung der Besucherzahlen ist in den Diagrammen ① und ② dargestellt.

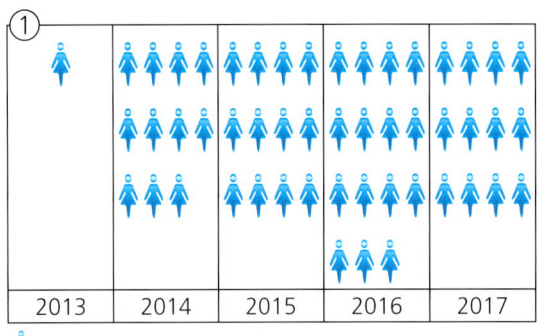

👤 entspricht 1 000 Besuchern

2 Darstellungen kritisch betrachten → S. 156, 157

a) Um die Mitgliederentwicklung der letzten Jahre darzustellen, entscheidet sich der Sportverein bei der Jahreshauptversammlung Diagramm ② zu verwenden.

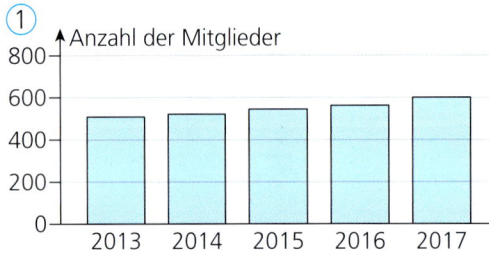

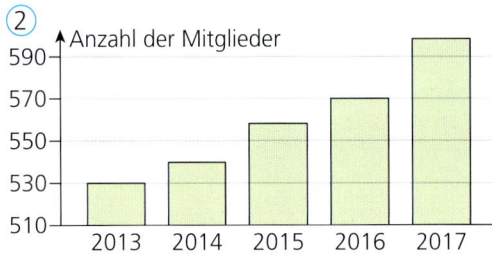

Ⓐ Warum wird die Wahl nicht auf Diagramm ① gefallen sein?
Ⓑ Wie kommt das unterschiedliche Aussehen der beiden Diagramme zustande?

b) Zur Meldung über die Zunahme der durchschnittlichen Wohnungsgröße hat eine Zeitung diese Bilddiagramme abgedruckt.

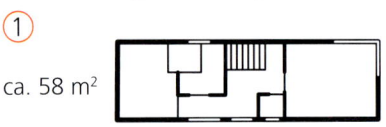
ca. 58 m²

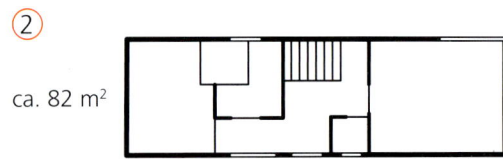
ca. 82 m²

Die durchschnittliche Wohnungsgröße hat in Deutschland in den letzten 50 Jahren um rund 40 % zugenommen. ...

Ⓐ Sind 82 m² wirklich um rund 40 % mehr als 58 m²? Überprüfe.
Ⓑ Inwiefern entsprechen die Abbildungen nicht den Angaben? Vergleiche hierzu die Flächen. Entnimm die Maße den Zeichnungen.

Selbsteinschätzungs-bogen: 60007-14

3 Aussagekraft von Datenerhebungen beurteilen ⇒ S. 158, 159

a) Timo möchte sich für sein Schlagzeug neue Becken kaufen. Bei einem Internethändler findet er zwei Angebote für je 299 €.

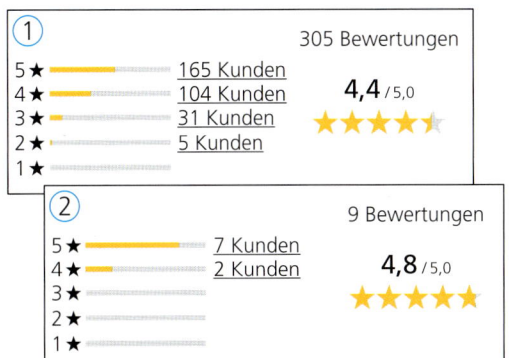

Ⓐ Welches Angebot hat auf den ersten Blick die höhere Bewertung?
Ⓑ Für welches Angebot wird sich Timo vielleicht entscheiden? Begründe.

b)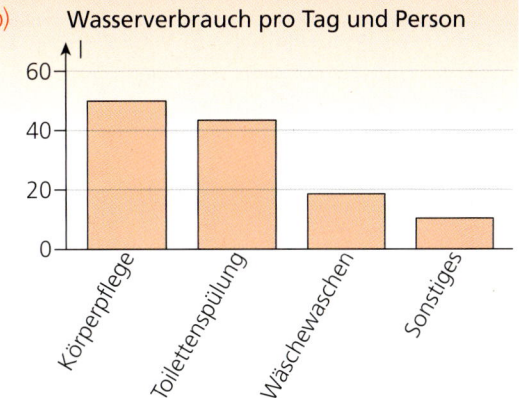

Vervollständige die Satzanfänge mithilfe des Säulendiagramms.
Ⓐ Der höchste Wasserverbrauch entfällt …
Ⓑ Der Tagesverbrauch liegt etwa …
Ⓒ Meinen exakten täglichen Wasserverbrauch kann man daraus …, weil …

4 Spannweite berechnen ⇒ S. 160

a) Erstelle eine Rangliste und bestimme dann Minimum, Maximum und Spannweite.

b) Eine Joggerin hat durchschnittlich 5 km am Tag geschafft, allerdings jedes Mal eine andere Strecke.

1. Tag	2. Tag	3. Tag	4. Tag	5. Tag
4,5 km	3,5 km	6 km	▪ km	▪ km

Ⓐ Am 4. Tag lief sie nur halb so weit wie am 3. Tag. Wie weit ist sie am 5. Tag gelaufen?
Ⓑ Erstelle eine Rangliste und bestimme damit Minimum, Maximum und Spannweite.

5 Mittelwerte berechnen ⇒ S. 162, 163

a) Susanne notiert sich eine Woche lang, wie lange sie nachmittags mit ihrem Hund spazieren ging.

| Mo 34 min | Di 29 min | Mi 47 min |
| Do 28 min | Fr 23 min | Sa 38 min |

Ⓐ Berechne den Durchschnittswert.
Ⓑ Berechne den Zentralwert.

b)

So	Mo	Di	Mi	Do	Fr	Sa
17 °C	16 °C	16 °C	27 °C	28 °C	25 °C	▪ °C

Ⓐ Wie hoch war die Tageshöchsttemperatur am Samstag, wenn der Durchschnittswert für diese Woche bei 21 °C lag?
Ⓑ Bestimme den Zentralwert. Berechne den Temperaturunterschied des Zentralwertes zum Minimum (Maximum) der Rangliste.

Üben und vertiefen

Auf einen Blick

Situations- und adressatenbezogene Darstellung

Je nach Zweck können Diagramme, Tabellen und Listen hilfreich sein. Besonders wichtig ist es, dass sie knapp und übersichtlich das Wesentliche für den Adressaten wiedergeben.

Aussagekraft von Datenerhebungen

Damit das Ergebnis einer Befragung allgemeine Gültigkeit hat, darf der Stichprobenumfang nicht zu klein sein.

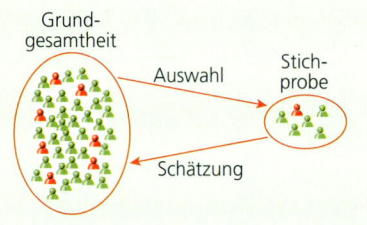

Statistische Kennwerte

Rangliste, Maximum, Minimum, Spannweite
Rangliste: 85; 93; 116; 116; 176; 213; 218; 304

Minimum: 85 ⟷ Maximum: 304
Spannweite s: 304 − 85 = 219

Durchschnittswert $\bar{x}$ (arithmetisches Mittel)
Werte: 18; 19; 19; 21; 22; 23; 25

$\bar{x} = \dfrac{\text{Summe der Einzelwerte}}{\text{Anzahl der Einzelwerte}}$

$\bar{x} = \dfrac{18 + 19 + 19 + 21 + 22 + 23 + 25}{7} = \dfrac{147}{7} = 21$

Zentralwert z (Median)
Ungerade Anzahl von Werten
z: mittlerer Wert der Rangliste
Beispiel: 2 2 2 2 **3** 3 4 4 5
z = 3

Gerade Anzahl von Werten
z: Durchschnittswert $\bar{x}$ der beiden mittleren Werte
Beispiel: 1 2 2 2 **2 3** 3 4 4 5
z = (2 + 3) : 2 = 2,5

---

1 Beim Wintersporttag „Langlauf" können Schuhe ausgeliehen werden.

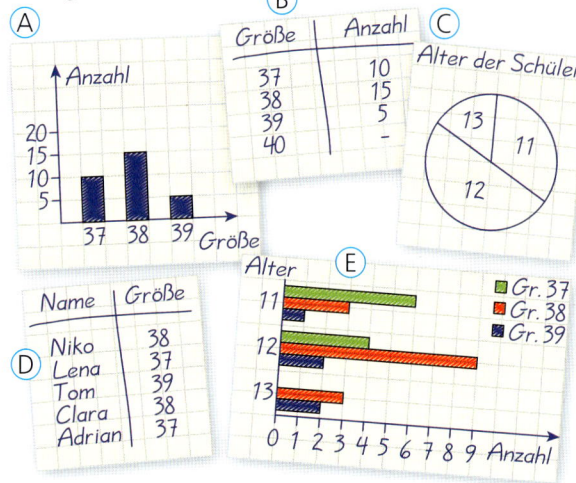

a) Welche Darstellungsform ist für den Verleiher günstig, der die Schuhe bereitstellt? Begründe.
b) Welche ist für die Lehrkraft bedeutsam, die die Schuhe an die Schüler verteilt? Erkläre.

2 Siebte Klassen wurden zur täglichen Nutzung eines Social Networks befragt.

	Jungen	Mädchen
nie	4	2
1 h	10	5
2 h	6	10
3 h	4	7

a) Nimm zu den Aussagen begründend Stellung.
  A Mädchen nutzen ein Social Network täglich länger als Jungen.
  B Mehr als die Hälfte der Jungen nutzt täglich weniger als 2 h ein Social Network.
b) Erstelle ein geeignetes Balkendiagramm.

3 Jürgen bestellt sich bei einem Internethändler eine neue Schutzhülle für sein Smartphone.

Diese Schutzhülle muss spitze sein, denn sie ist nur mit 5 Sternen bewertet worden.

Teilst du seine Einschätzung? Begründe.

4 Bestimme den Durchschnittswert.
a) 14; 23; 25; 43; 48; 52; 61
b) 101; 112; 143; 187; 231; 258
c) 10; 20; 30; 40; 50; 60; 70; 80; 90
d) 23,5; 17,8; 26,7; 14,2; 31,5; 43,3
e) 132,3; 236,5; 176,9; 180,2; 212,7; 201,8

5 Die durchschnittliche Wohnfläche ist bei Hauseigentümern um 75 % größer als bei Mietern.

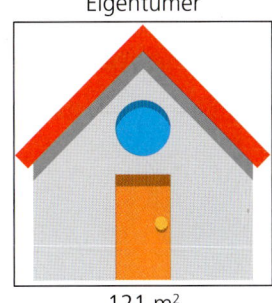

a) Sind 121 m² wirklich rund 75 % mehr als 69,4 m²? Überprüfe.
b) Unterscheiden sich die Abbildungen in ihren Flächen auch um 75 %? Überprüfe, indem du die Flächeninhalte berechnest.

6 In der Saison 2017/18 hatte ein Fußballverein die nachfolgenden Besucherzahlen.

280	195	220	380	125	148	173
245	332	247	235	312	236	197
576	238	198	432			

a) Stelle eine Rangliste auf.
b) Bestimme Minimum, Maximum und Spannweite.
c) Wie viele Besucher hatte der Verein durchschnittlich pro Spiel?

7 Jugendliche gaben an, ab welchem Alter sie ihr erstes eigenes Smartphone erhielten.

Alter der Jugendlichen	11	12	13	14
Anzahl der Jugendlichen	48	49	14	9

a) Wie viele Jugendliche wurden befragt?
b) Berechne das Durchschnittsalter für den Besitz des ersten eigenen Smartphones. Runde auf eine Nachkommastelle.

8 Der Förderverein einer Mittelschule erhielt von Januar bis November folgende Spenden.

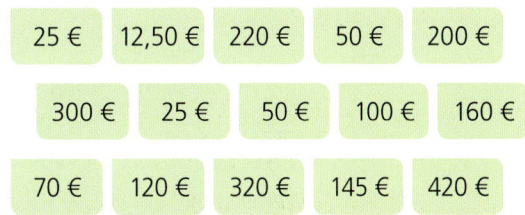

a) Erstelle eine Rangliste und ermittle den Zentralwert z und den Durchschnittswert $\bar{x}$.
b) Im Dezember geht noch eine Spende über 3 000 € ein. Berechne nun den Zentralwert z und den Durchschnittswert $\bar{x}$. Welcher Wert ist in diesem Fall aussagekräftiger? Begründe.

9 Lena hat aufgeschrieben, wie lange sie in den letzten Tagen jeweils Hausaufgaben gemacht hat.

Zeit für Hausaufgaben in Minuten:
45; 32; 55; 27; 38; 22; 62; 15; 72; 41

a) Erstelle eine Rangliste.
b) Bestimme Minimum, Maximum, Spannweite sowie Zentralwert z und Durchschnittswert $\bar{x}$.
c) Sie überlegt: „Wenn ich die nächsten Hausaufgaben in 31 min erledige, liegt mein Schnitt exakt bei 40 Minuten." Überprüfe.

10 Die Firma Schnell GmbH zahlt folgende Löhne.

Mitarbeiter	Verdienst je Mitarbeiter im Monat
3 Auszubildende	650,00 €
6 Arbeiter	1 700,00 €
3 Gesellen	2 100,00 €
2 Meister	2 900,00 €
2 Verwaltungsangestellte	2 050,00 €
1 Geschäftsführer	10 800,00 €

a) Der Chef behauptet, im Betrieb werde gut verdient. Man brauche sich nur den Durchschnittsverdienst anzusehen. Rechne nach.
b) Azubi Tim ist anderer Meinung. Wie wird er argumentieren?

Abschlussrunde

1 In zwei Schulen wurden Umfragen zum Freizeitverhalten der Jugendlichen gemacht.
   a) Wie viele Schüler wurden an jeder Schule befragt?
   b) Stelle die Angaben aus den Tabellen jeweils in einem Säulendiagramm dar.

Mittelschule Altenstadt	
Sport	25
Computer	34
Fernsehen	43
Lesen	9
Sonstiges	5

Mittelschule Nabburg	
Sport	𝍸𝍸𝍸𝍸 IIII (24)
Computer	𝍸𝍸𝍸𝍸𝍸𝍸𝍸𝍸𝍸 I (46)
Fernsehen	𝍸𝍸𝍸𝍸𝍸𝍸 (30)
Lesen	𝍸𝍸 II (12)
Sonstiges	𝍸 III (8)

2 Folgende Ergebnisse ergab eine Befragung nach dem beliebtesten Reiseziel.

Land	in Prozent
Deutschland	49
Österreich	14
Spanien	26
Weiß nicht	11

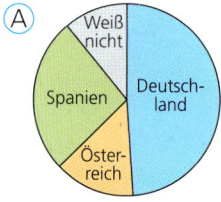
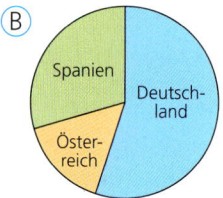

a) Betrachte die zur Umfrage erstellten Kreisdiagramme. Wie kommen die unterschiedlichen Diagramme zustande.
b) Ein Reisebüro wirbt mit dem Slogan „Weit über die Hälfte bevorzugen Deutschland als Reiseziel." und verwendet das Diagramm Ⓑ. Ist das gerechtfertigt? Begründe deine Meinung.

3 Die Tabelle zeigt die durchschnittliche Niederschlagsmenge (in l pro m^2) für eine Stadt in Deutschland.

Jan	Feb	März	April	Mai	Juni	Juli
63	64	59	61	75	80	■

a) Berechne für das erste Halbjahr (Januar bis Juni) das arithmetische Mittel der Niederschlagsmenge und bestimme den Zentralwert z. Vergleiche.
b) Zeichne ein Säulendiagramm und trage den Wert für das arithmetische Mittel und den Zentralwert jeweils verschiedenfarbig als waagrechte Linie ein.
c) Welchen Niederschlagswert müsste der Monat Juli haben, wenn das arithmetische Mittel für die sieben Monate genau 65 l/m^2 ergeben sollte?

4 Auf einem Vergleichsportal findet Derya folgende Preisangaben für zwei TV-Geräte.

Modell	SA J3008	SA XL 2060
günstigster Anbieter	1 260,00 €	1 334,00 €
teuerster Anbieter	1 879,00 €	1 989,90 €
Ersparnis	619,00 €	655,90 €
Durchschnittspreis	1 699,00 €	1 789,90 €

SA J3008 — 4,6/5,0 — 10 Bewertungen
5★ 80 %
4★ 10 %
3★ 0 %
2★ 10 %
1★ 0 %

SA XL 2060 — 4,3/5,0 — 124 Bewertungen
5★ 62 %
4★ 20 %
3★ 7 %
2★ 5 %
1★ 6 %

a) Welche statistischen Kennwerte gibt das Internet-Vergleichsportal an?
b) Wie könnte die Kaufentscheidung aufgrund der Bewertungen ausfallen? Begründe.

Kreuz & Quer

Zahlen und Operationen

1 Runde auf die angegebene Stelle.

a)	h:	15,691 €	28,799 €	617,285 €
b)	h:	29,785 m	133,596 m	418,563 m
c)	t:	2,8462 kg	22,9975 kg	48,9974 kg
d)	z:	15,542 km	3,498 km	19,887 km

2 Löse im Kopf.
 a) (−49,75) · (−10)   b) (−17,87) · (+100)
 c) (−15,92) : (+10)   d) (−895,2) : (−100)

3 Stelle einen Rechenausdruck auf und löse.
 a) Subtrahiere vom Quotienten aus −28,7 und −4,1 die Zahl 7.
 b) Dividiere die Summe aus −12,46 und −13,34 durch −0,4.

Größen und Messen

1 a) Wie lang ist die Strecke beim angegebenen Maßstab in Wirklichkeit?
 5 cm (1 : 10 000)   14 cm (1 : 100 000)
 b) Wie lang sind folgende Strecken beim angegebenen Maßstab auf der Karte?
 20 km (1 : 125 000)   80 m (1 : 10 000)
 c) Ermittle den zugehörigen Maßstab.

Länge in der Zeichnung	Länge in der Wirklichkeit
6 cm	6 km
14 cm	2 800 km

2 Bodo sammelt Modelldampfloks. In Wirklichkeit ist die Lok 15,30 m lang. Berechne den Maßstab.

18 cm

Raum und Form

1 a) Benenne die Körper.

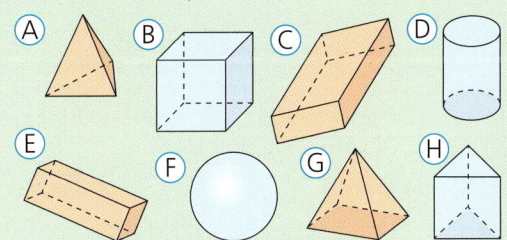

 b) Welcher Körper könnte das sein?

①	keine Kante und eine Fläche
②	6 Ecken und 9 Kanten
③	4 Flächen und 6 Kanten
④	8 Ecken und 12 Kanten

2 Welche Fläche liegt nach dem Falten des Würfels der schwarzen Fläche gegenüber?

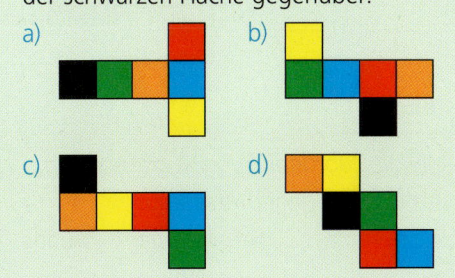

Funktionaler Zusammenhang

1 Eine Aushilfsbedienung erstellt sich einen „Spickzettel" für die Getränkeabrechnung. Übertrage und ergänze.

Preise in €	1	2	3	4	5
Schorle	2,90	▪	▪	▪	▪
Fruchtsaft	▪	6,40	▪	▪	▪
Wasser	▪	▪	6,60	▪	▪
Spezi	▪	▪	▪	10,00	▪

2 a) Ermittle den Benzinverbrauch für 100 km (200 km; 300 km; 500 km).

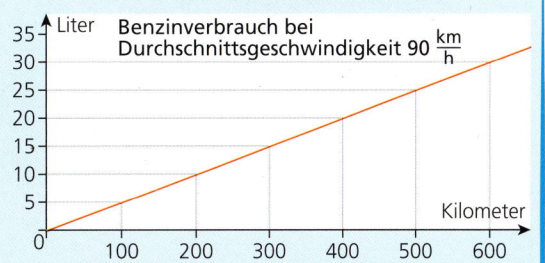

 b) Ergänze die Tabelle zum Benzinverbrauch bei 130 km/h Durchschnittsgeschwindigkeit.

km	100	250	300	▪	610	▪
Liter	▪	▪	24	46	▪	54,8

Zur Leistungsorientierung 1

So schätze ich meine Leistung ein.

1 Grundaufgaben der Prozentrechnung lösen

a) Berechne die fehlenden Werte.

Grundwert	■	6 500 l	1 800 m
Prozentsatz	4 %	6,5 %	■
Prozentwert	185 €	■	1 350 m

b) Wie viele Pkw und Busse waren es, wenn Alina und Julian 7 Motorräder gezählt haben?

Pkw	Busse	Motorräder
74 %	12 %	14 %

2 Dreiecke zeichnen und beschriften

a) Die Punkte A (–4|2), B (4|–2) und C (1|3) sind die Eckpunkte des Dreiecks ABC. Zeichne es und beschrifte Ecken, Seiten und Winkel.

b) Zeichne das Dreieck in einem geeigneten Maßstab und bestimme die Höhe des Turms durch Messen.

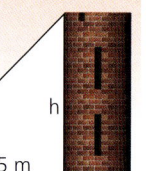

3 Grundrechenaufgaben mit rationalen Zahlen lösen

a) Berechne.
- Ⓐ $3{,}25 - (-0{,}95)$
- Ⓑ $6\frac{1}{2} + (-8\frac{1}{4})$
- Ⓒ $4{,}5 - (+1\frac{1}{4})$
- Ⓓ $(-0{,}3) : (-0{,}5)$
- Ⓔ $0{,}75 \cdot (-7{,}2)$
- Ⓕ $(-\frac{1}{2}) \cdot (+1\frac{1}{4})$

b) Ergänze im Heft jeweils so, dass das Ergebnis stimmt.
- Ⓐ $(+12) - (+5) = (■7)$
- Ⓑ $(-9) + (■5) = (-4)$
- Ⓒ $(■) \cdot (+2{,}5) = (-15)$
- Ⓓ $(-35) : (■) = (+7)$
- Ⓔ $(+8) - (■8) = (■16)$
- Ⓕ $(■4) - (■5) = (■9)$

4 Flächeninhalt von Dreiecken berechnen

a) Berechne den Flächeninhalt.

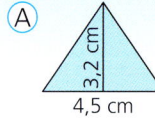 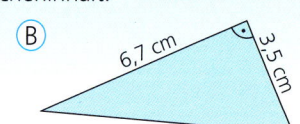

b) Berechne fehlende Größen der Dreiecke.

A_D	g	h
22,4 cm²	6,4 cm	■
12,48 cm²	■	5,2 cm

5 Terme aufstellen und berechnen

a) Ein Ferienbungalow kostet pro Tag 110 €. Dazu kommen 85 € für die Endreinigung.
- Ⓐ Mit welchem Term kann man die Gesamtkosten für beliebig viele Tage berechnen?

  | 110x + 85x | 110x + 85 | 85x + 110 |

- Ⓑ Berechne die Kosten für einen 14-tägigen Aufenthalt.

b) Für das Kantenmodell des Quaders werden insgesamt 84 cm Draht benötigt. Berechne Länge, Breite und Höhe des Quaders.

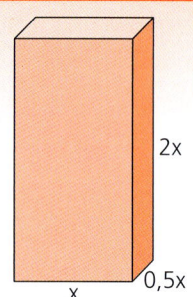

6 Proportionale Zuordnungen berechnen und grafisch darstellen

a) Berechne fehlende Werte.

Stoff in m	1	■	3,5	5	8,25
Preis in €	■	16	■	40	■

b) Ⓐ Stelle die Zuordnung von a) grafisch dar.
Ⓑ Lies die zugehörigen Werte ab.
7,5 m → ■ €   36 € → ■ m

Zur Leistungsorientierung 2

So schätze ich meine Leistung ein.

1 Preiserhöhung und Preissenkung berechnen

a) Berechne die neuen Preise.

Ⓐ
alter Preis	Erhöhung	neuer Preis
440 €	5 %	■

Ⓑ
alter Preis	Senkung	neuer Preis
750 €	7 %	■

b) Nach einer Preiserhöhung von 2,5 % wird ein Pkw um 537,50 € teurer.
Wie viel kostete der Pkw vor der Preiserhöhung und was ist der Preis jetzt?

2 Winkelsumme bei Dreiecken berechnen

a) Berechne die gesuchten Winkelgrößen.

Ⓐ 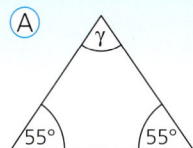 Ⓑ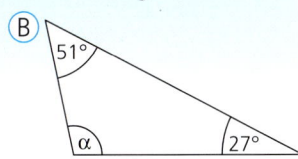

b) Kann es ein Dreieck mit den Angaben der Skizze geben? Begründe deine Meinung.

Ⓐ 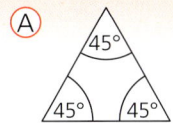 Ⓑ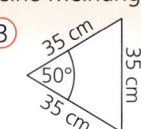

3 Statistische Kennwerte bestimmen

a) Die Tabelle zeigt, wie viel Taschengeld die Jugendlichen bekommen.

Lea	Toni	Julian	Clara
25 €	20 €	30 €	22 €

Finn	Ivy	Lian	Paul
23 €	20 €	27 €	25 €

Ⓐ Erstelle eine aufsteigende Rangliste und bestimme Minimum und Maximum.
Ⓑ Gib Spannweite und Zentralwert an.

b) Familie Kick legte bei ihrem fünftägigen Wanderurlaub im Oberpfälzer Wald durchschnittlich 12 km pro Tag zurück.

1. Tag	2. Tag	3. Tag	4. Tag	5. Tag
12,5 km	14 km	9 km	■	■

Ⓐ Am 4. Tag wanderte die Familie doppelt so weit wie am 3. Tag. Wie lang war die Wanderstrecke am 5. Tag?
Ⓑ Erstelle eine aufsteigende Rangliste. Gib Minimum, Maximum und Spannweite an.

4 Oberflächeninhalt und Volumen von Prismen berechnen

a) Berechne den Oberflächeninhalt und das Volumen des dreiseitigen Prismas.

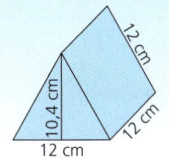

b) Bei einem dreiseitigen Prisma sind alle Kanten 12 cm lang. Der Oberflächeninhalt beträgt 556,8 cm². Berechne den Mantelflächeninhalt und das Volumen des Prismas.

5 Gleichungen aufstellen und lösen

a) Ordne jeder Textaufgabe eine Gleichung zu. Bestimme jeweils x und mache die Probe.
Ⓐ Addiere zum Vierfachen einer Zahl 6 und du erhältst die Summe aus 8 und 2.
Ⓑ Ziehe vom Vierfachen einer Zahl 6 ab und du erhältst den Quotienten aus 8 und 2.

① $4x + 6 = 8 + 2$ ② $4x - 6 = 8 : 2$

b) Lena möchte sich einen Laptop für 375 € kaufen. Von ihrem Opa bekommt sie 250 €. Sie kann monatlich 25 € sparen. Mit welchen Gleichungen kann Lena berechnen, wie viele Monate sie sparen muss?

Ⓐ $375 = 25x$ Ⓑ $x + 250 = 375$
Ⓒ $375 - 250 = 25x$ Ⓓ $25x + 250 = 375$

Grundwissen

Kapitel 1 – Prozentrechnung

Prozent
Anteile lassen sich gut über Brüche mit dem Nenner 100, also über Prozentsätze vergleichen.

$\frac{1}{4} = \frac{25}{100} = 25\,\%$

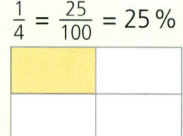

Diagramme
Streifendiagramm

$100\,\% \mathrel{\hat=} 10$ cm
$1\,\% \mathrel{\hat=} 1$ mm

| 50 % | 20 % | 30 % |

Kreisdiagramm

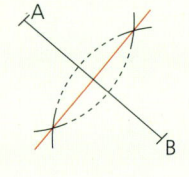

$100\,\% \mathrel{\hat=} 360°$
$1\,\% \mathrel{\hat=} 3{,}6°$

Prozentwert (P) berechnen
P ist ein Teil vom Ganzen.

$100\,\% \mathrel{\hat=} 135\,€$
$1\,\% \mathrel{\hat=} 1{,}35\,€$
$33\,\% \mathrel{\hat=} 44{,}55\,€$

oder:
$135\,€ : 100 \cdot 33$
$= 44{,}55\,€$

Grundwert (G) berechnen
G ist das Ganze und entspricht 100 %.

$12\,\% \mathrel{\hat=} 96\,€$
$1\,\% \mathrel{\hat=} 8\,€$
$100\,\% \mathrel{\hat=} 800\,€$

oder:
$96\,€ : 12 \cdot 100$
$= 800\,€$

Prozentsatz (p) berechnen
p gibt den Anteil in Prozent an.

$250\,€ \mathrel{\hat=} 100\,\%$
$1\,€ \mathrel{\hat=} 0{,}4\,\%$
$75\,€ \mathrel{\hat=} 30\,\%$

oder: 75 von 250 €
$75\,€ : 250\,€$
$= 0{,}30 = \frac{30}{100} = 30\,\%$

Preiserhöhung / Preissenkung

| alter Preis 100 % || Erhöhung 15 % |
| neuer Preis 115 % |||

$100\,\% \mathrel{\hat=} 952\,€$
$1\,\% \mathrel{\hat=} 9{,}52\,€$
$115\,\% \mathrel{\hat=} 1\,094{,}80\,€$

| alter Preis 100 % |||
| neuer Preis 81 % || Senkung 19 % |

$100\,\% \mathrel{\hat=} 952\,€$
$1\,\% \mathrel{\hat=} 9{,}52\,€$
$81\,\% \mathrel{\hat=} 771{,}12\,€$

Mischungsverhältnisse
Werden mehrere Anteile eines Stoffes miteinander vermischt, gibt man das oft in einem Verhältnis an.

5 Teile insgesamt

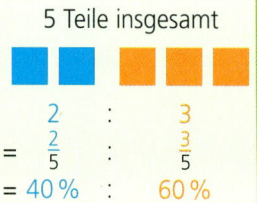

$\begin{array}{ccc} 2 & : & 3 \\ \frac{2}{5} & : & \frac{3}{5} \\ 40\,\% & : & 60\,\% \end{array}$

Kapitel 2 – Geometrie 1

Mittelsenkrechte und Senkrechte

Mittelsenkrechte — Senkrechte durch P

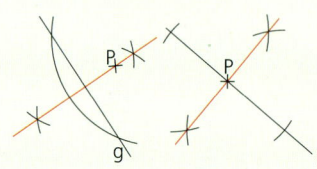

Maßstab

Verkleinerung		Vergrößerung	
1	: 100	3	: 1
Zeichnung	Wirklichkeit	Zeichnung	Wirklichkeit
1 cm	100 cm	3 cm	1 cm

Dreiecksarten

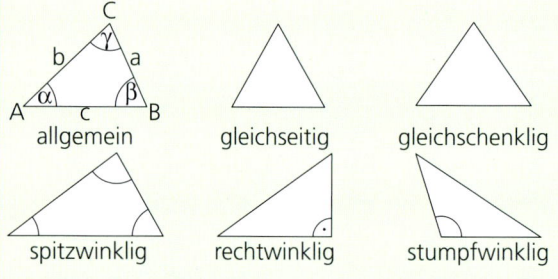

allgemein — gleichseitig — gleichschenklig

spitzwinklig — rechtwinklig — stumpfwinklig

Dreiecke zeichnen

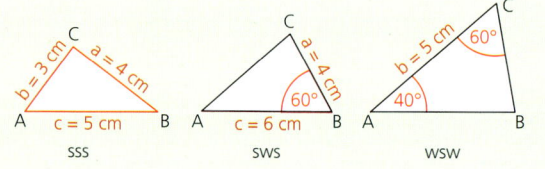

sss — sws — wsw

Winkelsumme
$\alpha + \beta + \gamma = 180°$

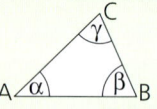

Prismen
Grund- und Deckfläche sind deckungsgleiche Vielecke. Die Seitenflächen sind Rechtecke.

Netz — Schrägbild — Schrägbildskizze

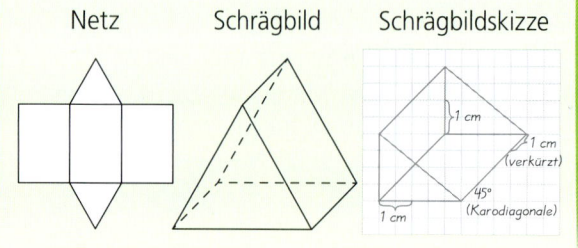

Kapitel 3 – Rationale Zahlen

Rationale Zahlen

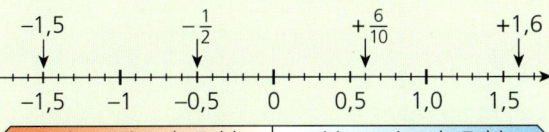

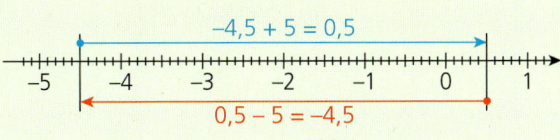

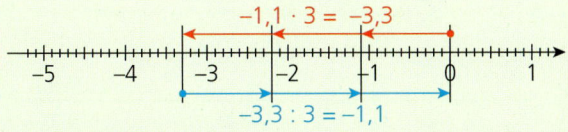

Addition und Subtraktion

⊕ ⊕ → ⊕	$4 + (+3) = 4 + 3 = 7$	
⊖ ⊖ → ⊕	$4 - (-3) = 4 + 3 = 7$	
⊕ ⊖ → ⊖	$4 + (-3) = 4 - 3 = 1$	
⊖ ⊕ → ⊖	$4 - (+3) = 4 - 3 = 1$	

Ein Rechenzeichen und ein Vorzeichen, die direkt aufeinander folgen, werden durch ein Rechenzeichen ersetzt.

Multiplikation und Division

⊕ · ⊕ = ⊕	$(+8) \cdot (+2) = (+16)$
⊖ · ⊖ = ⊕	$(-8) \cdot (-2) = (+16)$
⊕ : ⊕ = ⊕	$(+8) : (+2) = (+4)$
⊖ : ⊖ = ⊕	$(-8) : (-2) = (+4)$

Multipliziert bzw. dividiert man zwei Zahlen mit gleichen Vorzeichen, so ist das Ergebnis immer positiv.

⊕ · ⊖ = ⊖	$(+8) \cdot (-2) = (-16)$
⊖ · ⊕ = ⊖	$(-8) \cdot (+2) = (-16)$
⊕ : ⊖ = ⊖	$(+8) : (-2) = (-4)$
⊖ : ⊕ = ⊖	$(-8) : (+2) = (-4)$

Multipliziert bzw. dividiert man zwei Zahlen mit unterschiedlichen Vorzeichen, so ist das Ergebnis immer negativ.

Kapitel 4 – Geometrie 2

Flächeninhaltsgleiche Figuren

deckungsgleich   zerlegungsgleich

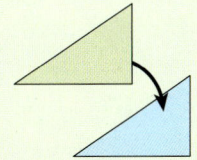 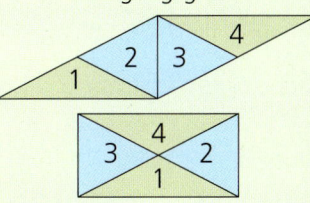

Flächeninhalt von Vierecken und Dreieck

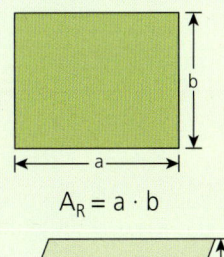 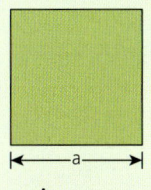

$A_R = a \cdot b$ $A_Q = a \cdot a$

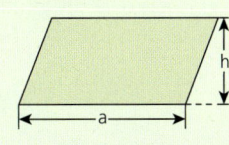 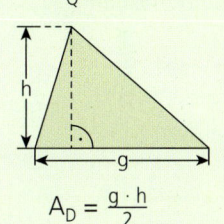

$A_P = a \cdot h$ $A_D = \dfrac{g \cdot h}{2}$

Volumen und Oberflächeninhalt von Prismen

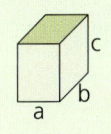

$V_{Qu} = G \cdot h_K$

$V_{Qu} = a \cdot b \cdot c$

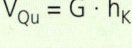

$O_{Qu} = 2 \cdot G + M$

$M_{Qu} = (2 \cdot a + 2 \cdot b) \cdot c$

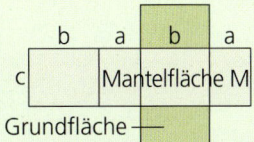

$V_{Pr} = G \cdot h_K$

$V_{Pr} = \dfrac{g \cdot h_\Delta}{2} \cdot h_K$

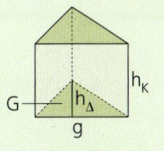

$O_{Pr} = 2 \cdot G + M$

$M_{Pr} = (a + b + c) \cdot h_K$

$V_{Pr} = G \cdot h_K$

$V_{Pr} = a \cdot h \cdot h_K$

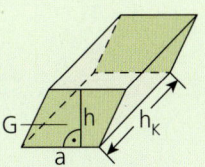

Grundwissen

Kapitel 5 – Gleichungen

Terme

Terme sind Verknüpfungen von Zahlen und/oder Variablen durch Rechenzeichen.

Terme ohne Variable: $24 : 3 + 6$ $(7 + 4) \cdot 2$

Terme mit Variable: $4x - 7$ $2y + 16 + y$

Terme aufstellen

Die Kosten für ein Wohnmobil betragen 250 €. Für jeden gefahrenen km fallen weitere 25 ct an.

① Variable festlegen — Anzahl der Kilometer: x

② Terme bilden — Kosten nach Anzahl der Kilometer: $x \cdot 0{,}25$ €

③ Gesamtterm aufstellen — Gesamtkosten: $250 + x \cdot 0{,}25$

Gleichungen

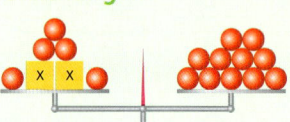

Verbindet man zwei Terme mit dem =-Zeichen, erhält man eine Gleichung.

$2x + 5 = 11$

Lösung durch systematisches Probieren

x	$2 \cdot x + 5 = 11$	
1	$2 \cdot 1 + 5 = 11$	falsch
2	$2 \cdot 2 + 5 = 11$	falsch
3	$2 \cdot 3 + 5 = 11$	richtig

Lösung durch Umkehraufgaben

$x \cdot 2 + 5 = 11$
$(11 - 5) : 2 = x$
$3 = x$

(·2, +5 / :2, −5)

Lösung durch Äquivalenzumformung

$3 \cdot x - 5 = 13 \quad | + 5$
$3 \cdot x = 18 \quad | : 3$
$x = 6$

$2 \cdot x + 5 = 11 \quad | - 5$
$2 \cdot x = 6 \quad | : 2$
$x = 3$

Kapitel 6 – Proportionalität

Zuordnungen

Eine Zuordnung ordnet einem Wert der einen Größe (z. B. Uhrzeit) genau einen Wert der anderen Größe (z. B. Temperatur) zu.

Schreibweise: Uhrzeit → Temperatur

Eine Zuordnung kann linear oder nicht linear sein.

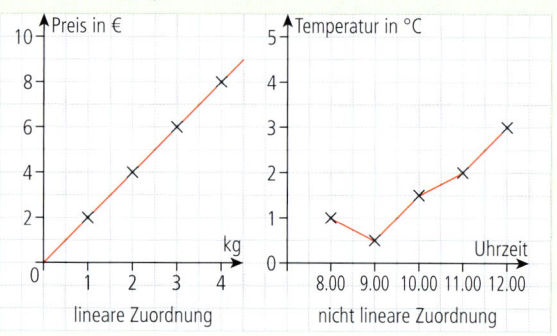

lineare Zuordnung   nicht lineare Zuordnung

Proportionale Zuordnungen

Kennzeichen

Zum n-Fachen/n-ten Teil der einen Größe gehört das n-Fache/der n-te Teil der anderen.

Dreisatz

Ein 3 m langes Rohr wiegt 4,5 kg. Wie viel wiegen 4 m desselben Rohres?

3 m → 4,5 kg   (:3)
1 m → 1,5 kg   (·4)
4 m → 6 kg

Wertetabelle

Länge (m)	1	2	3	4
Masse (kg)	1,5	3	4,5	6

Graph

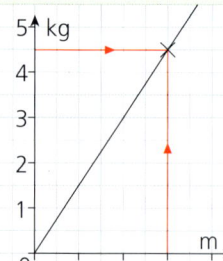

1. Längen der Einheiten festlegen
2. Achsen zeichnen und beschriften
3. Punkte eintragen und verbinden

Der Graph ist eine vom Nullpunkt ausgehende Halbgerade.

Kapitel 7 – Diagramme und statistische Kennwerte

Situations- und adressatenbezogene Darstellung

Je nach Zweck können Diagramme, Tabellen und Listen hilfreich sein. Besonders wichtig ist es, dass sie knapp und übersichtlich das Wesentliche für den Adressaten wiedergeben.

Aussagekraft von Datenerhebungen

Damit das Ergebnis einer Befragung allgemeine Gültigkeit hat, darf der Stichprobenumfang nicht zu klein sein.

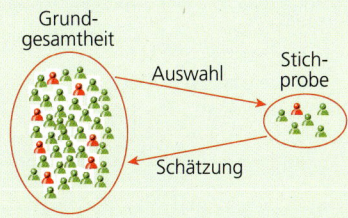

Statistische Kennwerte

Rangliste, Maximum, Minimum, Spannweite
Rangliste: 85; 93; 116; 116; 176; 213; 218; 304

Minimum: 85 ⟷ Maximum: 304
Spannweite s: 304 − 85 = 219

Durchschnittswert $\bar{x}$ (arithmetisches Mittel)
Werte: 18; 19; 19; 21; 22; 23; 25

$$\bar{x} = \frac{\text{Summe der Einzelwerte}}{\text{Anzahl der Einzelwerte}}$$

$$\bar{x} = \frac{18 + 19 + 19 + 21 + 22 + 23 + 25}{7} = \frac{147}{7} = 21$$

Zentralwert z (Median)
Ungerade Anzahl von Werten
z: mittlerer Wert der Rangliste
Beispiel: 2 2 2 2 3 3 4 4 5
z = 3

Gerade Anzahl von Werten
z: Durchschnittswert $\bar{x}$ der beiden mittleren Werte
Beispiel: 1 2 2 2 2 3 3 4 4 5
z = (2 + 3) : 2 = 2,5

Größen

Zeitspannen

1 min = 60 s	$\frac{1}{2}$ h = 30 min
1 h = 60 min	$\frac{1}{4}$ h = 15 min
1 d = 24 h	$\frac{3}{4}$ h = 45 min

1 Woche hat 7 Tage, 1 Jahr hat 12 Monate, 52 Wochen bzw. 365 Tage.

Gewichte (Massen)

1 g = 1 000 mg	$\frac{1}{2}$ kg = 500 g
1 kg = 1 000 g	$\frac{1}{4}$ kg = 250 g
1 t = 1 000 kg	$\frac{3}{4}$ kg = 750 g

Umrechnungszahl: 1 000

Längen

1 cm = 10 mm	$\frac{1}{2}$ m = 50 cm = 0,5 m
1 dm = 10 cm	$\frac{1}{4}$ m = 25 cm = 0,25 m
1 m = 10 dm	$\frac{3}{4}$ m = 75 cm = 0,75 m

Umrechnungszahl: 10
1 km = 1 000 m
Umrechnungszahl: 1 000

Flächeninhalte

1 cm² = 100 mm²	$\frac{1}{2}$ m² = 50 dm² = 0,5 m²
1 dm² = 100 cm²	$\frac{1}{4}$ m² = 25 dm² = 0,25 m²
1 m² = 100 dm²	$\frac{3}{4}$ m² = 75 dm² = 0,75 m²

Umrechnungszahl: 100

Rauminhalte (Raum-/Hohlmaße)

1 cm³ = 1 000 mm³	1 l = 1 000 ml = 1 dm³
1 dm³ = 1 000 cm³	1 ml = 1 cm³
1 m³ = 1 000 dm³	$\frac{1}{2}$ l = 500 ml = 0,5 l

Umrechnungszahl: 1 000

$\frac{1}{4}$ l = 250 ml = 0,25 l
$\frac{3}{4}$ l = 750 ml = 0,75 l

Lösungen

Prozentrechnung

Seiten 22/23

1 a) Katrin:
12 Treffer bei 20 Versuchen
$\frac{12}{20} = \frac{60}{100} = 60\%$

Lydia:
14 Treffer bei 25 Versuchen
$\frac{14}{25} = \frac{56}{100} = 56\%$

⇒ bessere Trefferquote: Katrin

b) Sophia: $\frac{16}{320} = \frac{1}{20} = \frac{5}{100} = 5\%$

Nele: $\frac{10}{250} = \frac{1}{25} = \frac{4}{100} = 4\%$

⇒ Sophia hat prozentual mehr Fehler gemacht.

2 a) Gesamtstimmenzahl: 25

Tom	Leo	Omar	Sina
13	7	3	2
52 %	28 %	12 %	8 %

b) Getränkemenge insgesamt: 375 l

Radler	Limo	Schorle	Wasser
105 l	60 l	82,5 l	127,5 l
28 %	16 %	22 %	34 %
101°	58°	79°	122°

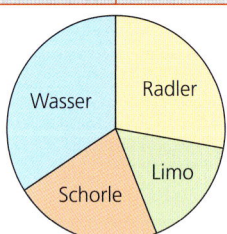

3 a)

	Ⓐ	Ⓑ
Grundwert	300 €	20 Kinder
Prozentsatz	40 %	30 %
Prozentwert	120 €	6 Kinder

b) G: Grundwert p: Prozentsatz P: Prozentwert

	Ⓐ	Ⓑ
Gegeben	G: 240 Schüler p: 95 %	G: 95 € P: 95 € – 76 € = 19 €
Gesucht	P: Schüler mit eigenem Handy	p: Preissenkung in Prozent

4 a) Ⓐ Prozentwert: P = 112 €
Ⓑ Prozentwert: P = 465 kg

b) Ⓐ Skelettgewicht Fr. Leicht:
100 % ≙ 55 kg
1 % ≙ 0,55 kg
18 % ≙ 9,9 kg

Ⓑ Es sind individuelle Lösungen möglich, die sich gemäß Beispiel Ⓐ (Fr. Leicht) berechnen lassen.

5 a) Ⓐ Grundwert: G = 5 000 g (5 kg)
Ⓑ Grundwert: G = 2 300 €

b) Aufgaben Hausaufgabe:
15 % ≙ 3 Aufgaben
5 % ≙ 1 Aufgabe
100 % ≙ 20 Aufgaben
Lösung über 1 % (≙ 0,2 Aufgaben) ist auch möglich.

6 a) Ⓐ Prozentsatz: p = 24 %
Ⓑ Prozentsatz: p = 19 %

b) Anteil Mädchen: 58 % ⇒ Anteil Jungen: 42 %
oder:
Anzahl Jungen: 105 ⇒ Anteil Jungen: 42 %

7 a)

Grundwert	Prozentsatz	Prozentwert
80 €	20 %	16 €
700 €	6 %	42 €
500 €	8 %	40 €

b)

Grundwert	Prozentsatz	Prozentwert
720,50 €	12 %	86,46 €
2 400 €	4,5 %	108 €
1 220 €	32 %	390,40 €

8 a) – Kleidung:
Mehrwertsteuer (19 %): 29,26 €
Endpreis: 183,26 €
– Schulbücher:
Mehrwertsteuer (7 %): 86,38 €
Endpreis: 1 320,38 €

b) Komplettpreis Auto 27 200 €
19 % Mehrwertsteuer 5 168 €

9 a) Ⓐ Preiserhöhung Fußballschuhe: 12 %
Ⓑ Preissenkung Handy: 18 %

b) Preis nach Erhöhung um 10 %: 99,94 €
Preis nach Senkung um 20 %: 79,95 €
Verbilligung zum Anfangspreis (90,85 €): 12 %

10 a) Teile insgesamt: 5 ⇒ 1 Teil ≙ 20 %
Menge insgesamt: 750 ml ⇒ 1 Teil ≙ 150 ml

	Anteil	Menge
Fruchtsaft	20 %	150 ml
Wasser	80 %	600 ml

b) Teile insgesamt: 8 ⇒ 1 Teil ≙ 12,5 %
   Menge insgesamt: 4 kg ⇒ 1 Teil ≙ 500 g

	Anteil	Menge
Orangen	37,5 %	1,5 kg
Äpfel	25 %	1 kg
Bananen	25 %	1 kg
Kiwis	12,5 %	0,5 kg

9 a) Teilnehmende Schüler: 25
   b) Notenverteilung in Prozent:

Note	1	2	3	4	5	6
%	4 %	20 %	32 %	24 %	16 %	4 %

   c) Notenverteilung Mathematikprobe:

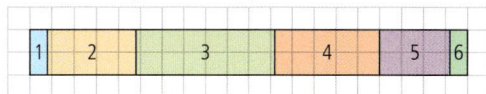

Seite 24/25

1 $\frac{1}{2}$ 50 % $\frac{1}{25}$ 4 % $\frac{1}{50}$ 2 %

2 Lisa: $\frac{6}{10} = \frac{60}{100} = 60\%$
   Jonas: $\frac{8}{16} = \frac{1}{2} = \frac{50}{100} = 50\%$ ⇒ Ali hat die höchste
   Ali: $\frac{15}{20} = \frac{75}{100} = 75\%$ Trefferquote.
   Greta: $\frac{6}{15} = \frac{2}{5} = \frac{40}{100} = 40\%$

3
a)	2 €	6,20 kg	0,4 m	0,56 g
b)	40 €	42 kg	21,6 m	0,5 l
c)	375 €	0,2 kg	13 m	0,24 l

4
	a)	b)	c)
Grundwert	70 €	300 km	50 €
Prozentsatz	5 %	11 %	20 %
Prozentwert	3,50 €	33 km	10 €

5 a) Wie viel Euro kostet das Fahrrad weniger?
      G = 400 €   p = 5 %   P = 20 €
      oder:
      Wie viel kostet das Fahrrad nach der Preissenkung?
      G = 400 €   p = 95 %   P = 380 €
      G = 400 €   p = 5 %   P = 20 €
      ⇒ 400 € − 20 € = 380 €
   b) Wie lang ist der gesamte Zaun?
      G = 32 m   p = 12,5 % P = 4 m
   c) Wie viel Prozent von der gesamten Wohnfläche nimmt
      das Kinderzimmer ein?
      G = 250 m²   p = 7,2 %   P = 18 m²

6 Stimmenverteilung Klassensprecherwahl:

   Peter | Elena | Mark | Petra

7 Reduzierte Preise:
   Mülltonne: 6 €   Schuhe: 41,44 €
   Trikot: 16,03 €   Fußball: 9,80 €
   Tennisschläger: 29,64 € Radio: 51,99 €

8 a) Benötigte Mengen:
      Schmalz: 500 ml   Vogelmiere: 2 000 ml
   b) Anzahl füllbarer Dosen: 10

10
Alter (Jahre)	12	13	14
Anteil (Prozent)	25	45	30
Winkel (Grad)	90	162	108

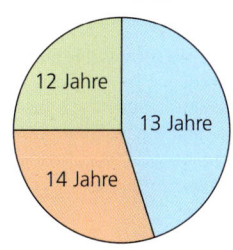

11
	a)	b)	c)
Preis	540 €	89,00 €	47,50 €
19 % MwSt.	102,60 €	16,91 €	9,03 €
Gesamtbetrag	642,60 €	105,91 €	56,53 €

12 a) Abzüge: 30 %
   b) Bruttostundenlohn: 14 €
      Nettostundenlohn: 9,80 €
   c) Abzüge jährlich: 7 761,60 €

13 Hausfläche: Grundstücksfläche:
   8 m · 12 m   16 % ≙ 96 m²
   = 96 m²   1 % ≙ 6 m²
                  100 % ≙ 600 m²
   oder:
   96 : 16 · 100 = 600 (m²)

14 a) Nahrung: 31 %   Sonstiges: 17 %
   b) Miete: 925 €   Kleidung: 333 €
   c) Übriger Betrag letzter Monat: 666 €

15 a)

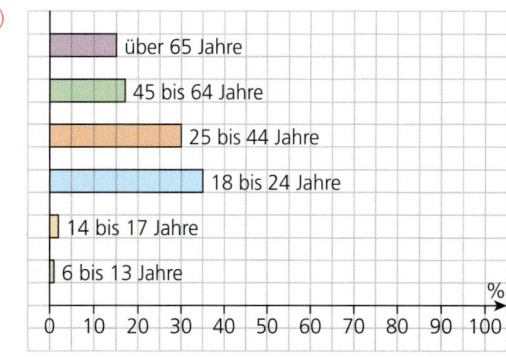

b)

	Alter	Unfallbeteiligte
1	6 bis 13 Jahre	8
2	14 bis 17 Jahre	15
3	18 bis 24 Jahre	264
4	25 bis 44 Jahre	226
5	45 bis 64 Jahre	128
6	ab 65 Jahre	113

c) Beispiele:
<u>unter 6 Jahre:</u>
Vorschulkinder nehmen kaum eigenverantwortlich am Straßenverkehr teil. Sie werden eher von Erwachsenen begleitet. Die Unfallhäufigkeit geht daher gegen 0.
<u>6 bis 13 Jahre:</u>
Als Radfahrer sind einige Kinder in das Verkehrsgeschehen eingebunden. Die Unfallhäufigkeit steigt.
<u>14 bis 17 Jahre:</u>
Neben Radfahrern finden sich zusätzlich in dieser Gruppe auch Mofa- und Mopedfahrer. Überhöhte Geschwindigkeit und eine gewisse Risikofreudigkeit bei Jugendlichen führen häufiger zu Unfällen.
<u>18 bis 24 Jahre:</u>
PKW-Anfänger weisen eine gewisse Unsicherheit im Straßenverkehr auf. Zu den Unfallursachen zählen häufig zu schnelles Fahren und eine Überschätzung der eigenen „Fahrkünste".

Seite 26

1 a) blau: 36 %   grün: 32 %
      rot: 24 %   gelb: 8 %
   b) grün: 50 %   blau: 30 %   gelb: 20 %
   c) rot: 52 %

2 a) 50 % von 4 000 €: 2 000 €
   b) 20 % von 2 m: 0,4 m (40 cm)

3 a) Lea: 33,33 %   Max: 37,5 %
      ⇒ Max hat mehr gespart.
   b) Frau Hofer: 35 %   Herr Dierl: 22 %
      ⇒ Frau Hofer hat mehr gespart.

4 a) P = 493,13 €   b) p = 43 %   c) G = 22,5 l
   d) p = 7 %   e) P = 0,6 m²

5

a)	b)	c)	d)
8 %	22,2 %	5,6 %	4 %

6 Ersparnis pro Karte: 13,68 €
   Ersparnis für Klasse: 273,60 €
   oder:
   Kosten für Klasse ohne Ermäßigung: 1 520 €
   Ersparnis für Klasse: 273,60 €

7

a)	b)	c)	d)
68,51 €	24,69 €	56,24 €	85,15 €

8

	Anzahl	Anteil	Winkel
Fußgänger	14	10 %	36°
Radfahrer	28	20 %	72°
PKW-Fahrer	63	45 %	162°
LKW-Fahrer	35	25 %	90°

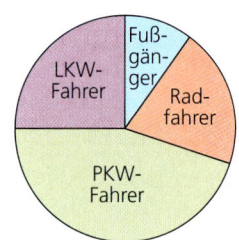

9 Preis nach 1. Senkung: 70,20 €
   Preis nach 2. Senkung: 63,18 €

Geometrie 1

Seite 52/53

1 a)
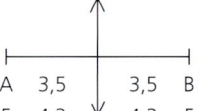 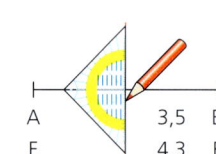

Ⓐ A 3,5 3,5 B   A 3,5 B
Ⓑ E 4,3 4,3 F   E 4,3 F

b)

2 a) Wichtig für die Vergrößerung ist, dass man zueinander senkrechte Karolinien nützt und mit deren Hilfe Parallelogramm und Dreieck vierfach vergrößert.
   b) Wirkliche Längen:
      Ⓐ 22 cm · 24 = 528 cm = 5,28 m
      Ⓑ 15 cm · 70 = 1 050 cm = 10,50 m

3 a)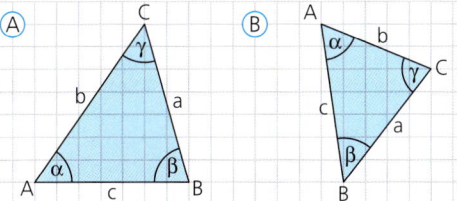

b)
Dreiecke	
gleichschenklig	ΔABC, ΔDBF, ΔDBE
rechtwinklig	ΔABE, ΔDBE, ΔDBF, ΔEBF, ΔEBC
gleichschenklig und rechtwinklig	ΔDBE, ΔDBF, ΔEBF

4 a) Planfigur und Zeichnungen gemäß Vorgaben
b) Ⓐ Maßstab 1 : 10 000
    wirkliche Länge: $|\overline{BC}| \approx 688$ m
  Ⓑ Maßstab 1 : 100 000
    wirkliche Längen: $|\overline{BC}| \approx 6{,}8$ km
    $|\overline{AC}| \approx 12{,}7$ km

5 a)
Dreieck	Ⓐ	Ⓑ	Ⓒ
α	25°	61°	104°
β	85°	40°	24°
γ	70°	79°	52°

b) Winkel α: 180° − 60° − 55° = 65°
Ergänzungswinkel zu α: 180° − 65° = 115°
Winkel β: 180° − 115° − 40° = 25°

6 a) Prismen sind die Körper Ⓐ, Ⓑ und Ⓓ.
b)
	Grundfläche	Ecken	Kanten	Flächen
Ⓐ	Sechseck	12	18	8
Ⓑ	Zehneck	20	30	12
Ⓒ	Achteck	16	24	10

7 a) Netz Ⓐ: Es ergibt sich ein dreiseitiges Prisma.
b) Beispiele für Netze:

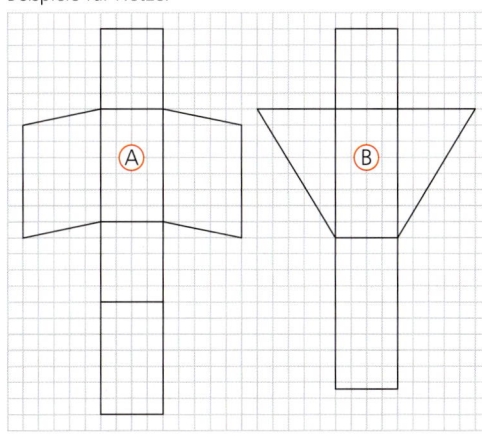

8 a)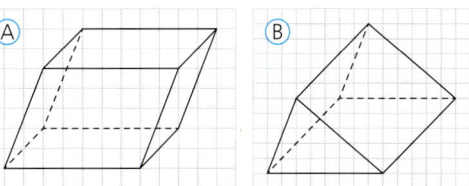

b)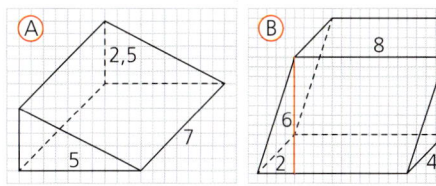

Seite 54/55

1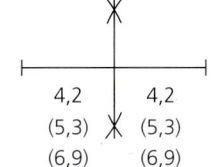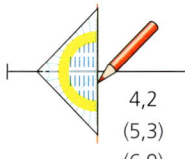

2 a)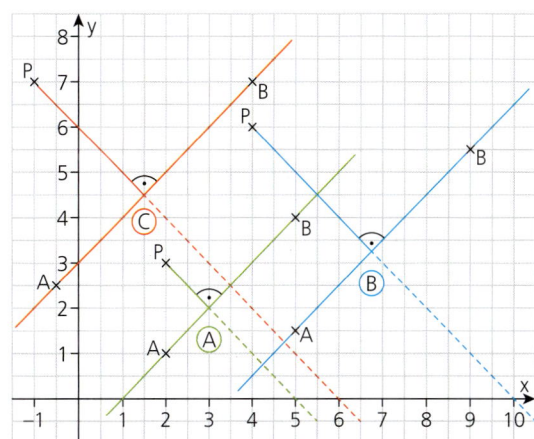

b) Abstand von P zu g:
Ⓐ ≈ 1,4 cm   Ⓑ ≈ 3,9 cm   Ⓒ ≈ 3,5 cm

3 Maße des Rechtecks im Maßstab 1 : 200:
Länge: 1 000 cm : 200 = 5 cm
Breite: 700 cm : 200 = 3,5 cm
⇒ Zeichnung mit errechneten Maßen

4 Die Figuren werden bei a) und b) vergrößert bzw. bei c) verkleinert. Wichtig ist bei Ⓑ, dass man zueinander senkrechte Karolinien nützt.

5 Dreiecksarten:
a) gleichschenklig und rechtwinklig
b) spitzwinklig   c) spitzwinklig
d) gleichschenklig und spitzwinklig
e) spitzwinklig   f) stumpfwinklig
g) rechtwinklig

6 a)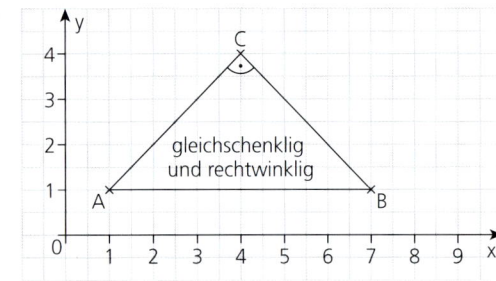

b)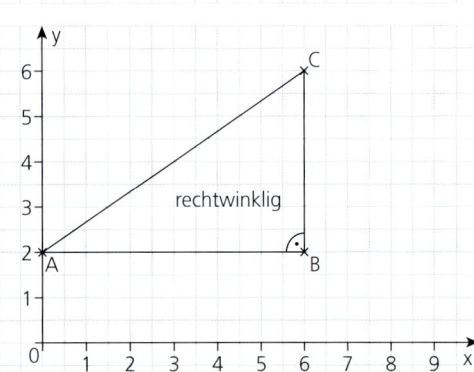

7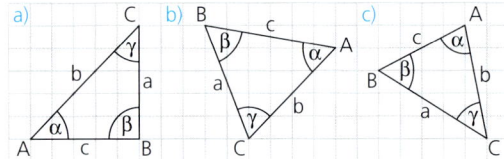

8 Zeichnungen entsprechend den Planfiguren

9 Planfiguren und Zeichnungen gemäß Vorgaben
Dreiecksart:
a) rechtwinklig   b) stumpfwinklig
c) stumpfwinklig

10

Dreieck	a)	b)	c)	d)	e)
α	30°	63°	95°	65°	45°
β	60°	54°	37°	72°	45°
γ	90°	63°	48°	43°	90°

Dreiecksart:
a) rechtwinklig   b) gleichschenklig
c) stumpfwinklig   d) spitzwinklig
e) gleichschenklig und rechtwinklig

11 a) Alle Winkel haben 60°.
b)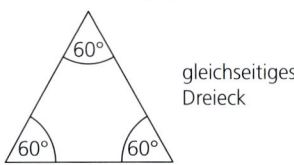
gleichseitiges Dreieck

12 Prismen: Körper a), b) und e)
Begründung:
Die Grund- und Deckflächen sind jeweils deckungsgleiche Vielecke und die Seitenflächen sind Rechtecke.

13 Netze von Prismen: a) und c)
Begründung: Vergleiche Aufgabe 12.

14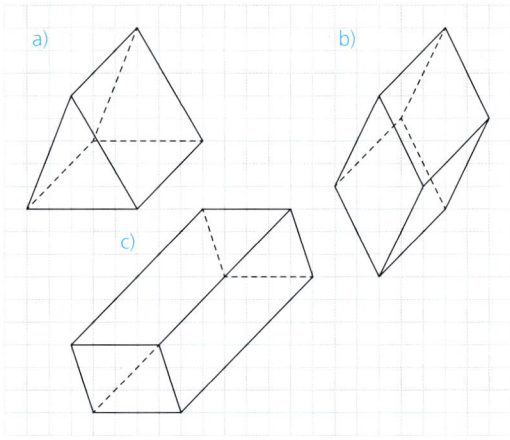

15 Aussage b) stimmt.

16 a) Höhe Baum:
Keine Zeichnung notwendig, da das Dreieck gleichschenklig ist.
h_{Baum} = 33 m + 1,5 m = 34,5 m
b) Höhe Leiter:
Über Zeichnung im Maßstab
h_{Leiter} ≈ 5,9 m

17 a)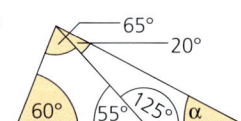

Winkel α: 180° − 125° − 20° = 35°

b)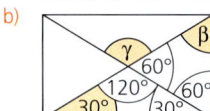

Winkel β: 180° − 60° − 60° = 60°
Winkel γ: 120° (Gegenwinkel zu 120°)

18 Beispiele für Netze (Maße in cm):
a)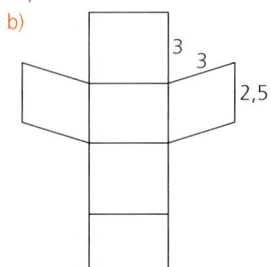
b)

19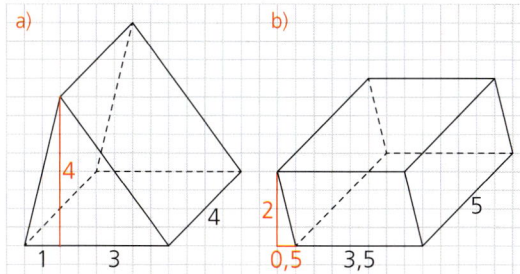

20 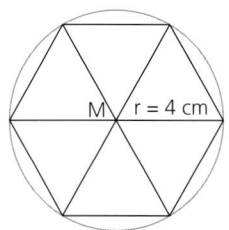 Es entstehen gleichseitige Dreiecke.

21 Maßstab:
414 cm : 23 cm = 18 ⇒ 1 : 18

Seite 56

1 a)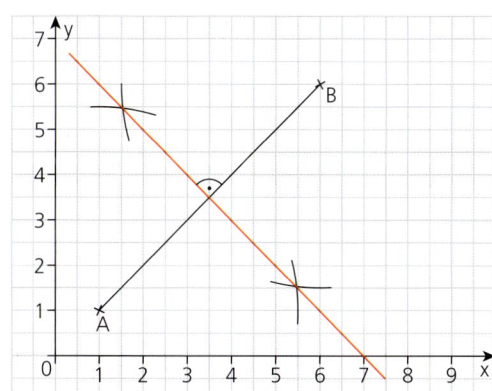

b) Schnittpunkt mit Rechtswertachse: (7|0)

2 a) b)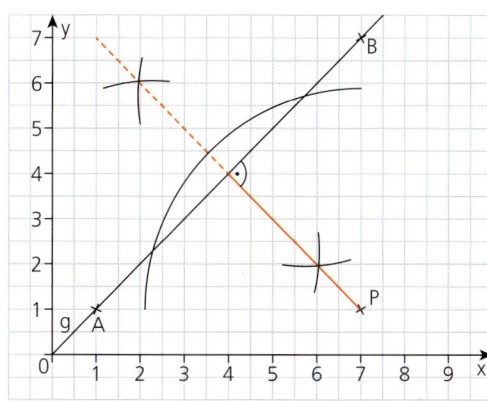

c) Abstand von P zu g: 4,3 cm

3

	$|\overline{AB}|$	$|\overline{BC}|$	$|\overline{AC}|$
Zeichnung	5 cm	1,3 cm	5,2 cm
Wirklichkeit	30 cm	7,8 cm	31,2 cm

4 Verbesserung zu richtigen Aussagen:
a) In einem gleichschenkligen Dreieck sind zwei Seiten gleich lang.
 oder: In einem gleichseitigen Dreieck sind alle Seiten gleich lang.
b) Ein rechtwinkliges Dreieck hat einen rechten Winkel.
c) Ein stumpfwinkliges Dreieck hat einen stumpfen Winkel.
d) Ein gleichseitiges Dreieck hat drei gleich lange Seiten.
 oder: Ein gleichschenkliges Dreieck hat zwei gleich lange Seiten.
e) In einem gleichseitigen Dreieck sind alle Winkel 60°.
f) Hat ein Dreieck zwei spitze Winkel, so kann auch der dritte Winkel ein spitzer sein. (oder: …, so muss der dritte Winkel kein spitzer sein.)

5 Planfiguren und Zeichnungen gemäß Vorgaben

6 a) γ = 180° – 60° – 75° = 45°
b) δ = 180° – 2 · 36° = 108°
 γ = 180° – 108° = 72°
 ε = (180° – 72°) : 2 = 54°
c) β = 90° – 60° = 30°
 α = 180° – 30° – 90° = 60°
 ε = 90° – 60° = 30°
 γ = 180° – 30° – 60° = 90°
 (γ auch ohne Rechnung möglich, da ablesbar)

7 a) Zeichnung im Maßstab 1 : 100
 (bei 1 : 50 mit doppelten Längen)

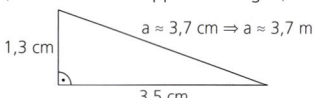

b) Zeichnung im Maßstab 1 : 100 000

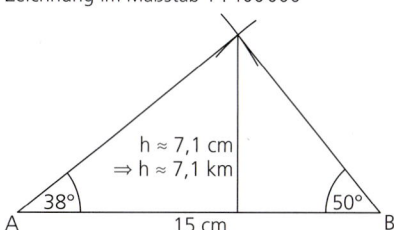

8 Schrägbildskizzen:

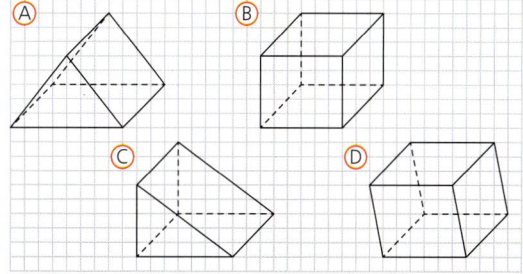

Beispiele für Netze:

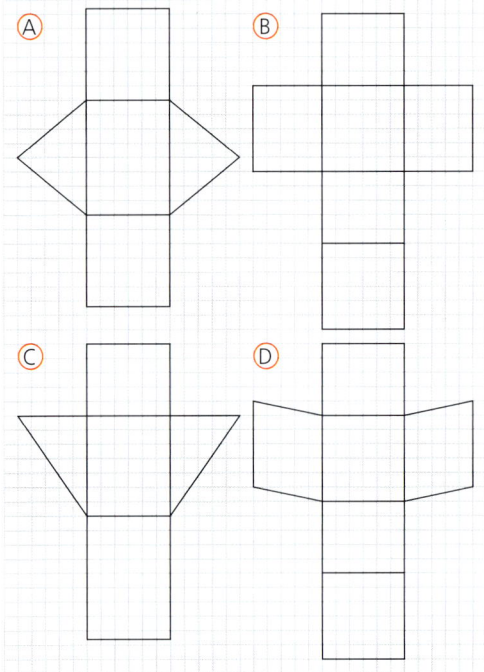

Rationale Zahlen

Seite 72/73

1 a) Ⓐ −1,9   Ⓑ −0,4   Ⓒ 0,7   Ⓓ 1,5
      Ⓔ −5,74 Ⓕ −5,67 Ⓖ −5,59
   b) Ⓐ um 6 kleiner als 0: −6
      Ⓑ um 8 größer als −12: −4
      Ⓒ um 4 größer als −8: −4
      Ⓓ um 7 kleiner als −14: −21
      Ⓔ um 8 größer als 2: 10
      Ⓕ um 8 kleiner als −8: −16

2 a) Ⓐ −30 + 40 + 30 = 40   Ⓑ 30 − 30 − 30 = −30
   b) Ⓐ 9   Ⓑ 1,5   Ⓒ 100   Ⓓ −1,5

3 a) Ⓐ −1,8   Ⓑ −2   Ⓒ −5,2   Ⓓ 3,4
   b) Ⓐ (−3,7) + (−2,5) = (−6,2)
      Ⓑ (+3,3) + (−3,5) = (−0,2)
      Ⓒ (−3,4) − (−0,1) = (−3,3)
      Ⓓ (−$\frac{1}{5}$) − (−6,6) = (+6,4)

4 a) (−2,5) · (+4) = (−10)   (−2,5) · (−4) = 10
       ⇒ (−2,5) · (+4)   <   (−2,5) · (−4)

       (+3,2) · (+4) = 12,8   (−3,2) · (−4) = 12,8
       ⇒ (+3,2) · (+4)   =   (−3,2) · (−4)

       (+0,9) · (−4) = (−3,6)   (−1,1) · (+4) = (−4,4)
       ⇒ (+0,9) · (−4)   >   (−1,1) · (+4)

       (+$\frac{5}{2}$) · (−4) = (−10)   (+0,5) · (−4) = (−2)
       ⇒ (+$\frac{5}{2}$) · (−4)   <   (+0,5) · (−4)

   b) Ⓐ (−21) · (+3) = (−63)   Ⓑ (+8) · (−9) = (−72)
      Ⓒ (+6) · (−6,1) = (−36,6)   Ⓓ (−4) · (−2$\frac{1}{2}$) = (+10)

5 a)
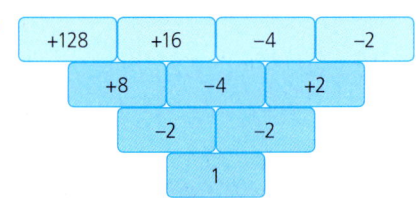

   b)
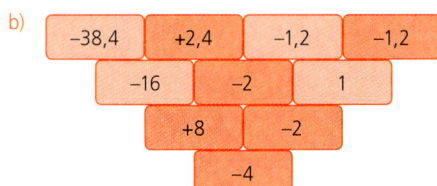

6 a)
	1. Spiel	2. Spiel	3. Spiel	4. Spiel	Summe
Ina	+12,2	−7,7	−8,4	+9,9	+6
Leo	−6,1	−7,0	+11,4	+4,1	+2,4
Ria	−18,0	+15,4	−4,7	−2,2	−9,5

   b)
Stand Anfang Januar	17,32 €
Beiträge	+ 22,00 €
Geschenke	− 12,95 €
Frühstück	− 9,80 €
Flohmarkt	+ 31,12 €
Stand Ende Januar	47,69 €

7 a) Ⓐ (−25) + (−25) − (−50) = (−50) + 50 = 0
      Ⓑ (−8,1) − (+1,9) − (−9) = (−10) + 9 = (−1)
      Ⓒ (+2,2) · (−2) + (−2) · (−2,2) = (−4,4) + 4,4 = 0
      Ⓓ (+3,3) + (−4,4) − (−6,5) = (−1,1) + 6,5 = 5,4
   b) Ⓐ (−1,1) − (+4,4) + (+5,5) − (−2,2) = (−5,5) + 5,5 + 2,2
         = 2,2
      Ⓑ (−6,3) + (+4,2) − (+3,7) − (−10)
         = −6,3 − 3,7 + 4,2 + 10 = −10 + 10 + 4,2 = 4,2
      Ⓒ (+17,4) − (−3,9) + (−7,4) − (+3,9)
         = 17,4 − 7,4 + 3,9 − 3,9 = 10
      Ⓓ (−3,1) · 2 − (+100) + (+99) + (+12,4) : 2
         = −6,2 − 100 + 99 + 6,2 = (−1)

8 a) Ⓐ 2 665 : 5 + 550 : 11 − 17 · 10 =
         533 + 50 − 170 = 413
      Ⓑ 177 − 26 · 5 + 160 − 6 · 12 =
         177 − 130 + 160 − 72 = 135
   b) Ⓐ −54 000 : (−1 800) − (−140) + 1 225 : (−245) =
         30   +   140   −   5   = 165
      Ⓑ −2,5 · (−4) − (−10) − 77 : 11 + 17 : 8,5 =
         10   +   10   −   7   +   2   = 15

9 Die mit Pfeil gekennzeichneten Ziffern sind jeweils untereinander tauschbar.
   a) Ⓐ Ergebnis möglichst klein:
         (−5) + (2) · (3) = +1
      Ⓑ Ergebnis möglichst groß:
         (−2) + (3) · (5) = +13
      Ⓒ Ergebnis +7:
         (−3) + (2) · (5) = +7

b) Ⓐ Ergebnis möglichst klein:
(−9) + (−4) − (−1) + (+3) = −9
Ⓑ Ergebnis möglichst groß:
(−1) + (−3) − (−9) + (+4) = +9
Ⓒ Ergebnis −3:
(−1) + (−9) − (−3) + (+4) = −3

Seite 74/75

1 a) Ⓐ −3,5   Ⓑ −2,6   Ⓒ −2   Ⓓ −1,4
      Ⓔ −0,3   Ⓕ 0,5   Ⓖ 1,7
   b) Ⓐ −16,5 Ⓑ −15,2 Ⓒ −14,5 Ⓓ −13,4
      Ⓔ −12,9 Ⓕ −11,8 Ⓖ −11,2

2 a) −2,5   −1 −0,5 0   +1,5   +3,5

   b) −2½ −1,75   +²⁄₄ +¾   +2,5 +2½

3 a) −0,8 < −0,7 < −0,09 < 0,08 < 0,7 < 0,9
      oder: 0,9 > 0,7 > 0,08 > −0,09 > −0,7 > −0,8
   b) $-\frac{1}{2} < -\frac{1}{4} < -\frac{1}{5} < \frac{1}{5} < \frac{1}{4} < \frac{1}{2}$
      oder: $\frac{1}{2} > \frac{1}{4} > \frac{1}{5} > -\frac{1}{5} > -\frac{1}{4} > -\frac{1}{2}$
   c) −33,3 < −3,33 < −0,333 < 0,333 < 3,3 < 3,33
      oder: 3,33 > 3,3 > 0,333 > −0,333 > −3,33 > −33,3

4 +7,3 liegt zwischen +7,2 und +7,4.
   +0,4 liegt zwischen +0,3 und +0,5.
   −0,8 liegt zwischen −0,9 und −0,7.
   −11,1 liegt zwischen −11,2 und −11,0.
   −13,4 liegt zwischen −13,5 und −13,3.
   −4,1 liegt zwischen −4,2 und −4,0.
   −2,6 liegt zwischen −2,7 und −2,5.
   +10,6 liegt zwischen +10,5 und +10,7.
   +12,2 liegt zwischen +12,1 und +12,3.

5 a) −3,5 + 3 = −0,5
   b) 0,5 − (+3,8) = −3,3
   c) −2 + 3,5 = 1,5
   d) −3 − (+3,5) = −6,5

6 −7,2 − (−5,1) → −2,1   −81 : 9 + 8 → −1
   (+0,5) · 8 → +4,0   (−1) − (−2) → +1
   (−2,5) · 3 → −7,5   (−12,3) : 3 → −4,1
   +6,4 − (−1,1) → +7,5

7
Alter Kontostand	Gutschrift (+) Lastschrift (−)	Neuer Kontostand
1 235,52 H	+ 145,66 €	1 381,18 H
900,00 H	− 266,14 €	633,86 H
104,49 S	− 251,20 €	355,69 S
910,97 S	+ 999,32 €	88,35 H
553,22 H	− 561,10 €	7,88 S
12 845,29 H	− 12 856,06 €	10,77 S

8 a) Kontostand nach Abhebungen bzw. Überweisungen:
      1 472,58 − 520 − 360 − 750 − 300 = −457,42 (€)
      oder: 1 472,58 − (520 + 360 + 750 + 300) = −457,42 (€)
   b) Kontostand vor Buchungen:
      254,43 − 689 + 220 + 872,99 − 1542 = −883,58 (€)
      oder: (254,43 + 220 + 872,99) − (689 + 1542) =
                  1347,42   −   2231   = −883,58 (€)

9
	Ergebnis	
	Überlegung	Berechnung
a)	negativ	−24,85
b)	negativ	−0,075
c)	positiv	+1
d)	negativ	−0,24
e)	positiv	+3
f)	positiv	+5,5
g)	negativ	−0,4
h)	negativ	−44

10 a) (−14) − (+13) − (−27) = −27 + 27 = 0
   b) (+161) + (+176) + (−161) = 161 − 161 + 176 = +176
   c) (+45) − (−56) − (+45) + (−56) = 45 − 45 + 56 − 56 = 0
   d) (+39) + (−20) − (+39) = 39 − 39 − 20 = −20
   e) (−234) − (−135) + (+234) = −234 + 234 + 135 = +135

11 a) (−35) − (−12) = −35 + 12 = −23
   b) (+33) − (−17) = 33 + 17 = +50
   c) (−13) − (−12) = −13 + 12 = −1
   d) (−24) − (−10) = −24 + 10 = −14

12 a) 26 − (+39) = −13   b) −73 − (−63) = −10
   c) −15 + (+2) = −13   d) 10 − 32 = −22
   e) −23 + (−27) = −50   f) 62 − (+12) = 50
   g) −36 + (+66) = 30   h) −22 − (+28) = −50
   i) 50 − (−35) = 85   j) 92 − (+99) = −7

13 a) (−3,7) + (−8,4) = (−12,1)
   b) (−36,8) + (+8,4) = (−28,4)
   c) (−32,9) + (−7,2) = (−40,1)
      oder: (+32,9) + (+7,2) = (+40,1)

14
	Unterschied	1. Zahl	2. Zahl
a)	10	−6	−16 oder +4
b)	12	4	−8 oder +16
c)	7,5	−2,5	−10 oder +5

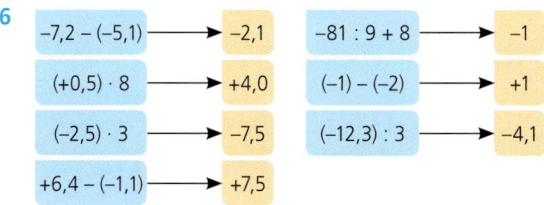

Lösungen

15 Zahl genau in der Mitte:
a) −2,4 +0,4 +3,2
b) −4,4 −0,2 +4,0
c) −8,3 −8,0 −7,7
d) +0,1 −0,7 −1,5
e) −2,5 −0,1 +2,3
f) −1,2 +4,1 +9,4

16 −973,16 + 2 · 1452,09 = 1931,02 (€)
Richtiger Kontostand: 1931,02 H

17 Gedachte Zahl:
Jan: y + (−56) − (−44) = 100
100 + (−44) − (−56) = y ⇒ y = 112
Mia: (x − 25 + (−25)) · 2 = 100
100 : 2 − (−25) + 25 = x ⇒ x = 100

Seite 76

1 Ⓐ −9,2   Ⓑ −6,9   Ⓒ −4,5   Ⓓ −2,6
Ⓔ 0,1   Ⓕ 2,6

2 a) +0,2 +0,2
(+0,1); (+0,3); (+0,5); (+0,7); (+0,9); (+1,1); (+1,3); (+1,5)
b) ·2 ·2
(−1,2); (−2,4); (−4,8); (−9,6); (−19,2); (−38,4); (−76,8); (−153,6)
c) +0,1 +0,2
(−4); (−3,9); (−3,7); (−3,4); (−3); (−2,5); (−1,9); (−1,2)
Eventuell auch:
+0,1 +0,2 +0,1 +0,2
(−4); (−3,9); (−3,7); (−3,6); (−3,4); (−3,3); (−3,1); (−3,0)

3 a) −3,5 + 3,4 + 2,8 = 2,7
b) −35 + 5 + 5 + 5 + 5 + 5 = −10   (−35 + 5 · 5 = −10)
c) 400 − 160 − 620 = −380
d) 80 − 60 − 60 = −40   (80 − 2 · 60 = −40)

4 a) um 0,4 größer als −6,3: −5,9
b) um 1,5 kleiner als $\frac{2}{4}$: −1
c) um $\frac{3}{4}$ größer als −9,75: −9
d) um 7,4 kleiner als −6,15: −13,55
e) um 2,44 größer als −0,03: 2,41
f) um 0,01 kleiner als 0,74: 0,73

5 a) (−1,5) − (−4) = (+2,5)   (+2,5) − (+13) = (−10,5)
⇒ (−1,5) − (−4) > (+2,5) − (+13)
b) (+0,3) · (−2) = (−0,6)   (−0,1) · (+4) = (−0,4)
⇒ (+0,3) · (−2) < (−0,1) · (+4)
c) (−7,5) + (+4) = (−3,5)   (−2,5) + (−4) = (−6,5)
⇒ (−7,5) + (+4) > (−2,5) + (−4)
d) (+4) · (+12,5) = (+50)   (−10,2) · (−5) = (+51)
⇒ (+4) · (+12,5) < (−10,2) · (−5)
e) (−48) : (+6) = (−8)   (+56) : (−7) = (−8)
⇒ (−48) : (+6) = (+56) : (−7)
f) (−91,7) : (−7) = (+13,1)   (+76,8) : (+6) = (+12,8)
⇒ (−91,7) : (−7) > (+76,8) : (+6)

6

	Vorzeichen	Ergebnis
a)	+	+50
b)	+	+1,5
c)	−	−22

7 −390,65 + 1959,78 − 600 − 892,56 − 224,60 − 275 − 170,20
= −593,23 (€)
oder: −390,65 + 1959,78 = 1569,13 (€)
(600 + 892,56 + 224,60 + 275 + 170,20) = 2162,36 (€)
1569,13 − 2162,36 = −593,23 (€)
⇒ Nein, Frau Geiger kann nicht alle Überweisungen tätigen, ohne das Konto um mehr als 500 € zu überziehen.
Hinweis: Weitere Rechenwege sind möglich.

8 a) (−110,46) : (−26,3) + (−0,35) · (−12)
=   4,2   +   4,2   = 8,4
b) (+7,3) · (−6,8) − (42,7) : (+6,1)
=   (−49,64)   −   (−7)   = −42,64
c) ((−36,15) + (+68,95)) : ((−8) − (−16))
=   32,8   :   8   = 4,1

Geometrie 2

Seite 98/99

1 a) Die Flächen sind jeweils zerlegungsgleich (s. Bsp. für jede Figur) und haben somit den gleichen Flächeninhalt.

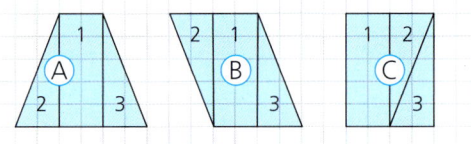

b) Die Aussagen Ⓐ und Ⓒ sind richtig.

2 a) Geschickt berechnet man den Flächeninhalt, wenn man vorgegebene Karolinien nützt (s. Bsp. für jede Figur).

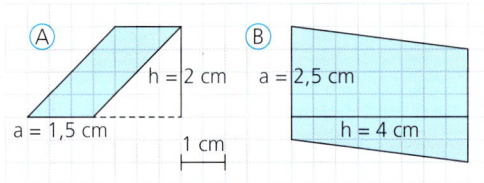

$A_P = 1,5 · 2 = 3$ (cm²) $A_P = 2,5 · 4 = 10$ (cm²)
b) h = A : a = 17,6 cm² : 5,5 cm = 3,2 cm

3 a) Ⓐ $A = \frac{3 · 1,5}{2} = 2,25$ (cm²)   Ⓒ $A = \frac{3,2 · 4,5}{2} = 7,2$ (cm²)
Mit Angaben nicht berechnbar: Dreieck Ⓑ
b)

	Ⓐ	Ⓑ	Ⓒ
Grundseite g	4,5 cm	6 cm	6 m
Höhe h	4,2 cm	3,2 cm	12,4 m
Flächeninhalt A_D	9,45 cm²	9,6 cm²	37,2 m²

4 a) $A_{Giebelseite} = 12 · 3 + \frac{12 · 2}{2} = 48$ (m²)
b) $A_{Vorderseite} = 2 · 1 + 5,8 · 4 + \frac{5,8 · 1,7}{2} = 30,13$ (cm²)
$A_{gesamt} = 30,13 · 2 = 60,26$ (cm²)

5 a) Mantelflächeninhalt:
Ⓐ $M_{Pr} = 2 · (5,5 + 4,7) · 6 = 122,4$ (cm²)
Ⓑ $M_{Pr} = (5 + 5 + 4,5) · 6 = 87$ (cm²)
b) Oberflächeninhalt:
$O_{Pr} = (0,90 · 1 + 0,45) · 1,80 + 2 · \frac{0,90 · 0,45}{2} = 4,635$ (m²)

6 a) $V_{Pr} = 4 \cdot 2 \cdot 8 = 64$ (cm³)
b) Grundfläche $G = 2100 : 35 = 60$ (cm²)
Höhe Grundfläche: $60 = 10 \cdot h : 2 \Rightarrow h = 12$ (cm)

7 a) Es werden die Inhalte von Grundfläche, Mantelfläche und Oberfläche sowie das Volumen eines Prismas (Grundfläche Parallelogramm) berechnet.
Die Formeln sind bei ① und ② richtig eingegeben.
b) Formel für ③: = (E6 + 2 * E5)
Formel für ④: = (E5 * B8)

8 a) Beispiel für die Berechnung:
$V = (28 \cdot 14 + \frac{20 \cdot 14}{2}) \cdot 35 = 18620$ (cm³)
b) Beispiel für die Berechnung:
$V = 5 \cdot 7 \cdot 1,4 - 2 \cdot 3 \cdot 1,4 \cdot 2 = 32,2$ (cm³)
Masse $m = 32,2 \cdot 7,8$ g $= 251,16$ g

5 a) und b)   Anmerkung: Messtoleranzen berücksichtigen.

Figur	Umfang u			Flächeninhalt A		
	1:1	1:10	1:100	1:1	1:10	1:100
Ⓐ	11 cm	110 cm	1 100 cm	7 cm²	700 cm²	7 m²
Ⓑ	12 cm	120 cm	1 200 cm	9 cm²	900 cm²	9 m²
Ⓒ	10,3 cm	103 cm	1 030 cm	4,375 cm²	437,5 cm²	4,375 m²
Ⓓ	10,4 cm	104 cm	1 040 cm	5 cm²	500 cm²	5 m²
Ⓔ	14,6 cm	146 cm	1 460 cm	12 cm²	1 200 cm²	12 m²
Ⓕ	14,4 cm	144 cm	1 440 cm	11,25 cm²	1 125 cm²	11,25 m²
Ⓖ	13,4 cm	134 cm	1 340 cm	10 cm²	1 000 cm²	10 m²
Ⓗ	13,8 cm	138 cm	1 380 cm	6,875 cm²	687,5 cm²	6,875 m²
Ⓘ	9 cm	90 cm	900 cm	4 cm²	400 cm²	4 m²
Ⓙ	17,2 cm	172 cm	1 720 cm	16 cm²	1 600 cm²	16 m²

6 a) $O_{Pr} = 2 \cdot 2,5 \cdot 9,5 + 2 \cdot 4,4 \cdot 9,5 + 2 \cdot 2,5 \cdot 4,4 = 153,1$ (cm²)
$V_{Pr} = 2,5 \cdot 4,4 \cdot 9,5 = 104,5$ (cm³)
b) $O_{Pr} = 2 \cdot 8 \cdot 16 + 2 \cdot 4,8 \cdot 16 + 2 \cdot 8 \cdot 4 = 473,6$ (cm²)
$V_{Pr} = 8 \cdot 4 \cdot 16 = 512$ (cm³)
c) $O_{Pr} = (65 + 28 + 56) \cdot 77 + 2 \cdot \frac{65 \cdot 24}{2} = 13033$ (cm²)
$V_{Pr} = \frac{65 \cdot 24}{2} \cdot 77 = 60060$ (cm³)

7 ① Gesamter Oberflächeninhalt des Quaders : 2
$A = 2 \cdot (8 \cdot 6 + 8 \cdot 4,5 + 6 \cdot 4,5) : 2 = 111$ (cm²)
② Summe der einzelnen Flächeninhalte
$A = 2 \cdot \frac{8 \cdot 4,5}{2} + 8 \cdot 6 + 6 \cdot 4,5 = 111$ (cm²)

8 $V_{Würfel} = 12 \cdot 12 \cdot 12 = 1728$ (cm³)
Prismen ① bzw. ③: $V = \frac{6 \cdot 6}{2} \cdot 12 = 216$ (cm³)
         oder: $V = V_{Würfel} : 8 = 1728 : 8 = 216$ (cm³)
Prismen ④ und ⑤: $V = \frac{12 \cdot 6}{2} \cdot 12 = 432$ (cm³)
         oder: $V = V_{Würfel} : 4 = 1728 : 4 = 432$ (cm³)
Quader ②: $V = 6 \cdot 6 \cdot 12 = 432$ (cm³)
         oder: $V = V_{Würfel} : 4 = 1728 : 4 = 432$ (cm³)

9 a) $V = 3 \cdot 2,50 \cdot 0,60 = 4,50$ (m³) $= 4500$ (dm³/l)
b) $h_K = V : G = 9000 : (25 \cdot 30) = 12$ (dm) $= 1,20$ (m)
oder: 4500 l → 0,60 m   oder: $9000 = 25 \cdot 30 \cdot h_K$
      9000 l → 1,20 m   12 (dm) $= h_K$

Seite 100 / 101

1

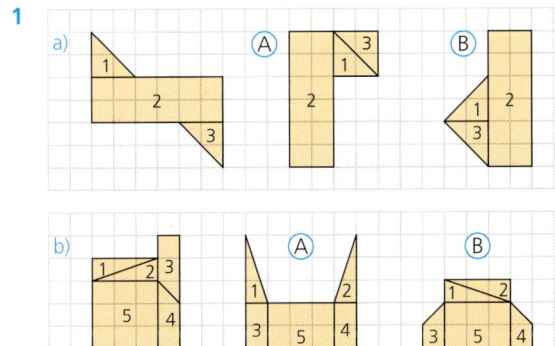

2 a)

	Ⓐ	Ⓑ	Ⓒ	Ⓓ
Länge	16 cm	14 cm	12 cm	10 cm
Breite	4 cm	6 cm	8 cm	10 cm
u_R	40 cm	40 cm	40 cm	40 cm
A_R	64 cm²	84 cm²	96 cm²	100 cm²

b) Ein Quadrat hat von allen Rechtecken mit gleichem Umfang den größten Flächeninhalt.

3 a) $A_{Dreieck} = \frac{4 \cdot 3}{2} = 6$ (cm²)   b) $A_{Dreieck} = \frac{3,9 \cdot 3,1}{2} \approx 6$ (cm²)

4 Grundfläche $G = \frac{30 \cdot 40}{2} = 600$ (mm²)
$V_{Pr} = 600 \cdot 60 = 36000$ (mm³) $= 36$ (cm³)

10 a) Sechseck Ⓐ   b) Quadrat Ⓑ   c) Figur Ⓒ

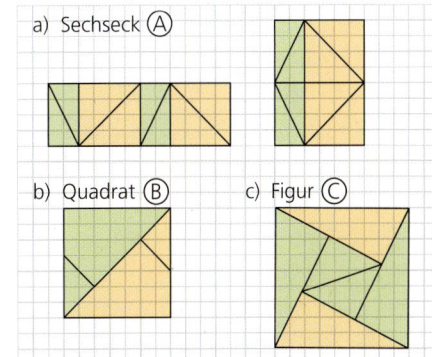

Lösungen

Seite 102

1 Beispiel für jede Figur (auch andere Zerlegungen möglich):

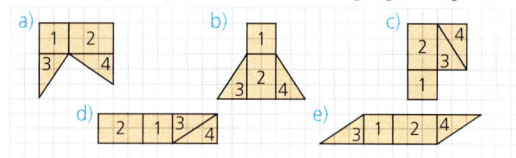

2 a) $A_D = \frac{4,2 \cdot 6}{2} = 12,6$ (cm²) b) $A_D = \frac{4,8 \cdot 2,5}{2} = 6$ (cm²)

3

	a	b	u_R	A_R
a)	11,6 cm	4,6 cm	32,4 cm	53,36 cm²
b)	4,5 m	3,6 m	16,2 m	16,2 m²

	a	h	A_P
c)	12,5 cm	2,3 cm	28,75 cm²
d)	4,5 m	6,2 m	27,9 m²

4 $G = \frac{5\,cm \cdot 2\,cm}{2} = 5$ cm² $V_{Pr} = 5$ cm² $\cdot$ 6 cm = 30 cm³

5 a) $O = (3,4 + 7,5 + 9) \cdot 2,5 + 2 \cdot \frac{9 \cdot 2,8}{2} = 74,95$ (dm²)
b) $O = (2 \cdot 0,90 + 2 \cdot 0,80) \cdot 1,40 + 2 \cdot 0,90 \cdot 0,45 = 5,57$ (m²)

6 Mögliche Frage: Welche Höhe hat der Quader?
$G = 38 \cdot 35 = 1330$ (mm²)
$h_K = V : G = 5586 : 1330 = 4,2$ (mm)
oder:
Welche Grundfläche hat der Quader?
$G = 38 \cdot 35 = 1330$ (mm²)

7 a) Holz schwimmt, ist also leichter als Wasser (1 cm³ ≙ 1 g).
⇒ sinnvoller Wert: 0,7 g für 1 cm³ Holz
b) $V_Ⓐ = 20 \cdot 20 \cdot 15 + \frac{10 \cdot 10}{2} \cdot 20 = 7000$ (cm³)
oder:
$V_Ⓐ = 20 \cdot 20 \cdot 25 - 10 \cdot 20 \cdot 10 - \frac{10 \cdot 10}{2} \cdot 20 = 7000$ (cm³)
Masse $m_Ⓐ = 7000 \cdot 0,7 = 4900$ (g) = 4,9 (kg)
c) $V_Ⓑ = V_Ⓐ + \frac{10 \cdot 10}{2} \cdot 20 = 7000 + 1000 = 8000$ (cm³)
Zusätzliche Masse: m = 1000 · 0,7 = 700 (g) = 0,7 (kg)

Gleichungen

Seite 126/127

1 a) Ⓐ 15,5 + 24,2 Ⓑ x − 7 Ⓒ y · 6,4 Ⓓ 28,7 : 7
b) Beispiele:
Ⓐ Multipliziere 5,3 mit 10. Ⓑ Dividiere 36,9 durch 9.
Ⓒ Ziehe von einer Zahl 14 ab.
Ⓓ Addiere zum Doppelten einer Zahl die Zahl 8.

2 a) Ⓐ 45 : 9 + 4 = 9
Ⓑ 3 · 1,50 + 3 · 1,10 = 7,80 (€)
oder: 3 · (1,50 + 1,10) = 7,80 (€)
b) Ⓐ (23 − 12) · (7,5 + 3,5) = 121
Ⓑ 4 · 0,85 + 4 · 1,15 + 4 · 1,35 = 13,40 (€)
oder: 4 · (0,85 + 1,15 + 1,35) = 13,40 (€)

3 a) Ⓐ → 4x + 7   Ⓑ → 4x − 7
b) 2,5x + 30

4 a) Ⓐ 7x Ⓑ 17 − 6y Ⓑ −3x − 18 Ⓓ −a − 3
b) Ⓐ 2x + 2,5 + 0,5x + 2,5 + 2x + 0,5x = 5x + 5
Ⓑ 2x + 12 + 2x + x + 3 + 4 + 3 + 1,5x = 6,5x + 22

5 a) Ⓐ Gleichung: x · 5 + 1,85 = 6,35
Ⓑ Preis eines Müsliriegels: (6,35 − 1,85) : 5 = 0,90 (€)
b) Es sind 8 Familien und somit auch insgesamt 8 Tiere.
Jede Katze hat 4, jeder Vogel 2 Beine. Zusammen haben die Tiere 22 Beine.

Anzahl Tiere	1	2	3	4	5	6
Beine Katzen	4	8	12	16	20	24
Beine Wellensittiche	2	4	6	8	10	12

In dem Wohnblock gibt es 3 Katzen und 5 Wellensittiche.

6 a) Ⓐ 2x + 3 = 9 | −3   Ⓑ 3x + 2 = 14 | −2
      2x = 6 | : 2   3x = 12 | : 3
      x = 3   x = 4
b) Ⓐ x = 5   Ⓑ x = −3
   7 · 5 − 26 = 9   (−3) · 8 + 4 = −20
   Ⓒ x = −6   Ⓓ x = −3
   −94 = 12 · (−6) − 22   6 = (−3) · 3 + 15

7 a) x · 0,30 + 270 = 417   x = 490
Gefahrene Kilometer: 490
b) 22x + 100 + 75 = 362   x = 8,50
Betrag pro Schüler: 8,50 €

8 a) Ⓐ Flächeninhalt Dreieck:
$A = \frac{g \cdot h}{2} = \frac{8 \cdot 7}{2} = 28$ (cm²)
Ⓑ Breite Rechteck:
$u_R = 2 \cdot a + 2 \cdot b$ $u_R = 2 \cdot 8,5 + 2 \cdot b$ b = 4,5 (m)
b) Körperhöhe Prisma:
$V_{Pr} = \frac{g \cdot h_A}{2} \cdot h_K$ $240 = \frac{8 \cdot 3}{2} \cdot h_K$ $h_K = 20$ (dm)

Seite 128/129

1 a) x · 2   b) x : 2
x: Alter Tim   x: Geldbetrag
c) x + 2   d) x − 2
x: vorheriges Taschengeld   x: vorheriges Gewicht

2 a) x + 12   b) y · 7   c) 6 − a   d) b : 10

3 a) 4,5 · x + 40
b) Gesamtpreis 18 Schüler: 4,5 · 18 + 40 = 121 (€)
Gesamtpreis 20 Schüler: 4,5 · 20 + 40 = 130 (€)

4 a) 30x   b) 10y   c) 8x + 1   d) 30 − 6a

5 a) Ⓐ x + 1,5x + x + x + 1,5x = 6x
Ⓑ 2,5 + x + x + 2,5 + x + x = 4x + 5
b) Ⓐ u = 18 cm   Ⓑ u = 17 cm

6 a) x = 4   b) x = 4   c) x = 5   d) b = 6

7 a) Ⓐ 15 · x + 389 = 479
   b)   15 · 1 + 389 = 479   falsch
         15 · 3 + 389 = 479   falsch
         …
         15 · 6 + 389 = 479   richtig
         Anzahl der Monate: 6

8 a) x = (38 − 6) : 4   x = 8   b) y = (6 + 5) · 3   y = 33
   c) y = (47 + 9) : 7   y = 8   d) x = (8 − 3) · 6   x = 30

9 3x + 5 = 14 | − 5   Drei Kugeln sind so schwer
   3x = 9 | : 3   wie ein Würfel.
   x = 3

10 a) 5x + 9 = 39 | − 9   b) x · 3 − 7 = 5 | + 7
      5x = 30 | : 5   x · 3 = 12 | : 3
      x = 6   x = 4
   c) 7 + 4x = 43 | − 7   d) −17 = x · 6 − 5 | + 5
      4x = 36 | : 4   −12 = x · 6 | : 6
      x = 9   −2 = x

11 a) x = 5   b) x = 12
      4 · 5 + 2 = 2 · 11   3 · 12 − 4 = 64 : 2
   c) x = −14   d) x = −7
      22 + 5 · (−14) = −48   10 · (−7) − 17 = −87

12 a) x · 7 − 7 = 35 · 2   b) 5x + 10 = −130 : 2
      x · 7 − 7 = 70 | + 7   5x + 10 = −65 | − 10
      x · 7 = 77 | : 7   5x = −75 | : 5
      x = 11   x = −15

13 a) 4x + 6 = −30   x = −9   b) 4x + 6 = 30   x = 6
      4 · (−9) + 6 = −30   4 · 6 + 6 = 30
   c) 4x − 6 = 30   x = 9   d) 4x − 6 = −30   x = −6
      4 · 9 − 6 = 30   4 · (−6) − 6 = −30

14 12 · x + 3,30 = 8,10   x = 0,40
   Preis einer Flasche ohne Pfand: 0,40 €

15 a) 90 = 2 · 2x + 2 · x   x = 15
      Seitenlängen Rechteck: a = 30 cm; b = 15 cm
   b) 60 = x + 6 + x + x   x = 18
      Seitenlängen Dreieck: a = b = 18 cm; c = 24 cm

16 a) x + 2x + 60 = 180   x = 40
      Fehlende Winkel: β = 40°; γ = 80°
      Probe: 60° + 40° + 80° = 180°
   b) x + 4x + 2x + 5 = 180   x = 25
      Fehlende Winkel: α = 25°; β = 100°; γ = 55°
      Probe: 25° + 100° + 55° = 180°

17 a) x + 7 = 12 | − 7   b) 6x = 12 | : 6
      x = 5   x = 2
   c) 7x + 3 = 31 | − 3   d) 3x − 4 = −19 | + 4
      7x = 28 | : 7   3x = −15 | : 3
      x = 4   x = −5

Seite 130

1 a)   (56 + 24) : 16 = 5   56 : 16 + 24 : 16 = 5
   ⇒   (56 + 24) : 16   =   56 : 16 + 24 : 16
   b)   2,6 − 1,5 − 0,8 = 0,3   2,6 − (1,5 − 0,8) = 1,9
   ⇒   2,6 − 1,5 − 0,8   <   2,6 − (1,5 − 0,8)
   c)   9,7 · (7,5 + 2,5) = 97   9,7 · 7,5 + 2,5 = 75,25
   ⇒   9,7 · (7,5 + 2,5)   >   9,7 · 7,5 + 2,5
   d)   (72 − 22) · 5 = 250   50 · 5 = 250
   ⇒   (72 − 22) · 5   =   50 · 5
   e)   (28 + 72) : 4 = 25   28 : 4 + 72 = 79
   ⇒   (28 + 72) : 4   <   28 : 4 + 72
   f)   (9 − 3) · (6 + 2) = 48   9 − 3 · 6 + 2 = −7
   ⇒   (9 − 3) · (6 + 2)   >   9 − 3 · 6 + 2

2 a) Term für Gesamtkosten: 250 + 0,5 · y
   b)

Strecke (km)	50	100	150	200
Gesamtpreis (€)	275	300	325	350

3 a) Ⓐ x + 6 + 1,5x + 1,5x = 4x + 6   b) Ⓐ u = 26 cm
      Ⓑ 3x + x + x + 3x + x + x = 10x   Ⓑ u = 50 cm

4 5 · 10 + 25 = 60 ⇒ falsch   5 · 7 + 25 = 60 ⇒ richtig
   5 · 5 + 25 = 60 ⇒ falsch   5 · (−7) + 25 = 60 ⇒ falsch

5 a) 15 = 3 + 3a   b) y · 4 − 7 = 9   c) 3 · 9 = 4x + 7
      (15 − 3) : 3 = a   (9 + 7) : 4 = y   (27 − 7) : 4 = x
      4 = a   4 = y   5 = x

6 a) x = 4   b) 2 = y
      3 · 4 + 2 = 14   1 = 7 · 2 − 13
   c) a = 4   d) x = −3
      4 · 3 − 5 = 7   6 · (−3) − 8 = −26

7 a) 38 = 4 · 2 + 2 · a   a = 15   Kosten eines T-Shirts: 15 €
   b) 6y + 150 = 870   y = 120   Gewicht eines Fasses: 120 kg

8 a) 21 = 7 · h : 2   h = 6   Höhe Dreieck: 6 cm
   b) 36 = 2 · a + 2 · 12   a = 6   Länge Rechteck: 6 cm
   c) 15 000 = 30 · 20 · h_K h_K = 25   Höhe Quader: 25 cm
      oder: 15 = 3 · 2 · h_K h_K = 2,5 Höhe Quader: 2,5 dm
   d) 180 = 2 · β + β + 75 β = 35   Winkel: α = 70°; β = 35°

Proportionalität

Seite 146/147

1 a) Ⓐ Menge Fliesen (m²) → Preis (€)
      Ⓑ 4 m² → 30 €   6 m² → 45 €
   b) Ⓐ Da sich als Graph eine gerade Linie ergibt, liegt eine
         lineare Zuordnung vor.
      Ⓑ Beispiele:
         – 2 m² Fliesen kosten 15 €. Wie viel kosten 5 m²
           Fliesen?
         – Für 45 € erhalte ich 6 m² Fliesen. Wie viel m² Flie-
           sen bekomme ich für 40 Euro?

Lösungen

2 a) Ⓐ Zeit (Tage) → Höhe (cm)
Ⓑ

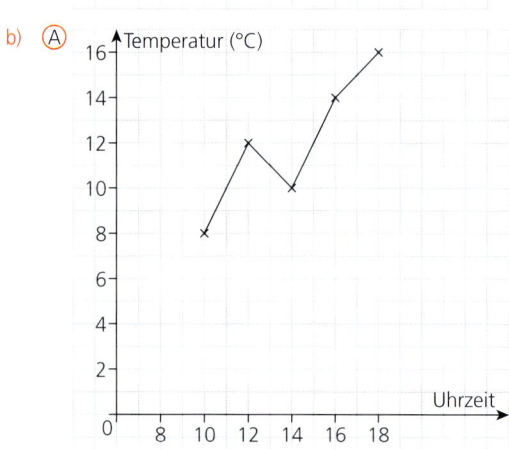

b) Ⓐ

Ⓑ Es handelt sich um keine lineare Zuordnung, da der Graph keine gerade Linie ist.
Ⓒ Da die Zuordnung nicht linear ist, kann man die Temperatur um 20 Uhr nicht angeben.

3 a) Ⓐ und Ⓒ sind proportionale Zuordnungen.
b) Fehler: 8 h → 113,10 €
Berichtigung: 6 h → 113,10 €
oder: 8 h → 150,80 €

4 a)

Brezen	Preis (€)
2	1,20
4	2,40
5	3,00
8	4,80
10	6,00

b)

Zeit (h)	Weg (km)
0,5	8
1,5	24
2	32
3	48
5	80

5 a) Ⓐ

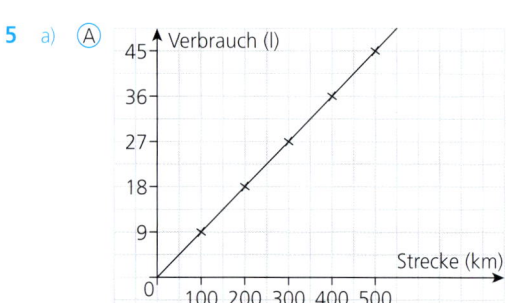

Ⓑ Zum Zeichnen hätte ich nur zwei Wertepaare gebraucht, da die Zuordnung proportional ist.

b) Ⓐ

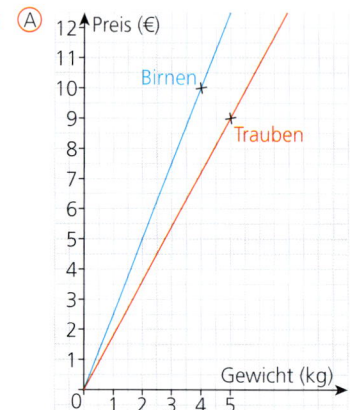

Ⓑ

Menge	3 kg	4,5 kg
Preis Birnen	7,50 €	11,25 €
Preis Trauben	5,40 €	8,10 €

6 a) Preis für 2 l (Flasche):   Preis für 2 l (Kanister):
500 ml (= 0,5 l) ≙ 1,10 €   10 l ≙ 8,30 €
2 l ≙ 4,40 €   2 l ≙ 1,66 €
b) Kosten für zwei Tage: 6 Tage ≙ 150 €
2 Tage ≙ 50 €

7 a)

Gewicht (kg)	6	1	4	5	3,5
Preis (€)	9	1,50	6	7,50	5,25

b)

		Ina	Emma	Safije
Packungen	70	1	28	24	18
Preis (€)	42	0,60	16,80	14,40	10,80

8 a) Ⓐ

Warenpreis	20 €	60 €
Preisnachlass	5 €	15 €

Ⓑ Preisnachlass in Prozent: 25 %
Ablesen beim Warenpreis 100 € (Prozent: von Hundert):   Berechnen (Beispiel): 20 € ≙ 100 %
5 € ≙ 25 %

b) Ⓐ

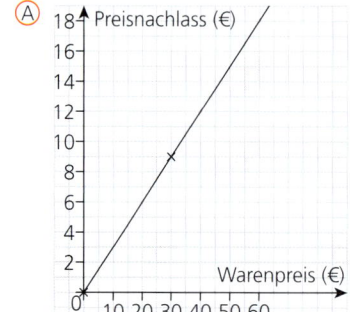

Ⓑ

Warenpreis	50 €	60 €	20 €
Preisnachlass	15 €	18 €	6 €

Ⓒ Preisnachlass in Prozent: 30 %
Beispiel für Berechnung: 50 € ≙ 100 %
1 € ≙ 2 %
15 € ≙ 30 %

Seite 148/149

1 a) Ⓐ Wochentag → Sonnenscheindauer (h)
Ⓑ Zeit (min) → Strecke (km)
b) Ⓐ Da sich als Graph keine gerade Linie ergibt, liegt keine lineare Zuordnung vor.
Ⓑ Da sich als Graph eine Halbgerade ergibt, liegt eine lineare Zuordnung vor.

2 a)
Zeit (h)	1	2	3	4	5	6
Weg (km)	75	150	225	300	375	450

b)
Volumen (l)	10	20	30	40	50
Preis (€)	15	30	45	60	75

3 a) Der Graph stellt eine Halbgerade mit Anfangspunkt (0|0) dar. ⇒ Proportionalität liegt vor.
b)
Menge (kg)	2	3	4,5	6	6,5
Preis (€)	1,60	2,40	3,60	4,80	5,20

Preis (€)	1,20	3,20	4,00	4,40	5,60
Menge (kg)	1,5	4	5	5,5	7

4 a)
kg	1	2	3	4	5	6	7	8
€	1,25	2,50	3,75	5,00	6,25	7,50	8,75	10,00

b)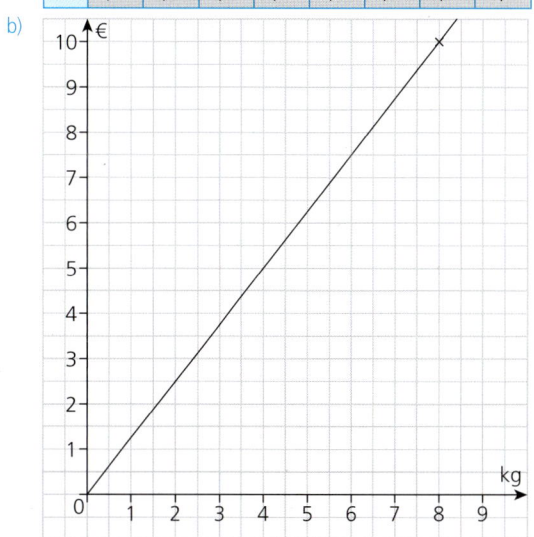

5 Verdienst bei 25 Arbeitsstunden:
40 Arbeitsstunden → 420,00 €
1 Arbeitsstunde → 10,50 €
25 Arbeitsstunden → 262,50 €
oder:
40 Arbeitsstunden → 420,00 €
5 Arbeitsstunden → 52,50 €
25 Arbeitsstunden → 262,50 €

6 a)
Pers.	€
4	6
1	1,50
7	10,50

b)
h	km
2,5	50
1	20
4	80

7 a)
Zeit (h)	1	10	2,5	7,5
Strecke (km)	800	8000	2000	6000

b)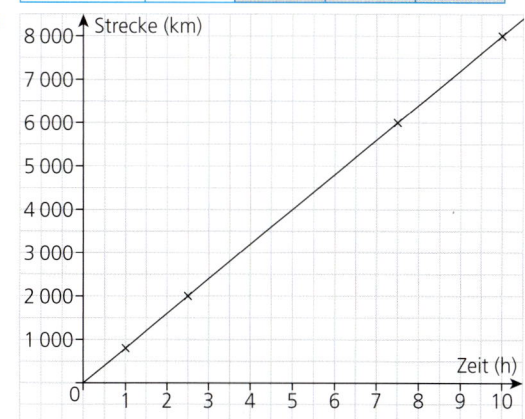

Der Graph bestätigt die berechneten Werte.
c) Da sich als Graph eine vom Nullpunkt ausgehende Halbgerade ergibt, ist die Zuordnung proportional und damit auch linear.

8 Orangen: proportionale Zuordnung
(doppelte Menge → doppelter Preis)
Marmelade: proportionale Zuordnung
(vierfache Menge → vierfacher Preis)
Zahnpasta: keine proportionale Zuordnung (1,5-fache Menge → nicht 1,5-facher Preis [1,47 €])

9 a) 20 Wochen → 70,00 €   b) 70,00 € → 20 Wochen
1 Woche → 3,50 €   3,50 € → 1 Woche
27 Wochen → 94,50 €   126,00 € → 36 Wochen
33 Wochen → 115,50 €   182,00 € → 52 Wochen
41 Wochen → 143,50 €

10 a) Je größer die Anzahl der Kugeln, desto höher ist der Preis.
Die Zuordnung ist linear, weil zum n-Fachen der einen Größe das n-Fache der anderen Größe gehört.
b) Je größer die Anzahl der Kilometer ist, desto mehr Zeit braucht man.
Die Zuordnung kann (bei gleichbleibender Geschwindigkeit) linear sein. Wenn sich die Geschwindigkeit ändert, ist sie es aber nicht mehr.
c) Je größer/später die Uhrzeit, desto größer ist die Regenmenge.
Ein Je-desto-Satz ist unsinnig. Diese Zuordnung ist nicht linear.
d) Je mehr Eintrittskarten man kauft, desto höher ist der Preis.
Die Zuordnung kann linear sein, wenn es Eintrittskarten der gleichen Preiskategorie sind.

11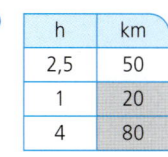

190 Lösungen

12 a) 6 Stück ⇒ 195 € (Kauf von Stühlen)
b) 60 l ⇒ 800 km (Benzinverbrauch eines Autos)
c) 35 l ⇒ 49,70 € (Kauf von Treibstoff an Tankstelle)

13 a) 4 Päckchen → 7,56 €   b) 7,56 € → 4 Päckchen
1 Päckchen → 1,89 €   1,89 € → 1 Päckchen
10 Päckchen → 18,90 €   22,68 € → 12 Päckchen
18 Päckchen → 34,02 €   41,58 € → 22 Päckchen

14 a) Wassermenge in einer Stunde: 240 cm³
Wassermenge an einem Tag: 5760 cm³ (5,76 dm³)
b) 1 l = 1 dm³ = 1000 cm³
1000 : 4 = 250
Zeit für 1 l: 250 min (4 h 10 min)

15 a) Fläche Baugrundstück: 768 m²
Quadratmeterpreis: 75 €
Fläche Nachbargrundstück: 640 m²
Preis Nachbargrundstück: 48000 €
b) Fläche Baugrundstück: 720 m²
Seitenmaße (Beispiele):

Länge (m)	40	36	32	30	25
Breite (m)	18	20	22,5	24	28,8

16 a)

kg	€
4	11,20
9	25,20
10	28,00

b)

h	km
3	54
0,5	9
9	162

17 Beispiele:

Länge (cm)	1	2	4	6	8
Breite (cm)	2	2	2	2	2
Flächeninhalt (cm²)	2	4	8	12	16

Bei stets gleicher Rechtecksbreite ergibt sich bei halber, doppelter, dreifacher, vierfacher, … Rechteckslänge der halbe, doppelte, dreifache, vierfache, … Flächeninhalt.
Die Zuordnung Länge des Rechtecks → Flächeninhalt des Rechtecks (bei gleicher Rechtecksbreite) ist proportional.

Seite 150

1 a) 7 Stück → 42 €   b) 1 m² → 18 €
1 Stück → 6 €   3 m² → 54 €
4 Stück → 24 €   15 m² → 270 €
c) 25 l → 40,00 €
1 l → 1,60 €
34 l → 54,40 €

2 a) 80 € → 100,00 USD   b) 100 USD → 80,00 €
1 € → 1,25 USD   1 USD → 0,80 €
150 € → 187,50 USD   975 USD → 780,00 €

3 a)

Zeit (h)	1	2	4	7	10	13	16
Wassermenge (ml)	50	100	200	350	500	650	800

b)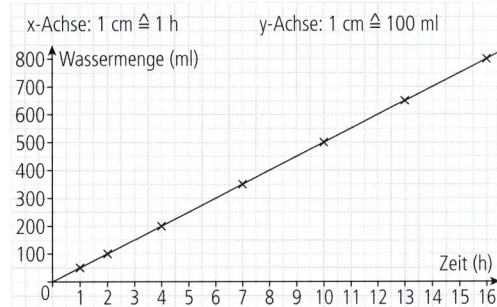
x-Achse: 1 cm ≙ 1 h   y-Achse: 1 cm ≙ 100 ml

c)

Wassermenge (ml)	250	725
Zeit (h)	5	14,5

d) 1 h → 50 ml
3 h → 150 ml
11,5 h → 575 ml
Überprüfung am Graphen bestätigt rechnerisch ermittelte Werte.

4 a) Gewicht bei der Geburt: 3,6 kg
b) 8,8 kg Gewicht: nach 10 Monaten
c) Gewichtszunahme: 9,6 kg – 7,6 kg = 2 kg
d) Da sich als Graph keine gerade Linie ergibt, liegt keine lineare Zuordnung vor.

5 a)

b)

Warenpreis (€)	40	120
Preisnachlass (€)	25	75

c)

Preisnachlass (€)	12,50	37,50
Warenpreis (€)	20	60

d) Preisnachlass in Prozent: 62,5 %
Ablesen beim Waren-   Berechnen (Beispiel):
preis 100 € (Prozent: 80 € ≙ 100 %
von Hundert)   1 € ≙ 1,25 %
                        50 € ≙ 62,5 %

6 a) 10 min → 25 l   b) 3 m³ = 3000 dm³ = 3000 l
1 h → 150 l   3000 : 150 = 20
1 d → 3600 l   Zeitraum für 3 m³: 20 Stunden
c) Volumen des Troges:
1,5 m · 1 m · 0,5 m = 0,75 m³ = 750 dm³ = 750 l
Zeitraum für Füllung: 750 : 150 = 5 (h)

Diagramme und statistische Kennwerte

Seite 164/165

1 a)

	2013	2014	2015	2016	2017
Diagr. ①	1 000	11 000	12 000	15 000	12 000
Diagr. ②	1 000	10 800	11 600	14 800	12 400

b) Ⓐ In Diagramm ① wird grundsätzlich auf Tausender gerundet. Die Unterteilung in Diagramm ② ist differenzierter und lässt genauere Angaben zu.
Ⓑ Das Kino hat erst gegen Ende des Jahres 2013 eröffnet. Dadurch waren es 2013 wenig Besucher.

2 a) Ⓐ Anders als bei Diagramm ② entsteht bei Diagramm ① der Eindruck, dass die Mitgliederzahl stetig nur jeweils leicht gestiegen ist. Das lässt sich nicht so gut auf der Jahreshauptversammlung „verkaufen".
Ⓑ Die Hochwertachse der beiden Diagramme weist jeweils einen unterschiedlichen Beginn (0 bzw. 510) sowie eine unterschiedliche Einteilung (200er- bzw. 20er-Schritte) auf.

b) Ⓐ 58 m² ≙ 100 %
1 m² ≙ 1,72 %
82 m² ≙ 141,04 %
⇒ 82 m² sind rund 40 % mehr als 58 m².
Ⓑ Flächeninhalt Abbildung ①: 3,6 · 1,1 = 3,96 (cm²)
Flächeninhalt Abbildung ②: 5,2 · 1,6 = 8,32 (cm²)
⇒ Zunahme in Darstellung also mehr als 100 %, während sie tatsächlich „nur" rund 40 % ist.

3 a) Ⓐ Höhere Bewertung auf ersten Blick:
Angebot ② mit der Bewertung 4,8 von 5,0
Ⓑ Timo entscheidet sich vielleicht für Angebot ①, weil dieses Produkt bereits 165 Kunden mit 5 Sternen bewertet haben und nicht nur 7 Kunden wie bei Angebot ②.

b) Ⓐ Der höchste Wasserverbrauch entfällt auf den Bereich Körperpflege.
Ⓑ Der Tagesverbrauch liegt etwa bei 120 l pro Person.
Ⓒ Meinen exakten täglichen Wasserverbrauch kann man daraus nicht ablesen, weil nur ein allgemeiner Durchschnittswert angegeben ist.

4 a) Ⓐ Rangliste (aufsteigend):
1,49 m; 1,52 m; 1,56 m; 1,62 m
Minimum: 1,49 m   Maximum: 1,62 m
Spannweite: 1,62 m − 1,49 m = 0,13 m
Ⓑ Rangliste (aufsteigend):
37,3 kg; 38,2 kg; 39,2 kg; 40,7 kg; 41,0 kg; 45,3 kg; 47,1 kg
Minimum: 37,3 kg   Maximum: 47,1 kg
Spannweite: 9,8 kg
Ⓒ Rangliste (aufsteigend):
1,6 cm; 17 mm; 1,8 cm; 20 mm; 2,1 cm; 31 mm; 3,2 cm; 4,3 cm
Minimum: 1,6 cm   Maximum: 4,3 cm
Spannweite: 2,7 cm

b) Ⓐ Laufstrecke am 4. Tag: 6 km : 2 = 3 km
Laufstrecke insgesamt: 5 km · 5 = 25 km
Laufstrecke am 5. Tag: 25 − (4,5 + 3,5 + 6 + 3) = 8 (km)

Ⓑ Rangliste (aufsteigend):
3 km; 3,5 km; 4,5 km; 6 km; 8 km
Minimum: 3 km   Maximum: 8 km
Spannweite: 5 km

5 a) Ⓐ Durchschnittswert:
$\bar{x}$ = (34 + 29 + 47 + 28 + 23 + 38) : 6 ≈ 33,2 (min)
Ⓑ Rangliste: 23; 28; 29; 34; 38; 47
Zentralwert: z = (29 + 34) : 2 = 31,5 (min)

b) Ⓐ 21 °C · 7 = 147 °C
Tageshöchsttemperatur Samstag:
147 − (17 + 16 + 16 + 27 + 28 + 25) = 18 (°C)
Ⓑ Rangliste (aufsteigend):
16 °C; 16 °C; 17 °C; 18 °C; 25 °C; 27 °C; 28 °C
Zentralwert: z = 18 °C
Minimum: 16 °C ⇒ Temperaturunterschied 2 °C
Maximum: 28 °C ⇒ Temperaturunterschied 10 °C

Seite 166/167

1 a) Günstig für den Verleiher: Ⓑ, evtl. auch Ⓐ
Begründung:
Den Verleiher interessiert die Anzahl, die von jeder Schuhgröße benötigt wird.

b) Bedeutsam für die Lehrkraft: Ⓓ
Begründung:
Sie verteilt die Schuhe passend an jeden einzelnen Schüler.

2 a) Ⓐ Mädchen nutzen ein Social Network täglich länger als Jungen.
Die Aussage stimmt.
Begründung:
In dieser Umfrage wurden sowohl 24 Jungen als auch 24 Mädchen befragt. Die Jungen nutzen es insgesamt 34 Std., die Mädchen insgesamt 46 Std.
Ⓑ Mehr als die Hälfte der Jungen nutzt täglich weniger als 2 h ein Social Network.
Die Aussage stimmt.
Begründung:
14 von 24 Jungen nutzen das Social Network weniger als 2 Std. Das ist mehr als die Hälfte von 24.

b)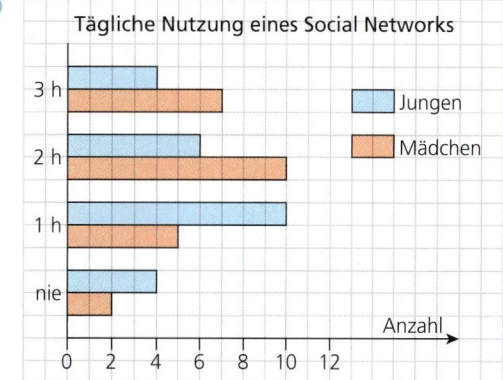

3 Die 5-Sterne-Bewertung bezieht sich nur auf 2 Bewertungen. Daher ist der Umfang der Stichprobe für eine aussagekräftige Bewertung zu klein.

4 a) 266 : 7 = 38   b) 1032 : 6 = 172   c) 450 : 9 = 50
d) 157 : 6 ≈ 26,2   e) 1140,4 : 6 ≈ 190,1

5 a) Wohnflächenvergleich:
69,4 m² ≙ 100 %
1 m² ≙ 1,4409222 %
121 m² ≙ 174,35 %
⇒ Näherungsweise sind 121 m² rund 75 % mehr als 69,4 m².
b) Flächeninhalt Abbildung Mieter: 4 cm²
Flächeninhalt Abbildung Eigentümer: 12,25 cm²
Die Abbildung „Eigentümer" ist nicht um 75 % größer als die des „Mieters", sondern um mehr als 200 %.
Fehler:
Durch die Abbildung werden Flächeninhalte dargestellt und nicht Streckenlängen verglichen.

6 a) Rangliste (Besucher aufsteigend):
125; 148; 173; 195; 197; 198; 220; 235; 236; 238; 245; 247; 280; 312; 332; 380; 432; 576
b) Minimum: 125 Besucher   Maximum: 576 Besucher
Spannweite: 576 Bes. – 125 Bes. = 451 Besucher
c) Durchschnittliche Besucherzahl pro Spiel:
$\bar{x}$ = 4769 : 18 = 264,9$\overline{4}$ ⇒ 265 (Besucher)

7 a) Befragte Jugendliche:
48 + 49 + 14 + 9 = 120
b) Durchschnittsalter erster eigener Smartphonebesitz:
$\bar{x}$ = (48 · 11 + 49 · 12 + 14 · 13 + 9 · 14) : 120
 = 11,9 (Jahre)

8 a) Rangliste (aufsteigend):
12,50 €; 25 €; 25 €; 50 €; 50 €; 70 €; 100 €; 120 €; 145 €; 160 €; 200 €; 220 €; 300 €; 320 €; 420 €
Zentralwert: z = 120 €
Durchschnittswert: $\bar{x}$ = 2217,50 € : 15 = 147,8$\overline{3}$ €
≈ 147,83 €
b) Zentralwert: z = (120 € + 145 €) : 2 = 132,50 €
Durchschnittswert: $\bar{x}$ = 5217,50 € : 16 = 326,09 €
Der Zentralwert ist hier aussagekräftiger, da der Spendenbetrag von 3000 € ein starker Ausreißer nach oben ist, der auch den Durchschnittswert $\bar{x}$ verfälscht.

9 a) Rangliste (aufsteigend) in min:
15; 22; 27; 32; 38; 41; 45; 55; 62; 72
b) Minimum: 15 min   Maximum: 72 min
Spannweite: 72 min – 15 min = 57 min
Zentralwert: z = (38 + 41) : 2 = 39,5 (min)
Durchschnittswert: $\bar{x}$ = 409 : 10 = 40,9 (min)
c) 409 min + 31 min = 440 min
440 min : 11 = 40 min ⇒ Ihre Überlegung stimmt.

10 a) Durchschnittsverdienst:
$\bar{x}$ = (3 · 650 + 6 · 1700 + 3 · 2100 + 2 · 2900 + 2 · 2050 + 10800) : 17 = 2302,94$\overline{1}$ (€)
⇒ Der Durchschnittsverdienst beträgt 2302,94 €.
b) Tim könnte argumentieren, dass lediglich die beiden Meister und der Geschäftsführer mit ihrem Verdienst über dem Durchschnitt liegen. Das sind nur drei Personen von 17. 14 Mitarbeiter haben zum Teil ein deutlich geringeres Einkommen.

Seite 168

1 a) Befragte Schüler:
Altenstadt: 25 + 34 + 43 + 9 + 5 = 116 (Schüler)
Nabburg: 24 + 46 + 30 + 12 + 8 = 120 (Schüler)
b)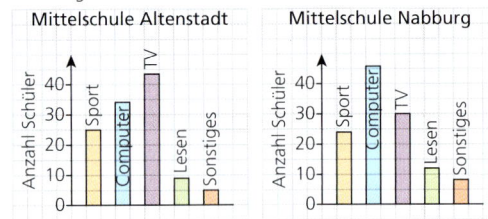

2 a) Beim Diagramm Ⓑ wird das Befragungsergebnis für „Weiß nicht" weggelassen. Dadurch werden die Anteile für die Ländernennungen etwas größer in der Darstellung.
b) Das ist laut Tabelle nicht gerechtfertigt, weil 49 Nennungen weniger sind als die Hälfte von insgesamt 100 Nennungen. Ferner liegt selbst im Diagramm Ⓑ der Anteil derer, die Deutschland als Reiseziel bevorzugen, nicht weit, sondern lediglich etwas über der Hälfte.

3 a) Arithmetisches Mittel:
$\bar{x}$ = (59 + 61 + 63 + 64 + 75 + 80) : 6 = 67 (l/m²)
Zentralwert: z = (63 + 64) : 2 = 63,5 (l/m²)
⇒ Der Zentralwert liegt 3,5 l unter dem arithmet. Mittel.
b)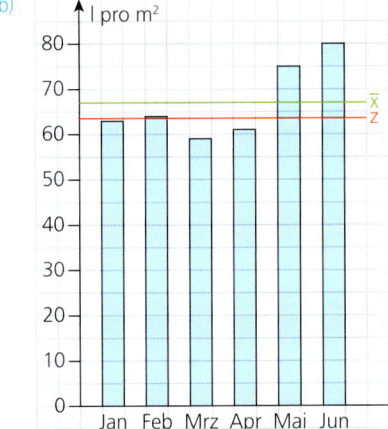
c) 65 l · 7 = 455 l
Niederschlagswert für Juli:
455 – (59 + 61 + 63 + 64 + 75 + 80) = 53 (l/m²)

4 a) Statistische Kennwerte:
– Minimum: günstigster Anbieter
– Maximum: teuerster Anbieter
– Spannweite: Ersparnis
– arithmetisches Mittel: Durchschnittspreis
b) Spielt nicht nur der günstigste Preis eine Rolle, könnte sich Derya auch für das Modell SA XL 2060 entscheiden, weil dieses Gerät 82 % von 124 Kunden mit 4 bzw. 5 Sternen bewertet haben. Der Stichprobenumfang ist hier deutlich größer als bei 10 Bewertungen und wird für die Gesamtbewertung wahrscheinlich aussagekräftiger sein.

Stichwortverzeichnis

A
Äquivalenzumformung 118 f.
arithmetisches Mittel 162
Assoziativgesetz 108

B
Basiswinkel 44

C
Computereinsatz 41, 93, 97, 161

D
Darstellungen
– adressatenbezogen 154
– kritisch betrachten 156
– situationsbezogen 154
Datenerhebungen
– Aussagekraft beurteilen 158
deckungsgleich 80
Distributivgesetz 108
Dreiecke
– Bestimmungsstücke 38
– beschriften 38
– Flächeninhalt 84
– unterscheiden 36
– Winkelsumme 44
– zeichnen 39 ff.
Dreisatz 13, 143
Durchschnittswert 162

F
Figuren
– deckungsgleich 80
– zerlegungsgleich 80
Flächeninhalt
– Dreiecke 84 f.
– vergleichen 80
– Rechtecke 81
– Quadrate 81
– Parallelogramme 82 f.
– Vielecke 86

G
Geometrie im Gelände 42 f.
Gleichungen
– Abfolge Lösungsschritte 120
– aufstellen 120 f.
– Geometrieaufgaben 124
– lösen 114 f.
– Sachaufgaben 122
– wertgleich umformen 117 ff.
Graph 134, 136, 140
Grundwert 12, 14

K
Kommutativgesetz 109
Kreisdiagramm 11

L
Lot 31

M
Mantelfläche 92
Maßstab 32
Maßstabsleiste 35
Maximum 160
Median 163
Mehrwertsteuer 17
Minimum 160
Mischungsverhältnisse 20
Mittelwerte
– arithmetisches Mittel 162
– Zentralwert (Median) 163
Mittelsenkrechte 30

O
Oberflächeninhalt
– Prismen 92

P
Parallelogramme
– Flächeninhalt 82 f.
Pfeilbilder 60 ff.
Planfigur 38
Preiserhöhung, – senkung 18
Prismen
– erkennen 46
– Netze 48
– Oberflächeninhalt 92
– Schrägbild 50
– Schrägbildskizze 51
– Volumen 94 f.
Prozent
– darstellen 10 f.
– Grundbegriffe 12
– Grundwert 14
– Prozentsatz 8; 15
– Prozentwert 13

Q
Quader
– Volumen 94
Quadrat
– Flächeninhalt 81

R
Rangliste 160
rationale Zahlen
– addieren 62, 64
– subtrahieren 63 f.
– multiplizieren 66
– dividieren 67
Rechengesetze
– Verbindungsgesetz 108
– Vertauschungsgesetz 109
– Verteilungsgesetz 108
Rechenzeichen 64
Rechteck
– Flächeninhalt 81

S
Schrägbild 50
Schrägbildskizze 51
Senkrechte 31
Spannweite 160
Stichprobe 158
Streifendiagramm 10
systematisches Probieren 114

T
Taschenrechner
– Entdeckungen 70 f.
– rechnen 69
Terme
– Begriff 106 f.
– berechnen 110
– bilden 106 ff.
– vereinfachen 112

U
Umfang 88
Umkehraufgaben 114

V
Variable 106
Verbindungsgesetz 108
Vertauschungsgesetz 109
Verteilungsgesetz 108
Vieleck
– Flächeninhalt 86
Volumen
– Prismen 94 f.
Vorzeichen 64

W
Wertetabelle 135
Winkelsumme 44

Z
Zentralwert (Median) 163
zerlegungsgleich 80
Zuordnungen
– Begriff 134
– darstellen 136, 140
– erkennen 138, 144
– lineare/nicht lineare 135
– proportional 138
– Werte berechnen 142, 143
Zweisatz 142

Bildnachweis

Bannert + Hirzhammer, Raubling – S. 89

Fotolia / Apart Foto – S. 114; - / Artalis Kartograhie – S. 35; - / goldpix – S. 52; - / jokatoons – S. 154; - / Kathrin39 – S. 146; - / Rita Kohmarjova – S. 32 (3); - / lotharnahler – S. 126; - / Alexander Raths – S. 5, 133; - / Mauro Rodriques – S. 37

Getty Images / peepo – Cover; Getty Images Plus / iStockphoto, akiyoko – S. 47; - / iStockphoto, artisteer – S. 23; - / iStockphoto, Azure-Dragon – S. 20; - / iStockphoto, Bombaert – S. 17; - / iStockphoto, chendongshan – S. 6; - / iStockphoto, cookelma – S. 4, 105;

- / iStockphoto, DmitryPK – S. 37; - / iStockphoto, EduaM – S. 37; - / iStockphoto, estt – S. 33; - / iStockphoto, Helmut Feil – S. 37; - / iStockphoto, flyfloor – S. 20; - / iStockphoto, fotomino – S. 42; - / iStockphoto, gaborturcsi – S. 146; - / iStockphoto, gjohnstonphoto – S. 43; - / iStockphoto, gongzstudio – S. 5, 153 ; - / iStockphoto, guy-ozenne – S. 52; - / iStockphoto, Hyrma – S. 20; - / iStockphoto, jmci – S. 33; - / iStockphoto, JPLDesigns – S. 23; - / iStockphoto, KangeStudio – S. 47; - / iStockphoto, Karisssa – S. 147; - / iStockphoto, lindaoqian – S. 23; - / iStockphoto, michaeljung – S. 6; - / iStockphoto, MidoSemsem – S. 20; - / iStockphoto, nitrub – S. 147 (2); - / iStockphoto, Mark Oleksiy – S. 23; - / iStockphoto, Umberto Pantalone – S. 129; - / iStockphoto, Photitos2016 – S. 47; - / iStockphoto, pixelliebe – S. 14; - / iStockphoto, Popartic – S. 47; - / iStockphoto, Anna Pustynnikova – S. 21; - / iStockphoto, Roman Samokhin – S. 20; - / iStockphoto, Borys Shevchuk – S. 23; - / iStockphoto, Andrey Shtanko – S. 23; - / iStockphoto, sborisov – S. 14; - / iStockphoto, tein79 – S. 147; - / iStockphoto, tolisma – S. 147; - / iStockphoto, Tomacco – S. 93; - / iStockphoto, Ullimi – S. 169; - / iStockphoto, ultramarine5 – S. 4, 59; - / iStockphoto, vavlt – S. 47; - / iStockphoto, vladru – S. 162; - / iStockphoto, WestLight – S. 33; - / iStockphoto, xbrchx – S. 14; - / iStockphoto, yomogi 1 – S. 93; - / iStockphoto, Zedcor Wholly Owned – S. 55; - / Photodisc – S. 147; - / Dan Wright – S. 22

iStockphoto / PaulBr – S. 110

Matthias Ludwig, Frankfurt/M. – S. 4, 79

Mauritius Images / Masterfile RM, TSUYOI – S. 18 (2); - / STOCK4B-RF – S. 33

Pixabay / CopyrightFreePictures – S. 37

www.wikimedia.org – S. 77; www.wikimedia.org / Flow2 – S. 77; www.wikimedia.org / Lou Gruber – S. 77; www.wikimedia.org / Karl Nikolaus Haas – S. 77 (3); www.wikimedia.org / Jakob Emanuel Handmann – S. 47; www.wikimedia.org / Otto Hupp – S. 77.